# 基层党组织引领乡村振兴的理论与实践

王启超 ………… 著

天津出版传媒集团

天津人民出版社

**图书在版编目（CIP）数据**

基层党组织引领乡村振兴的理论与实践 / 王启超著.
天津：天津人民出版社，2024. 10. -- ISBN 978-7-201-
20823-7

Ⅰ. D267.2；F320.3

中国国家版本馆 CIP 数据核字第 2024M03N82 号

**基层党组织引领乡村振兴的理论与实践**
JICENG DANGZUZHI YINLING XIANGCUN ZHENXING DE LILUN YU SHIJIAN

| | |
|---|---|
| 出　　版 | 天津人民出版社 |
| 出 版 人 | 刘锦泉 |
| 地　　址 | 天津市和平区西康路35号康岳大厦 |
| 邮政编码 | 300051 |
| 邮购电话 | （022）23332469 |
| 电子信箱 | reader@tjrmcbs.com |

| | |
|---|---|
| 策划编辑 | 郑　玥 |
| 责任编辑 | 佐　拉 |
| 封面设计 | 汤　磊 |

| | |
|---|---|
| 印　　刷 | 天津新华印务有限公司 |
| 经　　销 | 新华书店 |
| 开　　本 | 710毫米×1000毫米　1/16 |
| 印　　张 | 15 |
| 插　　页 | 2 |
| 字　　数 | 260千字 |
| 版次印次 | 2024年10月第1版　2024年10月第1次印刷 |
| 定　　价 | 89.00元 |

# 前　言

实施乡村振兴战略，是以习近平同志为核心的党中央确立的重大战略，是从党和国家事业发展全局出发作出的重大决策。农业农村农民问题是关系国计民生的根本性问题。没有农业农村的现代化，就没有国家的现代化。农业强不强、农村美不美、农民富不富，决定着亿万农民的获得感和幸福感，决定着我国社会主义现代化的质量。全面推进乡村振兴，加快农业农村现代化，是全党高度重视的一个关系大局的重大问题，是全面建设社会主义现代化国家的重大历史任务，是解决人民日益增长的美好生活需要和不平衡不充分的发展之间矛盾的必然要求，是向着第二个百年奋斗目标阔步前进的必然要求，也是实现全体人民共同富裕的必然要求。

党的二十大擘画了以中国式现代化全面推进中华民族伟大复兴的宏伟蓝图。全面建设社会主义现代化国家，实现中华民族伟大复兴，最艰巨最繁重的任务在农村。世界百年未有之大变局加速演进，我国发展进入战略机遇和风险挑战并存、不确定难预料因素增多的时期，守好"三农"基本盘至关重要、不容有失。党中央认为，必须坚持不懈把解决好"三农"问题作为全党工作的重中之重，举全党全社会之力全面推进乡村振兴，加快农业农村现代化。习近平总书记在党的二十大报告中强调,要加快建设农业强国,扎实推动乡村产业、人才、文化、生态、组织振兴,为全面推进乡村振兴提供了重要指引。必须立足中国国情,切实增强责任感使命感紧迫感,举全党全国全社会之力,以更大的决心、更明确的目标、更有力的举措推动乡村振兴,推动农业全面升级、农村全面进步、农民全面发展,谱写新时代乡村全面振兴新篇章。

乡村振兴战略是新时代做好"三农"工作的总抓手。办好中国的事情,关键在党,而实现乡村全面振兴的关键也在于党的全面领导作用的发挥。基层党组织是确保党的路线方针政策和决策部署在基层贯彻落实的基础与依托,也是推进乡村振兴战略的核心力量和关键抓手。在全面推进乡村振兴的实践中,如何充分发挥好基层党组织的全面引领作用,既关系着乡村振兴战略目标的实现,也关系着党在基层的执政能力,以及基层的稳定与发展。

本书主要探讨了基层党组织引领乡村振兴的相关概念、理论基础,梳理了全面推进乡村振兴的总体部署和要求,以及五大振兴在乡村振兴中的地位和作用,剖析了现阶段基层党组织引领乡村振兴所面临的突出挑战,分析了基层党组织引领乡村振兴的基本方式,并对基层党组织引领乡村振兴的推进路径作出思考。

# 目　录

# 第一章　基层党组织引领乡村振兴的
相关概念

基层党组织引领乡村振兴是我国为实现"农业强、农村美、农民富"重大目标而制定的伟大举措，重点在于通过严密组织体系，将政治优势转化为发展优势。党建引领乡村振兴的新路径，就是在此基础上深度发挥基层党组织的引领作用，持续巩固基层党组织领导地位，通过筑强堡垒，引领乡村善治，推动富农强村方面的务实探索与创新实践。面对新形势、新任务、新要求，基层党组织、党建、党建引领、乡村振兴等概念有了新的含义。

## 一、基层党组织

基层是一个泛称，可指一种组织机构、一种工作经验、一种地理单元，基层党组织建设概念中的"基层"更多是指基层政权，特别是村党组织，其定义是村级工作的领导核心。基层党组织这一概念，原指中国共产党在整个行政体系中的基层行政机构，按照一定的规则和程序成立的管理组织。如今，基层党组织扩散到社会上每一个最基本的治理单元，这是基层党组织理论丰富和发展的重要标志，在中国共产党的领导下，为保证党和国家的长期稳定,必须高度重视基层党建,不断赋予基层党组织建设新的理论内涵,适应新形势下对基层党组织的新要求。

中国共产党从1921年成立至今,经过了百余年的发展,在不同历史发展阶段,无论外部势力和矛盾如何变革,中国共产党始终将基层党组织建设视为一项重要工作。党的十八大以来,基层党组织建设迅速成为一个热门话题,其概念界定、相关理论研究层出不穷,主要涉及基层党组织的引领带动、配备设置、教育培训等,但对基层党组织在具体应用中的含义尚缺乏明确界定。新时期,我们党对加强党的基层组织建设提出了更为具体的目标要求,在不同的历史阶段,要与党的中心任务相适应,以党组织建设的实际情况为依据,不断优化基层党组织设置方式、加强基层党组织队伍建设,持续整顿和帮扶软弱涣散党组织,努力发挥基层党组织战斗堡垒的强大作用。

通过归纳各类理论研究与实践比对,本书将基层党组织建设的定义,特别是在引领乡村振兴的具体实践应用中的定义归纳为:基层党组织是党与社会、与人民群众接触和联系的第一线,以支部力量引领乡村发展,以示范力量带动强劲突破,以最直接有效的领导力统筹各方力量,促进当地经济社会发展。

## 二、基层党建

党建即党的建设,党的建设是中国共产党为了维护自身的政治属性,在马克思主义理论的指导下所进行的一系列建设和发展,包括党的政治纪律建设、组织体系建设、思想文化建设、作风能力建设、制度规范建设等。党的建设具有鲜明的时代性和实践性,随着不同历史时期主要矛盾的变化而变化,指导党在不同历史条件下开展各类工作。如今,党的建设逐渐形成和发展为以政治建设、思想建设、作风建设、纪律建设、制度建设和反腐败斗争为主要构成因素的布局形态,在历史发展进程中不断坚持守正创新,是党的建设总体布局的内在要求。①党的建设理论架构随着时代的进步而不断发展,理论内涵得到不断丰富,价值体系不断升华,能够指导党在不同时代、不同情况下针对各种反动势力和不利情形开展一系列斗争、建设、改革和发展。

简单来说,党建就是中国共产党为了保持自身的先进性和纯洁性,以各类机关、企业、院校、科研院所、基层服务机构等企事业单位,街道、乡镇、社区、村、社会组织等基层组织,"两新"经济组织等单位为实施对象,组织开展一系列必要的学习、工作等活动。

基层党建引领中的引领一词,在《辞海》中的释义是引导、指引、指向,从字面来看,党建引领的定义是通过党组织的引领作用,促进某个领域、地区、行业的发展,巩固和加强政权所采取的一系列行动。党建引领作为一种治理手段,也构成了国家治理现代化的重要环节,基于自身发展需要,配合制度建设、理论建设、文化建设贯穿始终,本书以党的建设为起点,把党组织建设的外延含义作为党建引领的主要内涵。

在现阶段党建工作中,党建引领已成为一项重点内容,为什么要通过党建引领发展,这不仅因为基层党组织的特殊地位——满足人民需要的服务者,还因为在我国各级行政机构体系里,党委和政府一把手是当地一切事务的负责人,具有无可推卸的责任和义务拉动当地各领域发展,因此党建引领的关键就在于党组织的政治引领。基层党组织通过加强支部标准化建设、规范化建设,将提高组织力作为首要目标,将政治作用凸显出来,广泛团结一切可以团结的力量,形成推动发展的强大合力。

推动改革发展稳定的战斗堡垒,其目标是实现基层党的组织和工作的全覆盖。综上所述,可以初步界定党建引领的含义,特别是在乡村振兴领

---

① 张士海、夏雨:《党的十八大以来党的建设研究述评》,《思想政治工作研究》,2022年第6期。

域,基层党组织是乡村振兴的重要主导者,为实现特定目标,通过自身政治地位和独特属性,运用科学方式方法,采取一系列手段指导、引领、带动某区域的振兴发展。

## 三、乡村振兴

乡村是具有自然、社会、经济特征的地域综合体,兼具生产、生活、生态、文化等多重功能,与城镇互促互进、共生共存,共同构成人类活动的主要空间。[①]乡村振兴不单指某个概念,还是一种发展策略,是国家发展重大战略的重要构成,出发点是乡村产业和乡村经济发展,最终落脚点是农业农村农民全面发展,不仅是指某一行政村(自然村)的区域性建设与发展,还是涵盖以该村为主的区域之间的产业、农业、人才、民生、社会治理、生态环境、文化文明的全方面振兴。面对人民日益增长的美好生活需要和不平衡不充分的发展之间的社会主要矛盾,更需要我们在马克思主义理论的指导下,寻求正确的方法论指导解决现行主要矛盾,从而实现继续发展,乡村振兴战略的设计就是面对我国的现行矛盾而诞生的集体智慧结晶。实施乡村振兴,要补齐乡村基础设施配套、乡村公共服务配套建设的短板,盘活乡村中的各类要素,使其充分发挥乡村全面振兴的强大动力,这成为一项紧迫而重要的任务。

党的十九大把乡村振兴战略作为党和政府的一项重大战略,提出了相关目标、任务以及措施,这意味着乡村振兴战略在新时代意义重大。一是国家意志的体现,这是一定时期国家发展的重点,处在优先保障的地位;二是重在探索新时代高质量发展方式,规划部署了一系列重大工程、重大计划、

---

① 《乡村振兴战略规划实施报告(2018—2022年)》,《世界农业》,2023年第3期。

重大行动,确保乡村振兴战略能够落地落实;三是在国家整体战略中处于夯基保底地位,主要针对广大农村地区补齐短板,增强国家战略的张力。[①]

总体而言,基层党建引领乡村振兴战略是党为提高我国农民收入、巩固农村经济、提高农村人居环境、保障涉农产品供需、提振国内大市场而形成的集体智慧结晶。通过加强各级党组织领导,汇集社会各方的资源和力量,把好政治方向,发挥基层组织力、引导力,坚持把农村集体土地所有制贯彻到底,立足新发展阶段、贯彻新发展理念,发展农村新型集体经济,带领广大农民走向共同富裕之路。

## 四、内在关系

乡村是基层党建的重要阵地和建设重点,也是落实、实施党的各项部署的最终触角。乡村振兴战略从确立以来,基层党建与乡村振兴的关系就成为学界关注的重点,如何理解和把握基层党建对乡村振兴的引领、带动、示范作用成为精准实施乡村振兴战略的关键。

### (一)乡村振兴的关键在于基层党组织的领导

乡村振兴实质上是作为基层党组织引领乡村治理的一种方式和手段,乡村振兴战略本身是一项综合性、复杂性的工程,其主战场是农村,主要包括自然资源贫瘠的落后山村,以第一产业为主的空心化农村,以老龄化农民为主要群体的乡村等,服务对象是广大农村人民群众。这项战略的实施能否提振当地产业、拉动区域经济发展、带动地区各行业领域发展,是由诸多因素综合作用的结果,但其中最核心和最重要的因素就是基层党组织的建

---

① 王玉海、李顺强、张琦:《共同富裕目标下的乡村振兴战略:内在机理与路径选择》,《北京师范大学学报》(社会科学版),2022年第6期。

设。①在乡村振兴过程中激发各类资源团体的作用是乡村振兴的关键,基层党组织是协调、整合、激发、监督各团体活力的关键,这种直接性的关联决定着乡村振兴的成败,是一个循序渐进、长期实施的过程,是实现农业农村高质量发展的现代化手段和必要环节。

如今,我国农业农村的现代化建设正稳步推进,取得了一定的成效,城乡差距和地区差距也将进一步缩小,但由于"三农"战略的长期性、复杂性和艰巨性,使得"三农"战略在乡村振兴过程中所面对的问题呈现多元化的特点。因此在全面推进乡村振兴战略中,要加快发展农业与乡村,同时遵循以下两项原则:一是增强振兴战略引领力。从脱贫攻坚到乡村振兴的历史性转变中,必须在新发展阶段贯彻新发展理念,必须融入新发展格局,增强基层党组织、社区(村)党支部和广大党员干部的服务提升政治判断力、政治领悟力、政治执行力等。二是坚持振兴战略平衡力。发达地区与发展中地区,东部城市与西部城市,城乡间的差距依然存在,要重视不同片区的平衡发展,特别关注城乡互动与发展融合。

## (二)基层党组织引领乡村振兴的必要性

实现乡村振兴,只有坚持党建引领和统筹,集中力量疏堵点、解难点、除困点,才能将党的政治优势转化为区域发展优势,推动地区党建链、经济链、价值链、产业链相融互通,提升区域经济转型发展的质量和效益。

### 1.农村基层党组织是推动乡村振兴战略的核心力量

中国特色社会主义制度的最大优势是中国共产党领导,党是最高的政

---

① 冉鹏:《乡村振兴尤须党建引领》,《领导科学》,2018年第13期。

治领导力量。[①]基层党组织作为联结广大人民群众的桥梁纽带,是党的方针政策的传达者、执行者、落实者,能够提升广大群众的政治觉悟和政治参与度,引导群众自觉将行动统一到党中央的决策部署上来,形成推动社会进步的重要动力。

在党员教育管理上,通过"三会一课"制度,增强党员教育管理的针对性和有效性,稳妥有序开展不合格党员组织处置工作;在党支部建设上,各级党支部承担起教育、管理和监督党员,同时要组织、宣传和服务群众,引导党员充分发挥自己的先锋模范作用,强化党内激励、关爱、帮扶;在队伍建设上,不断加强党的领导,提高党的执政能力;扩大党内基层民主,推动党务公开,让党员参与党内事务,监督党的组织和干部,向上级党组织提出意见和建议的渠道更加畅通。

### 2. 党建引领是实现乡村振兴战略的必然选择

基层党建对乡村振兴的引领,是在中国特色社会主义背景下,在人民民主专政制度的支撑下,在强有力的经济实力和活力的基础上,充分发挥政治引领的组织优势,以便于将中国亿万农民的创造力发挥出来,合理有效地调整供给侧结构,将庞大的市场需求与农村广阔的投资空间进行精准结合,实现资源有效衔接。改革开放以来,"三农"工作一直是我国的工作重心,破解三农、乡村振兴发展问题的关键在党,党在基层的组织力、影响力、执行力都通过基层党建的成效来实现。因此,乡村振兴的关键在于基层党建的引领。

基层党组织应始终坚持党中央的各项指示精神,通过对"两委"成员的教育培训,对党员干部的从严管理,对治理模式的优化创新,对发展思路的守正创新、对办事流程的优化再造,将党中央关于乡村发展的各项决策部

---

① 习近平:《决胜全面建成小康社会 夺取新时代中国特色社会主义伟大胜利——在中国共产党第十九次全国代表大会上的报告》,人民出版社,2017年,第20页。

署、方针政策落实落地落到位。不断强化基层党建引领,构建系统建设、整体推进的工作布局,能够有效衔接整合各单位、组织、个人,实现对农村社区(村)资源要素的再整合、再配置、再优化,促进区域经济社会发展,推动各级党组织分工合理、条块协同、高效运转。

### 3.基层党建是引领乡村振兴的根本保障

乡村作为社会治理的末梢,是党的组织工作体系的"最后一公里",长期以来存在着党组织软弱涣散、能力不足等问题,导致农村发展进程缓慢,成为阻碍我国生产力发展的重要因素。进入新时代,在乡村振兴战略背景下,基层党组织建设的重要性愈发突出,选优配齐一个好班子成为带领村民脱贫致富兴旺发达的关键。党的力量来自组织,党的细胞有活力,党的肌体才有生机,农村党员深处乡村振兴主战场的前线,与群众联系最密切、关系最亲近,引领作用最明显。

1990年在青岛市莱西县召开的"莱西会议",提出了基层党建引领农村工作发展的新路子,以加强基层党组织建设为抓手,坚决整治乡村党组织软弱涣散、能力不足等问题,实行书记主任"一肩挑",这一措施大幅提升了乡村党组织的战斗力和凝聚力。解决了农村发展的关键在于持续巩固农村基层党组织的领导地位,持续保障"三农"工作能力,不断健全完善加强农村基层党组织领导的组织体系、制度体系、运行体系和保障体系。

### (三)基层党建的成效决定乡村振兴的实效

乡村振兴战略的成败关键在于基层党组织"引领力"的效能,以及基层党建与乡村振兴之间的关系,[①]基层党建引领也是补齐农村治理短板的有力

---

① 于衍学:《近五年乡村振兴与基层党建之关系研究及其特点分析》,《凯里学院学报》,2021年第5期。

举措,要求我们既要重视党建引领的手段方式和乡村振兴的推进程度,不能忽视基层党组织自身建设的问题和矛盾,保持党的基层组织建设设置和活动方式创新,以基层党建的高效运营促进乡村振兴战略取得成效。

在建党一百余年的时间里,我们党始终坚持强基固本、大抓基层,不断夯实党的组织体系的基本单元,增强基层党建的张力。在党的基层组织建设过程中,必须坚持用中国特色社会主义的党建理论来指导自己的各项工作。首先要始终严格遵从党中央的各项指示精神和政策指引,在党的基本理论和纲领的指导下开展各项工作,同时发挥主观能动性,因地制宜,把党中央的各项工作部署与基层实际相结合。其次要始终做到无论何时何地都要维护人民群众的根本利益,从人民群众的合理诉求、向往出发,将各项政策落地落实。最后要把握时代发展的脉搏和发展方向,重视基层领导班子建设,以教育手段提高领导干部的能力素质,加强党员的思想政治建设,营造风清气正的政治环境,从而更好地发挥基层党组织的作用。

## 乡村振兴优秀案例:河北迁安

**基本介绍:**

迁安市位于河北省东北部,总面积1208平方千米,总人口77.8万人,1996年撤县设市,辖17个镇、4个街道办事处、534个行政村先后获评全国文明城市、国家卫生城市、国家园林城市、中国宜居城市,是国家海绵城市,智慧城市创建单位,位居全国新型城镇化质量百强县市第12位。

近年来,迁安市围绕乡村振兴"产业兴旺、生态宜居,乡风文明治理有效、生活富裕"二十字总要求,高标准规划、高质量推进,建成省级美丽乡村15个,打造了"红峪口长寿村""徐流口豆香小镇""东高庄草莓小镇"等一批独具田园风光的美丽乡村特色品牌。2015年、2016年,连续两年获评河北省美丽乡村建设先进县(市);2017年获评中国美丽乡村建设示范县(市);2018年、2019年,连续两年获评河北省实施乡村振兴战略实绩考核先进单位。2020年1月,市委六届六次会议提出,利用两年时间投资10亿元,补短板、强基础、壮实力,打造"全国有位置、全省第一流"的乡村振兴"迁安样板"。目前,已完成投资5.06亿元,建设"五化"样板村100个,全面补齐农村基础设施短板,打造精品路线,实现全域秀美。

## 补短板　强基础　壮实力
### 打造全国有位置全省一流的乡村振兴"迁安样板"

河北省迁安市农业农村局

近年来,迁安市按照中央、河北省、唐山市部署,从全局和战略高度把握和处理工农关系、城乡关系,向改革要动力、依改革激活力、靠改革增红利,探索了以工补农、以城市反哺农村的城乡融合发展之路,打造了全省一流的乡村振兴"迁安样板"。

### 一、背景与起因

农业农村农民问题是关系国计民生的根本问题,随着工业化步伐的不断加快,解决好这一问题显得更为紧迫和重要。党的十九大报告作出了推进乡村振兴的战略部署,为我们明确了目标、指明了方向。迁安市经济发展城镇化水平高,但城乡二元结构依然存在,要针对自身特点,因地制宜、因情施策,采取切实可行的举措,建立完善乡村振兴推进机制和模式,不断提高村民在产业发展中的参与度和受益面,彻底解决农村产业和农民就业问题,确保群众长期稳定增收、安居乐业。

## 二、做法与经过

（一）注重顶层设计、坚持高标准定位，努力实现全国有位置、全省一流

市委、市政府将乡村振兴工作作为"一把手"工程，并列入七项重点工作，主要领导定期召开调度会，听取工作进展情况，分析存在问题，安排部署下一步工作，把乡村振兴的"设计图"变成"施工图"。

一是持续投入。注重谋划先行，靶向投入，构建"多个渠道引水、一个龙头放水"的资金整合投入机制，化"零钱"为"整钱"，统筹使用各级"三农"资金28亿元，同比增长10.2%，占总支出比重31.8%，较上年提高0.9个百分点。其中本级投入资金165亿元，同比增长12.6%。另外落实抗疫特别国债24583万元，用于全市人居生态环境整治、污水处理厂、小区改造提升、垃圾焚烧发电和困难群众保障等方面，实际投入超30亿元，高标准推进"三农领域各项重点工作"。

二是专班专责。成立市委书记任组长的农村工作领导小组，下设办公室，农业农村局党组书记任办公室主任、局长任副主任，局内单独设立农办秘书科，负责日常工作。同时，抽调精干力量，成立分管市领导任部长的市乡村振兴项目部（50人），下设"一办七专班"；纵向成立镇街党政"一把手"挂帅的5人乡村振兴工作专班，双向成立31个责任部门协调配合的乡村振兴推进专班，全市上下形成统筹协调、密切配合、共同推进的工作局面。

三是挂图作战。按照有目标、有重点、有措施、有完成时限的要求，形成了"1+10"政策体系及"2+5+4"年度目标任务体系，制定任务清单、时间表，挂图作战、有的放矢，确保各项目标任务有人干、干得好。

四是督导问效。整合市委、市政府督查室力量，结合乡村振兴各项任务指标和时间节点安排，统一调度指挥、集中开展督导检查，定期梳

理工作进度,持续跟踪问效,每月对任务完成情况进行评价打分,奖优罚劣,切实做到有推进措施、有牵头部门、有责任领导、有监督问责,确保各项工作任务圆满完成。

五是全域提升。在全市农村调查的基础上,建立唐山市乃至全省首个乡村振兴大数据平台,并逐村绘制"一村一图",涵盖产业兴旺、生态宜居、乡风文明、治理有效等内容,开启乡村振兴智慧化、数字化的新时代。

(二)注重全域统筹,坚持规划引领,全力做到一张蓝图绘到底,久久为功

迁安市作为首批全省城乡总体规划编制试点,率先编制了全省第一批实用性城乡总体规划,把全市1208平方千米作为一个整体,规划为包括1个中心城区、3个城镇组团、38个新型农村社区、48个特色保留村的"1—3—38—48"四级城镇体系。按照"全域覆盖、全要素控制"的原则,编制了迁安市"多规合一"总体规划,实现全市一本规划、一张蓝图,为全市城乡发展与建设奠定了坚实基础。在全域布局上,以"三纵一横"4条绿道为轴线,将全市划分为东南西北中五大片区,北部长城山野绿道片区涉及4个乡镇137个村,围绕北部长城山野绿道,依托浓厚的历史底蕴及丰富的自然禀赋,打造长城村落、古韵乡愁;西部森林生态绿道片区涉及4个镇街78个村,围绕西部森林生态绿道,以生态修复为支撑,以山水旅游为引领,打造矿山幽谷、唯美乡情;南部"两高"沿线片区涉及4个乡镇74个村,围绕京哈高速、京哈铁路、津客专沿线,重点实施"六三一"工程,打造"短时间、长记忆"的景观廊道;东部滨河田园绿道片区涉及3个镇乡79个村,围绕东部滨河田园绿道,发展高效农业、设施农业,打造休闲观光、多彩田园;中部山水融城绿道片区涉及6个镇街166个村,依托河湿地景观,放大旅游城市特质,打造河边、水墨乡恋。

（三）注重因地制宜，坚持创新突破，聚力打造乡村振兴"迁安样板"

迁安市积极探索"以三转促三变"的乡村经济发展之路，通过"转思路、转机制、转动能"，激活要素资源，实现"民居变民宿、田园变公园、矿区变景区"，推进全域乡村振兴。

一是矿山修复，"三连"共振。迁安依矿而起，因钢而兴，鼎盛时期矿山企业多达735家，经济由此迅猛发展，但14.8万亩废弃矿山日益成为心头之痛。2019年，迁安市把矿山修复作为转型发展的突破口，计划投资49.1亿元，采取国有工矿废弃地治理、固废资源利用、土地整治复垦、矿山修复绿化、矿山存量再开发五种模式，进行全域整治。金岭矿山公园利用民间资本85亿元，借鉴加拿大布查特矿山公园的经验，致力打造"中国矿山生态修复文化旅游目的地"；棒山现代农业产业园利用复垦土地，建设集农业综合开发、生产经营、游览观光等功能于一体的生态休闲农业示范园；利合耕养项目将废弃矿坑与先进的养殖模式相结合，其基于浮动式循环水养殖模式填补了省内空白。在此基础上，独创景村连体、园民连利、绿富连兴的"三连"机制，辐射周边201个村在劳动力输出、业态运营、农产品销售等方面全流程对接，一体化发展。

二是休闲旅游，强村富民。围绕"农"字下功夫，突出农村天然朴实、绿色、清新的环境氛围，强调天趣、闲趣、野趣，分层次开发建设休闲农业与乡村旅游产品，建设系列休闲农业与乡村旅游示范区，构建休闲农业与乡村旅游精品体系。形成涵盖传统观光农业游、都市科技农业游、休闲度假农业游、自然生态游和民俗农家乐游的五大品牌。拥有全国休闲农业与乡村旅游示范点1家，全国休闲农业与乡村旅游星级企业（园区）6家，河北省星级休闲农业园区、采摘园2家，辐射周边144个村实现村有特色产业、户有致富门路、人有增收能力。

三是现代农业，示范引领。以生态、高效、富民为主线，构建"三区、四带、五业、六优"(三区,即都市农业区、休闲农业区、高效农业区;四带,即休闲农业经济带、建彭路沿线高效生态农业经济带、万太路沿线地质及文化休闲旅游经济带、新三抚路沿线生态农庄旅游农业经济带;五业,即绿色种养业、农产品加工业、现代园区农业、休闲观光农业、现代农业服务业;六优,即奶牛、生猪、干鲜果品、蔬菜、花生、食用菌等特色优势产业)的发展格局。发挥亚藻湾、乐丫、乡伊香等园区、龙头企业的引领示范作用,现代农业快速发展。迁安板栗、迁安桑皮纸等产品享誉全国,辐射周边216个村,村民再就业,离土不离乡。

四是全民就业,劳务增收。全市现有市场主体近8万家,就业岗位丰富,培训体系完备,就业培训"点对点"、传授知识"面对面"、专业设置"人对人",全市33万有劳动能力的农民80%在二、三产业就业,户均达到15人。2019年,农村居民人均可支配收入25418元,位居全省榜首。

### 三、成效与反响

通过乡村振兴战略的实施,迁安市农业产业、农村面貌、农民生活发生了翻天覆地的变化。一是产业兴旺。迁安市通过深化农业产业结构调整,农业产业再次燃起生机活力,形成了"三区、四带、五业、六优"的发展格局。二是乡村美丽。迁安市在开展美丽乡村、美丽庭院创建活动的同时,将国家文明城市创建理念和成果向农村延伸,内外兼修、表里如一,农村面貌焕然一新,真正实现了"人美、院美、室美、厨美、村庄美",被评为"全省农村人居环境整治全域完成示范县",万宝沟村被评为"全国环境整治示范村",白羊峪村入选"河北不得不访的十大美丽乡村"。三是农民富裕。迁安市通过产权制度改革、土地入股等,使农民变股民:多点发力、多措并举转移农村劳动力,使全市33万有劳动能力的农民实现全部就业,农民在得到股权收益的同时,还能获得更多工资性收入。2019年,农村居民人均可支配收入25万元,位居全省榜首,高于全省平均水平1万元。

## 四、探讨与评论

一是要强化党的领导。坚持以党建为纲是我们取得一切工作胜利的法宝，乡村振兴是我们党对农村工作的战略部署，是深入践行全心全意为人民服务宗旨的具体体现，且工作涉及内容多、涵盖范围广、情况复杂，迁安市各级党组织书记负总责，统筹推进本区域乡村振兴工作，为圆满完成各项任务提供了坚强的组织保障。实践证明，必须把加强党的领导贯穿始终。二是要坚持以人为本。"三农"问题的核心是农民问题，农民生产生活稳定，很多问题便迎刃而解。迁安市围绕农民需求，坚持以问题为导向，大力改善农村生产生活环境，千方百计拓宽农民就业增收渠道，为推动乡村振兴打下了坚实的群众基础。三是要坚持因地制宜。农村情况千差万别，落实乡村振兴战略过程中，迁安市不搞"一刀切"，无论是在推进人居环境整治、基础设施建设，还是产业振兴、富民增收等方面，坚持因地制宜、因情施策，注重差异化发展，各美其美，具有很强的示范意义。四是要发挥主体作用。农民是乡村的主人，是乡村振兴的最大受益者，在工作中，迁安市注重发挥农民主体作用，变授人以鱼为授人以渔，积极引导从业就业，增强自身致富能力；人力、物力、财力优先向有干劲、干得好的村倾斜，充分调动和激发广大农民的热情，积极投身环境整治和基础设施建设，实现由"要我干"到"我要干"的转变。

# 第二章　基层党组织引领乡村振兴的理论基础

　　基层党组织在不同历史发展阶段都面临不同的发展任务，基层党组织引领发展的理论会伴随共产党的发展和时代的进步而发展。基层党建引领乡村振兴的理论基础最早可追溯到马克思主义经典著作中，对基层党组织引领乡村振兴的研究，特别是研究马克思、恩格斯的基层党组织思想，中国共产党历届领导人的基层党组织思想，以及习近平总书记关于基层党组织引领乡村振兴的相关论述，为新时代基层党组织引领乡村振兴的实践与经验研究，提供了理论遵循和方法论指导。

## 一、马克思、恩格斯关于基层党组织的重要思想

　　马克思、恩格斯是马克思主义学说的创始人，在创建世界上最早的无产阶级政党的同时，提出了无产阶级党组织的建设思想，在早期虽然没有明确提出"党建""基层党组织建设"等概念，但他们始终坚持基层党建的重要地

位,认为"任何政党没有组织都是无法存在的"①,革命的胜利完成离不开无产阶级基层政权的领导,他们对基层党组织建设的探讨研究始终随实践的深入而不断发展,可分为以下三个阶段。

第一个阶段在1847年正义者同盟改组之前。马克思、恩格斯对于党建的认识主要来源于17、18世纪资产阶级革命中的阶级斗争以及19世纪的工人运动及其运动的研究结论,在这个时期,他们认识到了无产阶级建立党派的必要性,无产阶级是"一个被戴上彻底的锁链的阶级"②,从一切社会领域中彻底解放出来才能解放自己,但随着对英国曼彻斯特的走访调研发现,各类无产阶级组织比较混乱,由此认为"仅仅强调党的阶级基础还不能建立真正意义上的党"③。为此,马克思、恩格斯于1845年在布鲁塞尔首建共产主义小组,次年2月建立共产主义通讯委员会,确立一系列统一规章制度进行规范化管理,这实际是马克思恩格斯工人阶级基层党组织的雏形。

第二阶段为1847年马克思、恩格斯正式加入正义者同盟之后,对同盟进行改组,改名为"共产主义同盟"。在《共产主义者同盟章程》中详细地论述了构成方式,如:"支部的组成至少三人至多二十人。"④确立由支部、区部、总区部、中央委员会和代表大会构成的组织架构、"同盟分支部和区部由最少三名成员、最多二十名成员组成,每个支部设一名选举产生的主任委员和副主任委员,分别负责不同的工作任务。在所在地的区部委员中选举中央委员,每两个星期至少开会一次"⑤等规定。此阶段处于建立基层党组织政权的重要时期,他们对基层党组织的理解更多是作为党的思想武装阵地,发挥

---

① 《马克思恩格斯全集》(第11卷),人民出版社,1995年,第563页。

② 《马克思的人本观研究》,人民出版社,2004年,第94页。

③ 周良书、李冰:《马克思恩格斯"党建"知识的形成、传播和运用》,《中共南京市委党校学报》,2022年第2期。

④ 《共产主义者同盟章程》,中共中央高级党校党建教研室,1956年。

⑤ 《马克思恩格斯全集》(第4卷),人民出版社,2008年,第572页。

桥梁纽带的作用。因为工人阶级和广大人民群众是最接近革命的群体,在人民群众中建立基层党组织并宣传党的理论体系,更容易被基层群众接受,吸引更多人民群众支持和加入革命队伍。

第三阶段,1871年建立巴黎公社后。在此期间,多个民族国家纷纷创建无产阶级政权,恩格斯明确指出:"各地的经验都证明,要使工人摆脱旧政党的这种支配,最好的办法就是在每一个国家里建立一个无产阶级的政党,这个政党要有他自己的政策,这种政策将同其他政党的政策显然不同,因为他必须表现出工人阶级解放的条件。"①对无产阶级政权的实践探索表明无论哪种形式的无产主义政权都要坚持人民主体地位,特别强调"人民是历史的创造者",恩格斯在《法德农民问题》中描述"农民到处都是人口、生产和政治力量非常重要的因素"②,基层党组织与人民群众是紧密相连的,他们认为,"无产阶级政党,就是可以为大部分人无私奉献、争取权益的党"③,明确基层政权在乡村发展中的引领带头作用,对增强基层干部为人民服务的素质和能力提供了指导意义,也为中国共产党的群众路线提供了重要的指导意义。

马克思恩格斯关于"基层党建"的学说,提出了"把党同革命群众联系起来""把群众当作历史的创造者""把群众当作自己的群众"等观点。他们认为基层党组织是无产阶级政党的核心,基层党组织的发展要始终坚持马克思主义指导,从实际客观出发,将理论与实践相结合,不断创新、丰富和发展。

---

① 《马克思恩格斯选集》(第二卷),人民出版社,1972年,第321页。

② 《马克思恩格斯选集》(第四卷),人民出版社,2012年,第355页。

③ 《马克思恩格斯选集》(第三卷),人民出版社,2012年,第310页。

## 二、中国共产党领导人关于基层党建的重要论述

以毛泽东同志为核心的党中央领导集体是我国第一代领导集体,在带领全国人民开展新民主主义革命、社会主义改造时期,将马克思主义理论与中国具体实际紧密结合,提出了以"农村包围城市""为人民服务"为代表的基层党建理论,是毛泽东思想的重要组成部分。1927年在"八七会议"上指出:"以后上级机关应尽心听下级的报告,然后才能由不革命的转入革命的。"①同年开创性地提出"支部在连队",在军队中建设基层党组织,通过高效、统一、集中的强大组织力推动党员队伍建设。随着秋收起义的失败,毛泽东对基层党组织的建设问题进行了深度思考,1929年古田会议,提出"完善红军的党小组混合编制法,将各种出身不同、能力不同的干部分子、一般分子、劳动分子、知识分子混合编起来"②,进一步增强基层党组织的战斗力,确保党的指导思想在人民群众中落地生根。在党群关系方面,毛泽东多次强调工作的最终目的是为人民服务,以人民为利益的出发点,在《关于重庆谈判》中指出"我们共产党人好比种子,人民好比土地。我们到了一个地方,就要同那里的人民结合起来,在人民中间生根、开花"③。在《论联合政府》中对党员提出"全心全意地为人民服务,一刻也不脱离群众;一切从人民的利益出发,而不是从个人或小集团的利益出发"④。在党员教育管理方面,认为党员队伍建设的质量决定了党建质量。抗日战争时期,在"共产党员在民族战争中的模范作用"中系统论述了党员队伍建设、党的组织原则和组织

---

① 《毛泽东文集》(第一卷)人民出版社,1993年,第47页。
② 《毛泽东文集》(第一卷)人民出版社,1993年,第88页。
③ 《毛泽东选集》(第四卷)人民出版社,1991年,第1162页。
④ 《毛泽东选集》(第四卷)人民出版社,1991年,第1438页。

纪律、党的干部路线等,使共产党员在各方面起到先锋模范作用。[①]同时要求党员同志加强理论学习,坚定理想信念。毛泽东的基层党建理论认为基层党组织建设要结合实际来发展,依据党组织的不同层级确定不同的责任,合理运用并发挥作用,这一系列基层党组织建设的新思想丰富和发展了马克思主义党建学说,为了更好地适应马克思主义执政党的特点,我们在党的建设的内容和范畴上需要更加符合实际,不仅要坚持党的基本路线和方针政策,还需要积极创新党建工作模式,拓宽党建工作领域,强化党的理论学习,努力推动党的建设更加系统、全面、深入、有效地发展。

邓小平对基层党组织相关理论的论述,主要是在改革开放以后,我国的工作重心转向以经济建设为中心的背景下,研究农村基层党建工作新的发展定位,可以更好地发挥基层党建的引领,带领广大人民群众走向富裕。发挥基层党建作用,要毫不动摇地坚持中国共产党的领导。邓小平提出,共产党始终代表最广大人民群众的利益,因此要广泛团结、组织、动员、领导广大人民群众进行伟大斗争。1989年8月《中共中央关于加强党的建设的通知》指出:"农村乡镇党委和村党支部要充分发挥核心领导作用。"[②]要密切联系群众,邓小平认为:"党的基层组织是党联系广大群众的基本纽带。"[③]党的决策部署和国家的方针政策都是通过各级基层党组织动员、实施,同时,基层党组织的触角能够延伸到广大人民群众中,基层群众对党的评价、要求,都能够通过基层党组织进行反馈,因此二者之间的密切联系就是我们党的力量源泉。要加强自身建设,特别是党的监督和管理。党员队伍的强弱,党员干部的能力水平在一定程度上关系到党的战斗力的强弱和社会主义事业的发展,对此邓小平提出:"机关中的党的基层组织,应当对于机关中的每一个

---

① 《毛泽东选集》(第二卷),人民出版社,1991年,第521~522页。

② 中共中央文献研究室编:《十三大以来重要文献选编》(中),人民出版社,1991年,第48页。

③ 《邓小平文选》(第一卷),人民出版社,1994年,第253页。

党员的思想情况进行监督。"①为进一步发挥基层党组织带领群众走向富裕，1989 年 8 月《中共中央关于加强党的建设的通知》指出，要"根据本地实际和群众的愿望，带领群众勤劳致富，守法致富，稳定联产承包责任制，发展集体经济，走共同富裕道路"②。

随着社会主义市场经济体制的逐步建立，以江泽民同志为核心的党中央领导集体面对社会主义现代化建设过程中基层党组织面临的新形势、新任务，建设一个什么样的党和怎样建设党，成为一个重大问题，通过广泛的基层调研，提出有关建设意见，逐步形成了以"三个代表"为中心的比较完整的基层党建思想。在基层党组织的地位上，江泽民认为基层党组织是党在社会基层组织中的战斗堡垒。党的十四大报告中提出："党的基层组织是党的全部工作和战斗力的基础。"③江泽民在中国共产党成立八十周年大会上指出："党的基层组织是党的全部工作和战斗力的基础，要适应新形势新任务的要求，不断加强和改进基层组织建设。"④在基层党组织建设的目标任务上，江泽民提出要结合各自特点，围绕党的基本路线，认真履行党章，建强战斗堡垒作用。党的十五大报告中，再次强调"认真做好对党员的教育、管理和监督，增强解决自身矛盾的能力"⑤。随着社会主义新农村建设的不断深入，2005 年 12 月，《中共中央、国务院关于推进社会主义新农村建设的若干意见》中明确指出："充分发挥农村基层党组织的领导核心作用，为建设社会主义新农村提供坚强的政治和组织保障。"⑥在基层党组织对脱贫攻坚的带领

---

① 《邓小平文选》（第一卷），人民出版社，1994 年，第 253 页。
② 中共中央文献研究室编：《十三大以来重要文献选编》（中），人民出版社，1991 年，第 49 页。
③ 《江泽民文选》（第一卷），人民出版社，2006 年，第 249 页。
④ 《江泽民文选》（第三卷），人民出版社，2006 年，第 289 页。
⑤ 《江泽民文选》（第二卷），人民出版社，2006 年，第 45 页。
⑥ 中共中央文献研究室编：《十六大以来重要文献选编》（下），中央文献出版社，2007 年，第 152~253 页。

上,江泽民认为在农村组织扶贫开发,绝非一时的权宜之计,而是"贯穿整个社会主义初级阶段的一项重要任务"①。发挥基层党组织在脱贫攻坚工作中的应有作用,要抓好村级组织建设的"两条","一条是建设一个好支部,一条是发展集体经济,真正做到有人管事、有钱办事"②。实现现代化,关键在于加强党对农村工作的领导,同时在广大农村实现小康目标,建设好农村基层党组织,还要发挥广大人民群众的主动创造力。

我国是农业大国,农村人口众多,农民群体的利益维护、矛盾调解、政策落实,都离不开基层党组织。胡锦涛着重强调农村基层党建的重要性,在《中共中央关于加强党的执政能力建设的决定》提出"基层党组织和党员队伍建设是执政能力的基础"的观点,强调"必须以加强党的基层组织和党员队伍建设为基础"③。2008年10月,《中共中央关于推进农村改革发展若干重大问题的决定》提出:"把党组织建设成为推动科学发展、带领农民致富、密切联系群众、维护农村稳定的坚强领导核心。"④

习近平对基层党建引领乡村振兴的相关论述,是其长期以来在农村工作实践和认识的结晶,其价值在于丰富和发展了马克思主义基层党建理论,为新时代农村基层党建工作提供了科学指南,为破解我国社会主要矛盾提供了路径选择,为全面建成社会主义现代化强国提供了重要遵循。⑤

习近平十分重视基层党组织建设与乡村发展问题,他指出:"基础不牢,地动山摇。只有把基层党组织建设强、把基层政权巩固好,中国特色社会主

---

① 《江泽民论有中国特色社会主义》(专题摘编),中央文献出版社,2002年,第139页。

② 《江泽民文选》(第一卷),人民出版社,2006年,第559页。

③ 吴仁平、颜三忠:《工人阶级政党执政思想的深化和发展——学习〈中共中央关于加强党的执政能力建设的决定〉的若干思考》,《中国井冈山干部学院学报》,2006年第3期。

④ 《中国共产党第十七届中央委员会第三次全体会议文件汇编》,人民出版社,2008年,第34~35页。

⑤ 易文惺:《习近平总书记关于农村基层建设引领乡村振兴重要论述研究》,《桂海论丛》,2021年第3期。

义的根基才能稳固。"①如今我国农业整体水平与世界其他国家仍有一定差距,强调:"从中华民族伟大复兴战略全局看,民族要复兴,乡村必振兴。"②党的十九大报告中指出,新时代党的建设总要求提出了两个坚持的根本方针以及不断提高党的建设质量的迫切任务或基本要求;党的二十大报告中指出,要"坚持大抓基层的鲜明导向,抓党建促乡村振兴""推进以党建引领基层治理"③要健全基层党组织领导的基层群众自治机制,推进以党建引领基层治理,持续整顿软弱涣散基层党组织。

在2022年召开的农村工作会议上指出:全面推进乡村振兴是新时代建设农业强国的首要任务。④这表明了乡村建设的重要地位,并提出乡村振兴关键在党,要严格落实省、市、县、乡、村五级书记抓党建的机制,以制度保障基层党建引领发展的规范性和实效性。强调:"'三农'工作重心已经实现历史性转移,人力投入、物力配置、财力保障都要转移到乡村振兴上来。"⑤农村发展的工作重心已从"三农"领域的初级阶段向脱贫攻坚阶段转移,并历史性地转移到乡村振兴领域。

习近平对"三农"问题的一系列讲话和指示,深刻而系统地回答了"建设怎样的乡村""怎样建设乡村"等一系列重大理论和实践问题,形成了富有中国特色社会主义鲜明特征的乡村振兴重要论述,这一系列重要论述是指导我国进行乡村振兴建设的理论指导,不仅为实现巩固拓展脱贫攻坚成果同乡村振兴有效衔接、全面推进共同富裕总体目标导向下的乡村振兴提供了行动纲领,还为坚定中国特色社会主义乡村振兴道路指明了方向。

---

① 《抓基层强基础固基本》,《先锋》,2023年第3期。
② 《习近平出席中央农村工作会议并发表重要讲话》,《中国税务》,2023年第1期。
③ 习近平:《高举中国特色社会主义伟大旗帜　为全面建设社会主义现代化国家而团结奋斗——在中国共产党第二十次全国代表大会上的报告》,人民出版社,2022年,第67页。
④ 《从中央农村工作会议看2023年"三农"工作这么干》,《云南农业》,2023年第2期。
⑤ 《习近平出席中央农村工作会议并发表重要讲话》,《中国税务》,2023年第1期。

马克思主义党建理论随着时代的进步而不断发展,已经超越时空的局限,在新的历史条件下,把马克思主义的党建思想融入基层的党建工作中,是中国共产党不断向前发展的必然选择,是推进国家事业发展的必由之路,也是实现"中国梦"永不枯竭的力量。

## 乡村振兴优秀案例:山西寿阳

**基本介绍:**

寿阳地处太原、晋中、阳泉三地之间,总面积2110平方千米,辖7镇,2个城区管委会,8个社区、163个行政村,总人口近22万人。各级基层党组织749个、党员16770人。

区位交通优势明显。石太铁路、太旧高速、307国道、339国道及216省道贯通全境,素有三晋"金三角"和山西"旱码头"之称。矿产资源禀赋突出。煤炭地质储量98亿吨,全国重点产煤县有16座矿井,总产能2520万吨。石灰岩地质储量100亿吨,有石灰岩生产企业11家,年生产规模320万吨,是太原周边最主要的建筑石料供应地。

农业基础得天独厚。拥有耕地104万亩,人均耕地6亩。年产粮食7亿斤、蔬菜40万吨,是全国粮食生产先进县、全国无公害蔬菜基地县、山西省优质杂粮生产基地县、全省有机旱作农业示范县。自然气候特色鲜明。地势隆起,四面环山,平均海拔1200米左右。拥有方山国家森林公园、鹿泉山省级森林公园,林木覆盖率39.4%。夏季平均气温17℃,是华北地区重要的消夏胜地。

历史文化源远流长。至今已有2500多年历史,是中国寿星文化之乡、寿文化研究基地,是清朝"三代帝王师"祁寯藻、刘胡兰式女英雄尹灵芝的故里,有国家级传统村落13个。

2019年,寿阳地区生产总值完成125.23亿元,增长41%;规模以上工业增加值完成64.19亿元,增长1.1%;固定资产投资完成40.47亿元,增长30.9%;社会消费品零售总额完成32.97亿元,增长8.6%;一般公共预算收入完成12.72亿元,增长116%;城镇常住居民人均可支配收入完成36865元,增长6.6%;农村常住居民人均可支配收入完成15040元,增长10.2%。

## 乡村振兴战略视角下的"黑水路径"

### 山西省寿阳县农业农村局

实施乡村振兴战略是新时代"三农"工作总抓手。我们以平头镇黑水村为典型示范,专门组建调研组对我县乡村振兴实施情况展开了专项调研,对好的做法经验及存在的问题进行了深入分析,对黑水村发展的路径进行了深入探讨,形成了四方面的理性思考。

### 一、从旧貌到新颜——黑水村的历史及现状

黑水村位于山西省晋中市寿阳县平头镇西侧,鹿泉山下,背有20万亩森林覆盖的省级森林公园鹿泉山,旅游公路穿村而过,总面积4.05平方千米,耕地面积4488亩,辖10个自然村,全村373户900余人。该村交通便利,地理位置优越,距太原32千米、榆次25千米,紧邻榆次、太原辖区两大3A级旅游景区,属于太原的半小时经济圈。随着太原东二环高速(鹿泉驿站)、东山隧道建设,到太原车程仅需15分钟。在这样一个区位优越、生态环境得天独厚的古村落,不仅非物质文化遗产项目保留丰富,同时还完好保存了国家级文物保护单位——元代建筑福田寺和国家级非物质文化遗产——傩舞"爱社",兼具了生态产业特色和历史文化特色,是发展旅游业和避暑度假的上选之地,未来发展潜力巨大。

很长一段时间,由于规划管理滞后,这里的村容村貌和人居环境不容乐观。街道破损、尘土飞扬,环境"脏乱差"明显,民居老旧、散乱无序

房前屋后违建十分普遍。自2019年乡村振兴示范廊带建设以来,黑水村将全面整治农村人居环境作为打响乡村振兴第一场硬仗。坚持系统推进全域整治,坚持因村制宜、分类施策,乡村环境面貌发生了颠覆性改变。现在的黑水村摆脱了过去"脏乱差"的标签,摇身一变,成为"国家森林乡村"和"全国乡村治理示范村"。

不仅仅是黑水村的村容面貌焕然一新,村民的精神面貌也大为改观。过去黑水村的村民苦于没有出路,只有面朝黄土背朝天,仅靠种植玉米蔬菜、杂粮等维持生计,年人均收入6000元左右,辛苦且收入低。乡村振兴和"五地一产"入市改革成为最关键因素,依托路桥集团苗木基地和物流园区,全村的耕地全部流转,仅此一项人均增收2700元,村集体增收200万元。村民从土地上解放出来就近打工、发展乡村旅游、成立合作社和公司等,增收渠道更加多样化。目前,村民年人均收入可达18000元左右。

## 二、从生根到结果——"黑水路径"的成功经验

由过去远近闻名的落后村到今天的乡村振兴示范廊带上的一颗明珠,每一处改变都是"黑水路径"的不断探索,我们从中整理出五点成功经验。

### (一)坚持因地制宜,坚持规划引领

习近平总书记强调,"要科学把握不同村庄变迁的发展趋势,分类指导,因地制宜,精准施策"。黑水村在改造初期,就专门制定了生态康养体验区、全域旅游先导区、融合发展样板区的多重目标。聘请了国内一流专家团队,编制片区总体规划和生态建设、乡村风貌、产业发展专项规划。秉承"望得见山、看得见水、记得住乡愁"的理念,在原有建筑风格和历史风貌的基础上,采取设计、施工、管理一体总包、整体推进的EPC方式,不搞大拆大建,不改变乡村风貌,最大限度地保留了区域特色。

（二）坚持全面整治，扮靓乡村颜值

按照县委提出"违建全拆除、旱厕全改造、街巷全硬化、污水全处理、垃圾全收集"和"取暖要清洁、庭院要整洁、网络要连通、空地要绿化、村落要美丽"的"五全五要"标准整体推进。整村累计拆除私搭乱建、小散乱污、有碍观瞻的临时建筑共27处6000余平方米，做到了违建清零清理4堆176处。完成硬化2.7万平方米、污水管网4100米、通信管网4700米、电力管网5100米、自来水3700米，新建小景点11处，绿化面积35万平方米。实现了垃圾"村收集、乡转运、县处理"，人居环境发生了质的改变。新设计修建的1986平方米党群服务中心包括：办公场所、村民议事、游客接待、培训学校、医疗卫生、日间照料、代表联络等主要功能场所和生态宜居的美丽乡村样板村基本成型。

（三）坚持产业带动，提升乡村治理

依托山西交控集团，耕地全部流转给苗木体验基地，每亩每年流转费用1100元，流转期限为十年，流转费用一次性兑付农户。广大农户通过土地流转增收创富的同时，从耕地解放出来的富余劳动力为项目方提供苗木种植、养护等务工服务，实现"土地流转+务工"的"双增收"户均增收3万余元；针对地处鹿泉山寿星文化休闲度假旅游区核心地带和太原都市后花园的区位优势，濒临307国道、太原东二环高速、东山隧道的交通优势，鹿泉山森林茂密和苗木绿化基地树木葱茏的生态优势，以及清凉解暑的气候优势，以打造寿阳乡村旅游示范村为目标，大力开发民宿旅游，走出了多渠道带动农民增收，实现乡村产业振兴的新路子。

（四）坚持党建引领，丰富乡村内涵

从强化支部战斗堡垒作用入手，从抓班子建设入手，进一步树立全村上下一盘棋思想。广泛发动全体党员群众参与乡村振兴，以村"两委"干部和党员为基础，将全村所有农户划分为10个网格，整合人力、物力、财力资源,对护林防火、计生、综治、安全进行全面统筹,把群众所需服务带入网格,"零距离"服务群众,把基层管理真正放在网格上,确保治理的科学性和有效性,第一时间推进晋中市二十五条和县十项措施在农村基层的实施。坚持"六化提治",即数字化编户、信息化监测、多元化服务、动态化管理、差异化考核、民主化监督,以网格化管理提升支部组织力,以信息化支撑提升工作精准度,以经常化入户提升群众亲切感,实现了管理无空白,服务全覆盖。充分发挥了党组织的核心领导作用和党员干部的先锋模范作用,彻底扭转了黑水村多年来全县问题村矛盾村的负面形象和被动局面,干部群众主动作为、干事创业热情空前高涨。

(五)坚持融合发展,弘扬乡村新风

黑水村先后挖掘整合了国家级非物质文化遗产"傩舞""耍叉"等,投资600万元新建了集非遗展示、游客服务、党群服务、便民服务等功能为一体的综合服务中心,组织了"农耕主题文化展""寿阳县非遗文化展"活动的同时,以新时代文明实践站建设为契机,深入开展道德模范、最美家庭等精神文明创建活动,推动社会治理重心向基层下移,实现了"零上访、零事故、零案件"。规范村级便民服务点,实现了27类54项便民服务"站式"代办。重新修定完善村规民约,增加了婚事新办、丧事简办、殡葬改革等内容,教育引导群众移风易俗,实现"德治、法治、自治""三治融合"。

三、从现在到未来——着眼长远做好黑水发展文章

黑水村在全面推进乡村振兴、建设美丽乡村上下了很大功夫,取得了显著成效。下一步,我们将继续深化乡村振兴各环节工作,立足村情,精准发力,打造全省乡村振兴示范高地。

（一）精心打造鹿泉小镇项目

鹿泉小镇是集生态康养、休闲旅游于一体的经济繁荣、资源节约的特色小镇。积极培育北方乡村特色民宿、精品度假酒店、民俗文化和非遗文化传承体验、地方特色美食等内容，形成综合开发型康养产业基地。它是落实晋中市"五地一产"入市改革政策的样板试点项目，更是作为深化农村产权改革的具体体现来成为乡村振兴的突破口。

所谓"五地一产"就是：集体非承包耕地、林地、四荒地、宅基地、集体经营性建设用地和集体经营性资产。"鹿泉小镇"项目采用的就是通过清理一户多宅、废旧宅基地，整合凋敝村小组，以调整的方式整合集体建设性用地234.8亩作为"小镇"建设土地。而能够实现"小镇"可持续发展的重要产业支撑就是位于"小镇"北（黑水村内），与"小镇"无缝衔接融会贯通的太原东二环高速旅游服务区——"鹿泉驿站"。它既能满足高速公路司乘的休憩购物功能，又将成为太原市半小时周末度假休闲生活的卫星区域及辐射寿阳等周边地区的城市休闲综合体。

"驿站"整体采用大面积水域，把主体建筑营造在水域环境，有别于太原其他类似项目的识别度。通过采用大面积玻璃，老料石材的运用装饰，以新中式的建筑手法，融入山西特色人文景观，重点打造传统古建筑、水中塔影、曲径老桥、观景茶庐等文化建筑元素，整体营造中央文化水景，汇聚人气，传达"康养"理念（达、禅静、安宁、养生），藏风纳气。围绕中央水景，周围设置休闲购物、住宿、特色餐饮、公共卫生间等服务功能区域。环境打造不跟"山西大院"之风，着重提炼山西传统禅意文化精髓，让传统文化与当代生活有机结合，以正能量传播山西的人文文化、环境的可持续发展。通过其整体建筑及景观的无缝对接，营造老少兼宜的景观度假式服务区模式，成为未来"鹿泉森林康养小镇的综合休闲购物区"。"鹿泉驿站"服务区与"小镇"融合互补的区位衔接设计将为

"小镇"持续引流,为其能够持续发展提供坚实的产业支撑。

"小镇"的运营预计增加黑水村集体经济收入1500万元,同时解决流转土地后,本村及周边村组的闲散劳动力350余人,每年人均可增收3000元、可带动村民增收创富267.6万元。

### (二)持续改善农村人居环境

黑水村将继续加大宣传和治理力度,引导广大村民养成良好的生活习惯,组织大家开展村庄美化行动、推进厕所革命,针对生活垃圾、旅游污染等作出切实可行的办法,积极借鉴其他地区的先进经验和管理模式,建立完善农村垃圾处理的长效机制,实现农村垃圾集中处理的全覆盖;同时对农村人居环境整治加大资金投入,逐步完善基本公共服务设施,不断提高村民的幸福感、获得感。

### (三)多措并举吸引和培养人才

推进乡村振兴,人才是基本保障。出台相关激励措施,对高学历高素质人才回乡创业放宽政策。要"筑巢引凤",多方鼓励引导返乡农民工大中专毕业生、科技人员、退役军人等返乡做"创客",投身乡村振兴。要营造"靠环境引人才,用服务留人才"的良好氛围,制定创业等优惠政策,搭牢拓宽人才干事创业平台。要加大本土人才培养扶持力度,制定完善本土人才成长发展机制,充分调动乡村人才的积极性、创造性,发挥乡村人才的技术优势,带动相关产业快速发展。

### (四)全量利用集体林地、四荒地

全村共有四荒地面积600亩,林地面积644.232亩。村集体除50亩林地服务在建"鹿泉驿站"项目建设外,将零星可栽植的四荒地和村边的片儿林全量利用进行发展经济林,为下一步林下散养、发展农耕体验经济开展采摘、农家乐打下基础。

## 四、从经验到启示——探索乡村振兴的有效之策

当前，全国已经有不少地方就乡村振兴战略作出有益的探索，一批产业兴旺、生活富裕的村镇不断涌现。总结黑水村的成功经验及启示，实施好乡村振兴要处理好三种关系。

### (一)处理好"破"与"立"的关系

一是处理好整治上"破"与"立"的关系。黑水村在建"新"时，既保持了村庄原貌，充分尊重乡村的自然机理和历史文脉，把挖掘原生态村居风貌和引导现代发展元素结合起来，又保留了"乡愁"，让美丽宜居乡村不仅有颜值，更有了内涵。二是处理好发展上"破"与"立"的关系。坚持特色发展，把农村生态环境保护、乡村环境整治与发展特色民宿经济、优质农产品电子商务、乡村休闲旅游、养生健康结合起来，加快培育乡村产业发展新业态，推动生态资源和生态优势转化为产业优势和农村竞争力。三是处理好文化上"破"与"立"的关系。黑水村拥有国家级、省级非物质文化遗产"傩舞""要叉"，在乡村快速发展的同时，更不能在文化传承上掉队。必须采取群众喜闻乐见的形式开展文化传承保护，让陈旧的文化搭上新时代的快车，焕发出新的光彩。

### (二)处理好"内"与"外"的关系

一方面要加强乡村振兴的外部支持。以黑水村为例，山西交控集团的引进，极大地带动了当地产业的发展。但要想持续不断发展，必须把社会力量参与作为振兴乡村产业的重要助力。另一方面要充分激发乡村自身的内在活力。通过提升农村基层干部、农民群众等建设主体的文化技能素质，促进内生能力成长。

### (三)处理好"人"与"无人"的关系

一方面是强化乡村信息化建设。黑水村虽然地理位置得天独厚，但信息化水平偏低，没有真正把整体的联动效益发挥出来。只有大力

发展乡村商务经济,打开通道、扩大市场,让更多黑水村的优势资源走出乡村,走向市场,才能保证农村的活力源源不断。另一方面是完善人才队伍建设机制。只有加强人才队伍建设,才能实现科学决策、创新发展,才能强有力地推进乡村振兴战略。积极推动大学毕业生和先富起来的农村能人返乡创业,促进各路人才"上山下乡"投资创业。积极引进国内外有实力的优秀企业和团队,探索多种形式的合作经营模式,推动建立乡村发展多元机制。

# 第三章　全面推进乡村振兴的
# 总体部署和要求

实施乡村振兴战略，是以习近平同志为核心的党中央确立的新的重大战略，是以习近平同志为核心的党中央从党和国家事业发展全局作出的重大战略决策。乡村振兴战略是一项国家层面的大战略，推进乡村振兴是全国自上而下统一部署的全面行动。因此，在乡村振兴的工作实践中，必须把握好全面推进乡村振兴的战略部署，把握好全面推进乡村振兴的政策安排，把握好全面推进乡村振兴的顶层设计，把握好全面推进乡村振兴的总体要求，用顶层设计指导全面推进乡村振兴的伟大实践，确保全面推进乡村振兴的各项工作始终沿着正确航道前行。

## 一、新时代实施乡村振兴战略的根本遵循

实施乡村振兴战略，坚持走中国特色社会主义乡村振兴道路，加快推进农业农村现代化，是习近平经济思想的重要内容，是习近平新时代中国特色社会主义思想的组成部分。党的十九大以来，习近平总书记从党和国家事业发展全局的战略高度，对实施乡村振兴战略发表了一系列重要讲话，作出

了一系列重要指示,提出了一系列乡村振兴的新理念、新论断、新观点,为全面推进乡村振兴提供了根本指导和行动指南。习近平总书记亲自谋划、亲自部署、亲自组织实施乡村振兴战略,亲自挂帅、亲自指导、亲自推动全国范围的乡村振兴伟大实践。深入学习领会习近平总书记关于乡村振兴的重要论述,是全面实施乡村振兴战略、全面推进乡村振兴的重要要求,是做好全面推进乡村振兴战略、全面推进乡村振兴工作的根本保障。我们要以习近平总书记关于乡村振兴的重要论述为指导,自觉地用习近平总书记关于乡村振兴的重要论述武装头脑和指导乡村振兴实践,全面实施乡村振兴战略,加快实现农业农村现代化。

深入学习和深刻领会习近平总书记关于乡村振兴的重要论述,如《中央农村工作会议在北京举行习近平作重要讲话》(《人民日报》2017年12月30日、2020年12月30日、2013年12月25日);《习近平在中共中央政治局第八次集体学习时强调把乡村振兴战略作为新时代"三农"工作总抓手促进农业全面升级农村全面进步农民全面发展》(《人民日报》2018年9月23日);《习近平参加十三届全国人大一次会议山东代表团的审议》(《人民日报》2018年3月9日);《习近平参加十三届全国人大二次会议河南代表团的审议》(《人民日报》2019年3月9日)。要认真学习和把握好以下八个方面。

第一,实施乡村振兴战略是实现党的宏伟目标的必然要求。实施乡村振兴战略,是党的十九大作出的重大决策部署,是决胜全面建成小康社会、全面建设社会主义现代化国家的重大历史任务。农业农村农民问题是关系国计民生的根本性问题。没有农业农村的现代化,就没有国家的现代化。农业强不强、农村美不美、农民富不富,决定着亿万农民的获得感和幸福感,决定着我国全面建成小康社会的成色和社会主义现代化的质量。必须看到,全面建设社会主义现代化国家,实现中华民族伟大复兴,最艰巨最繁重的任务在农村,最广泛最深厚的基础在农村,最大的潜力和后劲也在农村。

从中华民族伟大复兴战略全局看,民族要复兴,乡村必振兴。历史和现实都告诉我们,农为邦本,本固邦宁。要坚持用大历史观来看待农业农村农民问题,只有深刻理解了"三农"问题,才能更好地理解我们这个党、这个国家、这个民族。全面推进乡村振兴,加快农业农村现代化,是需要全党高度重视的一个关系大局的重大问题,是解决人民日益增长的美好生活需要和不平衡不充分的发展之间矛盾的必然要求,是实现"两个一百年"奋斗目标的必然要求,是实现全体人民共同富裕的必然要求。

第二,实施乡村振兴战略是新时代"三农"工作总抓手。实施乡村振兴战略,是我们党"三农"工作一系列方针政策的继承和发展,是中国特色社会主义进入新时代做好"三农"工作的总抓手。实施乡村振兴战略,总目标是实现农业农村现代化,总方针是坚持农业农村优先发展,总要求是产业兴旺、生态宜居、乡风文明、治理有效、生活富裕,制度保障是建立健全城乡融合发展体制机制和政策体系。要坚持把解决好"三农"问题作为全党工作的重中之重,立足国情农情,切实增强责任感使命感紧迫感,举全党全国全社会之力,以更大的决心、更明确的目标、更有力的举措推动乡村振兴,推动农业全面升级、农村全面进步、农民全面发展,谱写新时代乡村全面振兴新篇章。要在资金投入、要素配置、公共服务、干部配备等方面采取有力举措,加快补齐农业农村发展短板,不断缩小城乡差距,让农业成为有奔头的产业,让农民成为有吸引力的职业,让农村成为安居乐业的家园。要推动农业农村经济适应市场需求变化、加快优化升级、促进产业融合,加快推进农村生态文明建设、建设农村美丽家园,弘扬社会主义核心价值观、保护和传承农村优秀传统文化、加强农村公共文化建设、提高乡村社会文明程度,推进乡村治理能力和水平现代化、让农村既充满活力又和谐有序,不断满足广大农民群众日益增长的美好生活需要,促进农业高质高效、乡村宜居宜业、农民富裕富足。

第三,坚持走中国特色社会主义乡村振兴道路。走中国特色社会主义乡村振兴道路,一是必须重塑城乡关系,走城乡融合发展之路。要坚持以工补农、以城带乡,把公共基础设施建设的重点放在农村,推动农村基础设施建设提档升级,优先发展农村教育事业,促进农村劳动力转移就业和农民增收,加强农村社会保障体系建设,推进健康乡村建设,持续改善农村人居环境,逐步建立健全全民覆盖、普惠共享、城乡一体的基本公共服务体系,让符合条件的农业转移人口在城市落户定居,推动新型工业化、信息化、城镇化、农业现代化同步发展,加快形成工农互促、城乡互补、全面融合、共同繁荣的新型工农城乡关系。

二是必须巩固和完善农村基本经营制度,走共同富裕之路。要坚持农村土地集体所有,坚持家庭经营基础性地位,坚持稳定土地承包关系,壮大集体经济,建立符合市场经济要求的集体经济运行机制,确保集体资产保值增值,确保农民受益。

三是必须深化农业供给侧结构性改革,走高质量兴农之路。坚持质量兴农、绿色兴农,加快推进农业由增产导向转向提质导向,夯实农业生产能力基础,确保国家粮食安全,构建农村一、二、三产业融合发展体系,积极培育新型农业经营主体,促进小农户和现代农业发展有机衔接,推进"互联网+现代农业"加快构建现代农业产业体系、生产体系、经营体系,不断提高农业创新力、竞争力和全要素生产率,加快实现由农业大国向农业强国转变。

四是必须坚持人与自然和谐共生,走乡村绿色发展之路。以绿色发展引领生态振兴,统筹山水林田湖草沙系统治理,加强农村突出环境问题综合治理,建立市场化多元化生态补偿机制,增加农业生态产品和服务供给,实现百姓富、生态美的统一。

五是必须传承发展提升农耕文明,走乡村文化兴盛之路。坚持物质文明和精神文明一起抓,弘扬和践行社会主义核心价值观,加强农村思想道德建设,传承发展提升农村优秀传统文化,加强农村公共文化建设,开展移风易俗行动,提升农民精神风貌,培育文明乡风、良好家风、淳朴民风,不断提高乡村社会文明程度。

六是必须创新乡村治理体系,走乡村善治之路。建立健全党委领导、政府负责、社会协同、公众参与、法治保障的现代乡村社会治理体制,健全自治、法治、德治相结合的乡村治理体系,加强农村基层党组织建设,深化村民自治实践,严肃查处侵犯农民利益的"微腐败",建设平安乡村,确保乡村社会充满活力、和谐有序。

七是必须打好精准脱贫攻坚战,走中国特色减贫之路。坚持精准扶贫、精准脱贫,把提高脱贫质量放在首位,要注重扶贫同扶志、扶智相结合,瞄准贫困人口精准帮扶,聚焦深度贫困地区集中发力,激发贫困人口内生动力,强化脱贫攻坚责任和监督,开展扶贫领域腐败和作风问题专项治理,采取更加有力的举措、更加集中的支持、更加精细的工作,坚决打好精准脱贫这场对全面建成小康社会具有决定性意义的攻坚战。

第四,乡村振兴是包括产业振兴、人才振兴、文化振兴、生态振兴、组织振兴的全面振兴。实施乡村振兴战略是一篇大文章,要统筹谋划,科学推进。

一是推动乡村产业振兴,要紧紧围绕发展现代农业,围绕农村一、二、三产业融合发展,构建乡村产业体系,实现产业兴旺,把产业发展落到促进农民增收上来,全力以赴消除农村贫困,推动乡村生活富裕。

二是发展现代农业,要确保国家粮食安全,调整优化农业结构,加快构建现代农业产业体系、生产体系、经营体系,提高农业创新力、竞争力、全要素生产率,提高农业质量、效益、整体素质。

三是推动乡村人才振兴,要把人力资本开发放在首要位置,强化乡村振兴人才支撑,加快培育新型农业经营主体,让愿意留在乡村、建设家乡的人留得安心,让愿意上山下乡、回报乡村的人更有信心,激励各类人才在农村广阔天地大施所能、大展才华、大显身手,打造一支强大的乡村振兴人才队伍,在乡村形成人才、土地、资金、产业汇聚的良性循环。

四是推动乡村文化振兴,要加强农村思想道德建设和公共文化建设,以社会主义核心价值观为引领,深入挖掘优秀传统农耕文化蕴含的思想观念、人文精神、道德规范,培育挖掘乡土文化人才,弘扬主旋律和社会正气,培育文明乡风、良好家风、淳朴民风,改善农民精神风貌,提高乡村社会文明程度,焕发乡村文明新气象。

五是推动乡村生态振兴,要坚持绿色发展,加强农村突出环境问题综合治理,扎实实施农村人居环境整治行动计划,推进农村"厕所革命",完善农村生活设施,打造农民安居乐业的美丽家园,让良好生态成为乡村振兴支撑点。

六是推动乡村组织振兴,要打造千千万万个坚强的农村基层党组织,培养千千万万名优秀的农村基层党组织书记,深化村民自治实践,发展农民合作经济组织,建立健全党委领导、政府负责、社会协同、公众参与、法治保障的现代乡村社会治理体制,确保乡村社会充满活力、安定有序。

第五,确保重要农产品特别是粮食供给是实施乡村振兴战略的首要任务。我国是一个人口众多的大国,解决好吃饭问题始终是治国理政的头等大事。

一是要坚持以我为主,立足国内、确保产能、适度进口、科技支撑的国家粮食安全战略。中国人的饭碗任何时候都要牢牢端在自己手上。一个国家只有立足粮食基本自给,才能掌握粮食安全主动权,进而掌控经济社会发展大局。

二是要牢牢把住粮食安全主动权,粮食生产年年要抓紧。要进一步明确粮食安全的工作重点,合理配置资源,集中力量确保谷物基本自给、口粮绝对安全。要严防死守18亿亩耕地红线,采取"长牙齿"的硬措施,落实最严格的耕地保护制度。要建设高标准农田,真正实现旱涝保收、高产稳产。

三是要坚持农业科技自立自强,加快推进农业关键核心技术攻关。要调动农民种粮积极性,稳定和加强种粮农民补贴,坚持完善最低收购价政策,扩大完全成本和收入保险范围,让农民种粮有利可图、让主产区抓粮有积极性。

四是要搞好粮食储备调节,提升收储调控能力,调动市场主体收储粮食的积极性,有效利用社会仓储设施进行储粮。地方各级党委和政府要扛起粮食安全的政治责任,实行"党政同责","米袋子"省长要负责,书记也要负责,树立大局意识,增加粮食生产投入,自觉承担维护国家粮食安全责任。

五是要高度重视节约粮食,坚持不懈制止餐饮浪费,节约粮食要从娃娃抓起、从餐桌抓起,让节约粮食在全社会蔚然成风。

第六,乡村振兴要汇聚更强大的力量来推进。全面实施乡村振兴战略的深度、广度、难度都不亚于脱贫攻坚,必须以更有力的举措、汇聚更强大的力量来推进。

一是要加快发展乡村产业,顺应产业发展规律,立足当地特色资源,推动乡村产业发展壮大,优化产业布局,完善利益联结机制,让农民更多分享产业增值收益。

二是要加强社会主义精神文明建设,加强农村思想道德建设,弘扬和践行社会主义核心价值观,普及科学知识,推进农村移风易俗,推动形成文明乡风、良好家风、淳朴民风。

三是要加强农村生态文明建设,保持战略定力,以钉钉子精神推进农业面源污染防治,加强土壤污染、地下水超采、水土流失等治理和修复。

四是要深化农村改革,加快推进农村重点领域和关键环节改革,激发农村资源要素活力,完善农业支持保护制度,尊重基层和群众创造,推动改革不断取得新突破。

五是要实施乡村建设行动,继续把公共基础设施建设的重点放在农村,在推进城乡基本公共服务均等化上持续发力,注重加强普惠性、兜底性、基础性民生建设。要接续推进农村人居环境整治提升行动,重点抓好改厕和污水、垃圾处理。要合理确定村庄布局分类,注重保护传统村落和乡村特色风貌,加强分类指导。

六是要推动城乡融合发展见实效,健全城乡融合发展体制机制,促进农业转移人口市民化。要把县域作为城乡融合发展的重要切入点,赋予县级更多资源整合使用的自主权,强化县城综合服务能力。

七是要加强和改进乡村治理,加快构建党组织领导的乡村治理体系,深入推进平安乡村建设,创新乡村治理方式,提高乡村善治水平。

第七,乡村振兴要遵循规律、规划先行、精准施策、分类推进。实施乡村振兴战略是一项长期的历史性任务,首先要按规律办事。在我们这样一个拥有14亿多人口的大国,实现乡村振兴是前无古人、后无来者的伟大创举,没有现成的、可照抄照搬的经验。要科学规划,科学把握各地差异和特点,注重地域特色,体现乡土风情,特别要保护好传统村落、民族村寨、传统建筑,不搞"一刀切",不搞统一模式,不搞层层加码。要充分尊重广大农民的意愿,调动广大农民的积极性、主动性、创造性,把广大农民对美好生活的向往化为推动乡村振兴的动力,把维护广大农民根本利益、促进广大农民共同富裕作为出发点和落脚点。在实施乡村振兴战略中,要注意处理好以下关系。

一是长期目标和短期目标的关系,要遵循乡村建设规律,坚持科学规划、注重质量、从容建设,一件事情接着一件事情办,一年接着一年干,切忌贪大求快、刮风搞运动,防止走弯路、翻烧饼。

二是顶层设计和基层探索的关系,党中央已经明确了乡村振兴的顶层设计,各地要制定符合自身实际的实施方案,科学把握乡村的差异性,因村制宜,发挥亿万农民的主体作用和首创精神,善于总结基层的实践创造。

三是充分发挥市场决定性作用和更好发挥政府作用的关系,要进一步解放思想,推进新一轮农村改革,发挥政府在规划引导、政策支持、市场监管、法治保障等方面的积极作用。

四是增强群众获得感和适应发展阶段的关系,要围绕农民群众最关心最直接最现实的利益问题,加快补齐农村发展和民生短板,让亿万农民有更多实实在在的获得感、幸福感、安全感,同时要形成可持续发展的长效机制,坚持尽力而为、量力而行,不能提脱离实际的目标,更不能搞形式主义和"形象工程"。

第八,实施乡村振兴战略必须加强党的全面领导。办好农村的事情,实现乡村振兴,关键在党,必须加强党对"三农"工作的领导,切实提高党把方向、谋大局、定政策、促改革的能力和定力,确保党始终总揽全局、协调各方,提高新时代党领导农村工作的能力和水平。要加强党对"三农"工作的全面领导,各级党委要扛起政治责任,落实农业农村优先发展的方针,把农业农村优先发展的要求落到实处,在干部配备上优先考虑,在要素配置上优先满足,在公共财政投入上优先保障,在公共服务上优先安排,以更大力度推动乡村振兴。要强化乡村振兴规划引领,部署若干重大工程、重大计划、重大行动。要健全党委统一领导、政府负责、党委农村工作部门统筹协调的农村工作领导体制。要建立实施乡村振兴战略领导责任制,实行中央统筹、省负总责、市县抓落实的工作机制。党政一把手是第一责任人,五级书记抓乡村振兴。县委书记要把主要精力放在"三农"工作上,当好乡村振兴的"一线总指挥"。要选优配强乡镇领导班子、村"两委"成员特别是村党支部书记,把乡村党组织建设好,把领导班子建设强。要突出抓基层、强基础、固基本的工作导向,推动各类资源向基层下沉,为基层干事创业创造更好的条件。要加强"三农"工作干部队伍的培养、配备、管理、使用，建设一支政治过硬、本领过硬、作风过硬的乡村振兴干部队伍。选派一批优秀干部到乡村振兴一线岗位，把乡村振兴作为培养锻炼干部的广阔舞台。要吸引各类人才在乡村振兴中建功立业，形成人才向农村基层一线流动的用人导向，汇聚起全党上下、社会各方全面推进乡村振兴的强大力量。

## 二、全面深刻把握党中央乡村振兴战略部署

党的十九大确立乡村振兴战略以来，党中央作出了一系列重大决定，出台了一系列重要文件，如《中共中央 国务院关于实施乡村振兴战略的意见》《中共中央 国务院关于全面推进乡村振兴加快农业农村现代化的意见》《中共中央 国务院关于建立健全城乡融合发展体制机制和政策体系的意见》《中共中央 国务院关于坚持农业农村优先发展做好"三农"工作的若干意见》《中共中央 国务院关于实现巩固拓展脱贫攻坚成果同乡村振兴有效衔接的意见》《乡村振兴战略规划》等，对全面实施乡村振兴战略、全面推进乡村振兴、加快农业农村现代化作出具体部署。全面推进乡村振兴，要全面深刻领会和把握党中央的战略部署精神，结合各地实际，切切实实把党中央的战略部署落到实处。

全面深刻领会和把握党中央对实施乡村振兴战略的总体部署精神，需要认真学习和把握好以下方面。

### (一)党的十九大对乡村振兴的部署

党的十九大在党和国家事业发展的历史上第一次提出乡村振兴战略，习近平总书记在党的十九大报告中明确指出：坚定实施科教兴国战略、人才强国战略、创新驱动发展战略、乡村振兴战略、区域协调发展战略、可持续发

展战略、军民融合发展战略。[①]

　　实施乡村振兴战略，要坚持农业农村优先发展，按照产业兴旺、生态宜居、乡风文明、治理有效、生活富裕的总要求，建立健全城乡融合发展体制机制和政策体系，加快推进农业农村现代化。巩固和完善农村基本经营制度，深化农村土地制度改革，完善承包地"三权"分置制度。保持土地承包关系稳定并长久不变，第二轮土地承包到期后再延长三十年。深化农村集体产权制度改革，保障农民财产权益，壮大集体经济。确保国家粮食安全，把中国人的饭碗牢牢端在自己手中。构建现代农业产业体系、生产体系、经营体系，完善农业支持保护制度，发展多种形式适度规模经营，培育新型农业经营主体，健全农业社会化服务体系，实现小农户和现代农业发展有机衔接。促进农村一、二、三产业融合发展，支持和鼓励农民就业创业，拓宽增收渠道。加强农村基层基础工作，健全自治、法治、德治相结合的乡村治理体系。培养造就一支懂农业、爱农村、爱农民的"三农"工作队伍。

### （二）党的十九届五中全会对乡村振兴的部署

　　党的十九届五中全会通过了《中共中央关于制定国民经济和社会发展第十四个五年规划和二〇三五年远景目标的建议》，以下简称《建议》。《建议》明确提出：优先发展农业农村，全面推进乡村振兴。坚持把解决好"三农"问题作为全党工作重中之重，走中国特色社会主义乡村振兴道路，全面实施乡村振兴战略，强化以工补农、以城带乡，推动形成工农互促。城乡互补、协调发展、共同繁荣的新型工农城乡关系，加快农业农村现代化。[②]

　　第一，提高农业质量效益和竞争力。适应确保国计民生要求，以保障国

---

① 《党的十九大报告辅导读本》，人民出版社，2017年，第27页。

② 《〈中共中央关于制定国民经济和社会发展第十四个五年规划和二〇三五年远景目标的建议〉辅导读本》，人民出版社，2020年，第10~11页。

家粮食安全为底线,健全农业支持保护制度。坚持最严格的耕地保护制度,深入实施藏粮于地、藏粮于技战略,加大农业水利设施建设力度,实施高标准农田建设工程,强化农业科技和装备支撑,提高农业良种化水平,健全动物防疫和农作物病虫害防治体系,建设智慧农业。强化绿色导向、标准引领和质量安全监管,建设农业现代化示范区。推动农业供给侧结构性改革,优化农业生产结构和区域布局,加强粮食生产功能区、重要农产品生产保护区和特色农产品优势区建设,推进优质粮食工程。完善粮食主产区利益补偿机制。保障粮、棉、油、糖、肉等重要农产品供给安全,提升收储调控能力。开展粮食节约行动。发展县域经济,推动农村一、二、三产业融合发展,丰富乡村经济业态,拓宽农民增收空间。

第二,实施乡村建设行动。把乡村建设摆在社会主义现代化建设的重要位置。强化县城综合服务能力,把乡镇建成服务农民的区域中心。同县域城镇和村庄规划建设,保护传统村落和乡村风貌。完善乡村水、电、气、通信、广播电视、物流等基础设施,提升农房建设质量。因地制宜推进农村改厕、生活垃圾处理和污水治理,实施河湖水系综合整治,改善农村人居环境。提高农民科技文化素质,推动乡村人才振兴。

第三,深化农村改革。健全城乡融合发展机制,推动城乡要素平等交换、双向流动,增强农业农村发展活力。落实第二轮土地承包到期后再延长三十年政策,加快培育农民合作社,家庭农场等新型农业经营主体,健全农业专业化社会化服务体系,发展多种形式适度规模经营,实现小农户和现代农业有机衔接。健全城乡统一的建设用地市场,积极探索实施农村集体经营性建设用地入市制度。建立土地征收公共利益用地认定机制,缩小土地征收范围。探索宅基地所有权、资格权、使用权分置实现形式。保障进城落户农民土地承包权、宅基地使用权、集体收益分配权,鼓励依法自愿有偿转让。深化农村集体产权制度改革,发展新型农村集体经济。健全农村金融服务体系,发展农业保险。

第四,实现巩固拓展脱贫攻坚成果同乡村振兴有效衔接。建立农村低收入人口和欠发达地区帮扶机制,保持财政投入力度总体稳定,接续推进脱贫地区发展。健全防止返贫监测和帮扶机制,做好易地扶贫搬迁后续帮扶工作,加强扶贫项目资金资产管理和监督,推动特色产业可持续发展。健全农村社会保障和救助制度。在西部地区脱贫县中集中支持一批乡村振兴重点帮扶县,增强其巩固脱贫成果及内生发展动力。坚持和完善东西部协作和对口支援、社会力量参与帮扶等机制。

### (三)中央发布的国家乡村振兴战略规划对乡村振兴的部署

2018年9月,中共中央、国务院印发《乡村振兴战略规划(2018—2022年)》①,以下简称《规划》。这是党的十九大确立乡村振兴战略后的第一个国家级乡村振兴五年规划,在顶层设计上进一步对实施乡村振兴战略作出了全面具体详细的规划安排。《规划》在内容结构上包括11篇37章,具体从规划背景、总体要求、构建乡村振兴新格局、加快农业现代化步伐、发展壮大乡村产业、建设生态宜居的美丽乡村、繁荣发展乡村文化、健全现代乡村治理体系、保障和改善农村民生、完善城乡融合发展政策体系、规划实施等方面,对实施乡村振兴战略提出了任务和要求。《规划》围绕农业农村现代化的总目标,坚持农业农村优先发展的总方针,按照分三个阶段实施乡村振兴战略的部署,设定了阶段性目标,明确了五年的重点任务,提出了22项具体指标,其中约束性指标3项、预期性指标19项,首次建立了乡村振兴指标体系。《规划》坚持乡村全面振兴,围绕推动乡村产业、人才、文化、生态和组织振兴,抓重点、补短板、强弱项,对加快农业现代化步伐、发展壮大乡村产业、

---

① 《乡村振兴战略规划(2018—2022年)》,中国政府网,2018年9月26日。

建设生态宜居的美丽乡村、繁荣发展乡村文化、健全现代乡村治理体系、保障和改善农村民生等作了明确安排,部署了82项重大工程、重大计划、重大行动。

《规划》按照产业兴旺、生态宜居、乡风文明、治理有效、生活富裕的总要求,明确了乡村振兴的阶段性重点任务。主要是:

第一,构建乡村振兴新格局。《规划》提出:坚持乡村振兴和新型城镇化双轮驱动,统筹城乡国土空间开发格局,优化乡村生产生活生态空间,分类推进乡村振兴,打造各具特色的现代版"富春山居图"。

第二,加快农业现代化步伐。《规划》提出:坚持质量兴农、品牌强农,深化农业供给侧结构性改革,构建现代农业产业体系、生产体系、经营体系,推动农业发展质量变革、效率变革、动力变革,持续提高农业创新力、竞争力和全要素生产率。

第三,发展壮大乡村产业。《规划》提出:以完善利益联结机制为核心,以制度、技术和商业模式创新为动力,推进农村一、二、三产业交叉融合,加快发展根植于农业农村、由当地农民主办、彰显地域特色和乡村价值的产业体系,推动乡村产业全面振兴。

第四,建设生态宜居的美丽乡村。《规划》提出:牢固树立和践行绿水青山就是金山银山的理念,坚持尊重自然、顺应自然、保护自然,统筹山水林田湖草系统治理,加快转变生产生活方式,推动乡村生态振兴,建设生活环境整洁优美、生态系统稳定健康、人与自然和谐共生的生态宜居美丽乡村。

第五,繁荣发展乡村文化。《规划》提出:坚持以社会主义核心价值观为引领,以传承发展中华优秀传统文化为核心,以乡村公共文化服务体系建设为载体,培育文明乡风、良好家风、淳朴民风,推动乡村文化振兴,建设邻里守望、诚信重礼、勤俭节约的文明乡村。

第六,保障和改善农村民生。《规划》提出:坚持人人尽责、人人享有围绕农民群众最关心最直接最现实的利益问题,加快补齐农村民生短板,提高农村美好生活保障水平,让农民群众有更多实实在在的获得感、幸福感、安全感。

第七,健全现代乡村治理体系。《规划》提出:把夯实基层基础作为固本之策,建立健全党委领导、政府负责、社会协同、公众参与、法治保障的现代乡村社会治理体制,推动乡村组织振兴,打造充满活力、和谐有序的善治乡村。

### (四)中央一号文件对乡村振兴的部署

党的十九大以来,从2018年到2021年,党中央连续4年每年都用一号文件部署乡村振兴及"三农"工作,提出了一系列全面推进乡村振兴的改革举措和政策措施。[①]

一方面,全面推进乡村振兴,要以习近平新时代中国特色社会主义思想为指导,全面贯彻党的十九大精神,统筹推进"五位一体"总体布局,协调推进"四个全面"战略布局,坚定不移贯彻新发展理念,坚持稳中求进工作总基调,坚持和加强党对"三农"工作的全面领导,坚持农业农村优先发展,坚持农业现代化与农村现代化一体设计、一并推进,坚持创新驱动发展,以推动高质量发展为主题,落实加快构建新发展格局要求,按照产业兴旺、生态宜居、乡风文明、治理有效、生活富裕的总要求,建立健全城乡融合发展体制机制和政策体系,巩固和完善农村基本经营制度,深入推进农业供给侧结构性改革,充分发挥农业产品供给、生态屏障、文化传承等功能,把乡村建设摆在

---

① 《中共中央 国务院关于实施乡村振兴战略的意见》,中国政府网,2018年2月4日;《中共中央 国务院关于坚持农业农村优先发展做好"三农"工作的若干意见》,中国政府网,2019年2月19日;《中共中央 国务院关于抓好"三农"领域重点工作确保如期实现全面小康的意见》,中国政府网,2020年2月5日;《中共中央 国务院关于全面推进乡村振兴加快农业农村现代化的意见》,中国政府网,2021年2月21日。

社会主义现代化建设的重要位置,全面推进乡村产业、人才、文化、生态、组织振兴,统筹推进农村经济建设、政治建设、文化建设、社会建设、生态文明建设和党的建设,走中国特色社会主义乡村振兴道路,加快农业农村现代化,加快推进乡村治理体系和治理能力现代化,加快形成工农互促、城乡互补、协调发展、共同繁荣的新型工农城乡关系,促进农业高质高效、乡村宜居宜业、农民富裕富足,让农业成为有奔头的产业,让农民成为有吸引力的职业,让农村成为安居乐业的美丽家园。

另一方面,全面推进乡村振兴,要坚持农业农村优先发展,把实现乡村振兴作为全党的共同意志、共同行动,做到认识统一、步调一致,在干部配备上优先考虑,在要素配置上优先满足,在资金投入上优先保障,在公共服务上优先安排,加快补齐农业农村短板,要坚持人民主体地位,充分尊重农民意愿,切实发挥农民在乡村振兴中的主体作用,调动亿万农民的积极性、主动性、创造性,把维护农民群众根本利益、促进农民共同富裕作为出发点和落脚点,促进农民持续增收,不断提升农民的获得感、幸福感、安全感;要坚持乡村全面振兴,准确把握乡村振兴的科学内涵,挖掘乡村多种功能和价值,统筹谋划农村经济建设、政治建设、文化建设、社会建设、生态文明建设和党的建设,注重协同性、关联性,整体部署,协调推进;要坚持城乡融合发展,坚决破除体制机制弊端,使市场在资源配置中起决定性作用,更好地发挥政府作用,推动城乡要素自由流动、平等交换,推动新型工业化、信息化、城镇化、农业现代化同步发展,加快形成工农互促、城乡互补、全面融合、共同繁荣的新型工农城乡关系;要坚持人与自然和谐共生,牢固树立和践行绿水青山就是金山银山的理念,落实节约优先、保护优先、自然恢复为主的方针,统筹山水林田湖草系统治理,严守生态保护红线,以绿色发展引领乡村振兴;要坚持因地制宜、循序渐进,科学把握乡村的差异性和发展走势分化特征,做好顶层设计,注重规划先行、突出重点、分类施策、典型引路。既尽力而为，又不搞层层加码，不搞"一刀切"，不搞形式主义，要坚持久久为功，扎实推进；要坚持和加强党对乡村振兴的领导，各级党委和政府要提高对实施乡村振兴战略重大意义的认识，真正把实施乡村振兴战略摆在优先位置，把党管农村工作的要求落到实处。

其中，2021年中央一号文件，从实现巩固拓展脱贫攻坚成果同乡村振兴有效衔接、加快推进农业现代化、大力实施乡村建设行动三个方面，具体部署了全面推进乡村振兴加快农业农村现代化的各项工作。[①]

第一，实现巩固拓展脱贫攻坚成果同乡村振兴有效衔接方面，主要的工作：一是设立衔接过渡期。对摆脱贫困的县，从脱贫之日起设立5年过渡期。过渡期内保持现有主要帮扶政策总体稳定，并逐项分类优化调整，合理把握节奏、力度和时限，逐步实现由集中资源支持脱贫攻坚向全面推进乡村振兴平稳过渡，推动"三农"工作重心历史性转移。二是持续巩固拓展脱贫攻坚成果。健全防止返贫动态监测和帮扶机制，对易返贫致贫人口及时发现、及时帮扶，守住防止规模性返贫底线。三是接续推进脱贫地区乡村振兴。实施脱贫地区特色种养业提升行动，广泛开展农产品产销对接活动，持续做好有组织劳务输出工作，对符合条件的就业困难人员进行就业援助。在农业农村基础设施建设领域推广以工代赈方式，吸纳更多脱贫人口和低收入人口就地就近就业。在脱贫地区重点建设一批区域性和跨区域重大基础设施工程。在西部地区脱贫县中确定一批国家乡村振兴重点帮扶县集中支持。四是加强农村低收入人口常态化帮扶。对有劳动能力的低收入人口，坚持开发式帮扶，帮助其提高内生发展动力，发展产业、参与就业，依靠双手勤劳致富。对脱贫人口中丧失劳动能力且无法通过产业就业获得稳定收入的人口，以现有社会保障体系为基础，按规定纳入农村低保或特困人员救助供养

---

① 《中共中央 国务院关于全面推进乡村振兴加快农业农村现代化的意见》，中国政府网，2021年2月21日。

范围,并按困难类型及时给予专项救助、临时救助。

第二,加快推进农业现代化方面,主要的工作:一是提升粮食和重要农产品供给保障能力。地方各级党委和政府要切实扛起粮食安全政治责任,实行粮食安全"党政同责"。完善粮食安全省长责任制和"菜篮子"市长负责制,确保粮、棉、油、糖、肉等供给安全。"十四五"时期各省(区、市)要稳定粮食播种面积,提高单产水平。加强粮食生产功能区和重要农产品生产保护区建设,建设国家粮食安全产业带。稳定种粮农民补贴,坚持并完善稻谷、小麦最低收购价政策,完善玉米、大豆生产者补贴政策,健全产粮大县支持政策体系。深入推进农业结构调整,推动品种培优、品质提升、品牌打造和标准化生产。扩大稻谷、小麦、玉米三大粮食作物完全成本保险和收入保险试点范围,支持有条件的省份降低产粮大县三大粮食作物农业保险保费县级补贴比例。加快构建现代养殖体系,保护生猪基础产能,健全生猪产业平稳有序发展长效机制,积极发展牛羊产业,继续实施奶业振兴行动,推进水产绿色健康养殖。

二是打好种业翻身仗。加快实施农业生物育种重大科技项目,深入实施农作物和畜禽良种联合攻关,实施新一轮畜禽遗传改良计划和现代种业提升工程,支持种业龙头企业建立健全商业化育种体系,研究重大品种研发与推广后补助政策,促进育、繁、推一体化发展。

三是坚决守住18亿亩耕地红线。落实最严格的耕地保护制度,严禁违规占用耕地和违背自然规律绿化造林、挖湖造景,严格控制非农建设占用耕地,深入推进农村乱占耕地建房专项整治行动,坚决遏制耕地"非农化"、防止"非粮化"。永久基本农田重点用于粮食特别是口粮生产,一般耕地主要用于粮食和棉、油、糖、蔬菜等农产品及饲草饲料生产。严格控制耕地转为林地、园地等其他类型农用地,确保耕地数量不减少、质量有提高。实施新一轮高标准农田建设规划,提高建设标准和质量,中央和地方共同加大粮食主产区高标准农田建设投入。将在高标准农田建设中增加的耕地作为占补平衡补充耕地指标在省域内调剂,所得收益用于高标准农田建设。加强耕地保护督察和执法监督,开展"十三五"时期省级政府耕地保护责任目标考核。

四是强化现代农业科技和物质装备支撑。实施大中型灌区续建配套和现代化改造,到2025年全部完成现有病险水库除险加固。深入开展乡村振兴科技支撑行动。加大购置补贴力度,开展农机作业补贴。

五是构建现代乡村产业体系。依托乡村特色优势资源,打造农业全产业链,把产业链主体留在县城,让农民更多分享产业增值收益。立足县城布局特色农产品产地初加工和精深加工,建设现代农业产业园、农业产业强镇、优势特色产业集群。推进农村一、二、三产业融合发展示范园和科技示范园区建设。把农业现代化示范区作为推进农业现代化的重要抓手,以县(市、区)为单位开展创建,到2025年创建500个左右示范区。创建现代林业产业示范区。组织开展"万企兴万村"行动。

六是推进农业绿色发展。推广保护性耕作模式,健全耕地休耕轮作制度。持续推进化肥农药减量增效,推广农作物病虫害绿色防控产品和技术。加强畜禽粪污资源化利用,全面实施秸秆综合利用和农膜、农药包装物回收行动。在长江经济带、黄河流域建设一批农业面源污染综合治理示范县。支持国家农业绿色发展先行区建设。试行食用农产品达标合格证制度,推进国家农产品质量安全县创建。推进以长江为重点的渔政执法能力建设,确保十年禁渔令有效落实。强化河湖长制,实行林长制。

七是推进现代农业经营体系建设。突出抓好家庭农场和农民合作社两类经营主体,鼓励发展多种形式适度规模经营。实施家庭农场培育计划,把农业规模经营户培育成有活力的家庭农场。推进农民合作社质量提升,加大对运行规范的农民合作社扶持力度。发展壮大农业专业化社会化服务组织,将先进适用的品种、投入品、技术、装备导入小农户。支持农业产业化龙头企业创新发展并做大做强。深化供销合作社综合改革,开展生产、供销、信用"三位一体"综合合作试点。培育高素质农民,吸引城市各方面人才到农村创业创新。

第三,大力实施乡村建设行动方面,主要的工作:一是加快推进村庄规划工作。2021年基本完成县级国土空间规划编制,明确村庄布局分类。积极有序推进"多规合一"实用性村庄规划编制,对有条件、有需求的村庄尽快实现村庄规划全覆盖。对暂时没有编制规划的村庄,严格按照县乡两级国土空间规划中确定的用途管制和建设管理要求进行建设。健全农房建设质量安全法律法规和监管体制,3年内完成安全隐患排查整治。继续实施农村危房改造和地震高烈度设防地区农房抗震改造。乡村建设是为农民而建,要因地制宜、稳扎稳打,不刮风搞运动。严格规范村庄撤并,不得违背农民意愿、强迫农民上楼。

二是加强乡村公共基础设施建设。继续把公共基础设施建设的重点放在农村,着力推进往村覆盖、往户延伸。实施农村道路畅通工程,有序实施较大人口规模自然村(组)通硬化路,加强农村资源路、产业路、旅游路和村内主干道建设,推进农村公路建设项目更多向进村入户倾斜。继续通过中央车购税补助地方资金、成品油税费改革转移支付、地方政府债券等渠道,按规定支持农村道路发展。实施农村供水保障工程,加强中小型水库等稳定水源工程建设和水源保护,实施规模化供水工程建设和小型工程标准化改造,有条件的地区推进城乡供水一体化,到2025年农村自来水普及率达到88%。实施乡村清洁能源建设工程,加大农村电网建设力度,推进燃气下乡,发展农村生物能源,加强煤炭清洁化利用。实施数字乡村建设发展工程,推动农村千兆光网、第五代移动通信(5G)、移动物联网与城市同步规划建设。发展智慧农业,建立农业农村大数据体系,推动新一代信息技术与农业生产经营深度融合。加强村级客运站点、文化体育、公共照明等服务设施建设。

三是实施农村人居环境整治提升五年行动。分类有序推进农村厕所革命,加强中西部地区农村户用厕所改造。统筹农村改厕和污水、黑臭水体治理,因地制宜建设污水处理设施。健全农村生活垃圾收运处置体系,推进源头分类减量、资源化处理利用,建设一批有机废弃物综合处置利用设施。深入推进村庄清洁和绿化行动。开展美丽宜居村庄和美丽庭院示范创建活动。

四是提升农村基本公共服务水平。强化农村基本公共服务供给县乡村统筹,逐步实现标准统一、制度并轨。提高农村教育质量,多渠道增加农村普惠性学前教育资源供给,继续改善乡镇寄宿制学校办学条件,保留并办好必要的乡村小规模学校,在县城和中心镇新建改扩建一批高中和中职业学校。推进县域内义务教育学校校长教师交流轮岗,支持建设城乡学校共同体。面向农民就业创业需求,发展职业技术教育与技能培训,建设一批产教融合基地。全面推进健康乡村建设,提升村卫生室标准化建设和健康管理水平,推动乡村医生向执业(助理)医师转变,采取派驻、巡诊等方式提高基层卫生服务水平。提升乡镇卫生院医疗服务能力,选建一批中心卫生院,加强紧密型县域医共体建设。完善统一的城乡居民基本医疗保险制度,合理提高政府补助标准和个人缴费标准,健全重大疾病医疗保险和救助制度。落实城乡居民基本养老保险待遇确定和正常调整机制。推进城乡低保制度统筹发展,逐步提高特困人员供养服务质量。健全县乡村衔接的三级养老服务网络,推动村级幸福院、日间照料中心等养老服务设施建设,发展农村普惠型养老服务和互助式养老。

五是全面促进农村消费。加快完善县乡村三级农村物流体系,改造提升农村寄递物流基础设施,深入推进电子商务进农村和农产品出村进城加快实施农产品仓储保鲜冷链物流设施建设工程,推进田头小型仓储保鲜冷链设施、产地低温直销配送中心、国家骨干冷链物流基地建设。

六是加快县域内城乡融合发展。把县域作为城乡融合发展的重要切入点,加快打通城乡要素平等交换、双向流动的制度性通道。统筹县域产业、基础设施、公共服务、基本农田、生态保护、城镇开发、村落分布等空间布局,强化县城综合服务能力,把乡镇建设成为服务农民的区域中心,实现县乡村功能衔接互补。加快小城镇发展,完善基础设施和公共服务,发挥小城镇连接城市、服务乡村作用。积极推进扩权强镇,规划建设一批重点镇。推动在县域就业的农民工就地市民化,增加适应进城农民刚性需求的住房供给。鼓励地方建设返乡入乡创业园和孵化实训基地。

七是深入推进农村改革。有序开展第二轮土地承包到期后再延长三十年试点,健全土地经营权流转服务体系。积极探索实施农村集体经营性建设用地入市制度。完善盘活农村存量建设用地政策,实行负面清单管理,优先保障乡村产业发展、乡村建设用地。根据乡村休闲观光等产业分散布局的实际需要,探索灵活多样的供地新方式。加强宅基地管理,稳步推进农村宅基地制度改革试点,探索宅基地所有权、资格权、使用权分置有效实现形式。规范开展房地一体宅基地确权登记颁证工作。规范开展城乡建设用地增减挂钩,完善审批实施程序、节余指标调剂及收益分配机制。2021年基本完成农村集体产权制度改革阶段性任务,发展壮大新型农村集体经济。保障进城落户农民土地承包权、宅基地使用权、集体收益分配权,研究制定依法自愿有偿转让的具体办法。加强农村产权流转交易和管理信息网络平台建设,提供综合性交易服务。深入推进农业水价综合改革。继续深化农村集体林权制度改革

## 三、精准理解全面推进乡村振兴的总体要求

习近平总书记关于乡村振兴的重要论述及党中央乡村振兴战略就是全

面推进乡村振兴的总体要求。在全面推进乡村振兴的伟大实践中，必须把总书记关于乡村振兴的重要论述，以及党中央乡村振兴战略部署精神学习领会好、贯彻落实好。

为了便于工作在乡村振兴一线的党员干部特别是广大村干部更好地把握和记忆乡村振兴的总体要求，我们根据对总书记关于乡村振兴的重要论述及党中央乡村振兴战略部署精神的反复学习理解，尝试把全面推进乡村振兴的总体要求做如下归纳和概括，具体包括全面推进乡村振兴的总要求、总方针、总道路、总目标、总方法、总机制、时间表、着力点、大红线、总保障10个方面。

### （一）全面推进乡村振兴的总要求

全面推进乡村振兴，总要求是产业兴旺、生态宜居、乡风文明、治理有效、生活富裕，即"五句话20个字"。

乡村振兴总要求的这"五句话20个字"，内容十分丰富，既包含了生产，又包含了生活；既包含了经济基础，又包含了上层建筑；既包含了物质和自然，又包含了人文和社会；既包含了物质文明，又包含了精神文明、社会文明和生态文明，涵盖了中国特色社会主义事业"五位一体"总体布局的经济建设、政治建设、文化建设、社会建设、生态文明建设，以及党的建设的各个方面。

乡村振兴总要求的这"五句话20个字"，是一个有机体系和统一整体，共同构成了乡村振兴的内容和要求，不能割裂开，也不可拆分开。也就是说，在实践中，推进乡村振兴，五个方面要一起推进、一并用力，不能只选择其中一个或某几个方面。全面实施乡村振兴战略，全面推进乡村振兴，就是要这五个方面全部推进，这是全面推进乡村振兴之"全面"的首要含义。这说明，推进乡村振兴，不能搞单打一，也不能只选择容易地去做，而是要五个方面作为一个整体地推、全面地推。这是全面推进乡村振兴的基本要求，一定要把握好这个要求。

乡村振兴总要求的这"五句话20个字"，系统回答了乡村振兴要振兴什么、达到什么目标等重大问题。振兴什么？振兴的内容或对象是：产业、生态、乡风、社会治理、农民收入及生活，即发展生产和产业、改善生态环境、培育良好的乡风民风、搞好社会治理、增加农民收入和改善农民生活。振兴要达到什么目标？发展生产和产业，目标要达到产业"兴旺"；改善生态环境，目标要达到生态"宜居"；培育良好的乡风民风，目标要达到乡风"文明"；搞好社会治理，目标要达到治理"有效"；增加农民收入和改善农民生活，目标要达到生活"富裕"。

乡村振兴，产业兴旺是重点。产业兴旺，就是要大力发展农村物质生产，大力发展农村经济，提高农村物质生产水平，实现农业现代化，为乡村振兴提供坚实的物质基础。如果生产发展不起来，产业培育不起来，要增加农民收入和改善农民生活就没有基础，农村其他事业的发展也难以持续。所以，乡村振兴一定要把产业兴旺作为重点，一定要抓住和抓好这个重点。由于农业是国民经济的基础，是农村面积最大、最为主要和最为重要的产业，是农村产业的主体，农村的"农"指的就是农业。发展产业，推进产业兴旺，首先要发展农业，发展现代农业，实现农业现代化，把农村的主体产业这篇大文章做好。在大力发展现代农业的基础上，要积极发展农村一、二、三产业融合的产业形态，促进一、二、三产业融合，这样可以延长农业的产业链和价值链，有效增加农业的综合效益。着力于现代农业和一、二、三产业融合的产业形态，是乡村振兴在推进产业兴旺方面的着力点。

乡村振兴，生态宜居是关键。良好的生态环境，既是乡村振兴要实现的重要目标，又是乡村振兴顺利推进的重要基础，同时也是农村的最大优势和宝贵财富。必须尊重自然、顺应自然、保护自然，加强农村污染治理和生态环境保护,加强农村生态环境设施建设,统筹推进山水林田湖草沙系统治理,推动农业农村优先发展,推动乡村自然资本加快增值,坚决制止和杜绝损伤甚至破坏生态环境的行为,决不能因为发展生产和培育产业而破坏生态环境,决不能把城市垃圾等污染物转移到农村,着力打造人与自然和谐共生发展新格局,让农村天蓝、山青、水秀,塑造美丽乡村新风貌,实现农村产业强、百姓富、生态美的统一。

乡村振兴,乡风文明是保障。乡村振兴,不仅要发展壮大产业,提升经济水平,夯实物质基础,而且要改善优化风气,提升精神文明水平,夯实思想道德基础。这两个目标一个都不能少。必须坚持物质文明和精神文明一起抓,采取多种形式提高农民综合素质和精神风貌,培育文明乡风、良好家风、淳朴民风,推进社会公德、职业道德、家庭美德、个人品德建设,推进诚信建设,强化农民的社会责任意识、规则意识、集体意识、主人翁意识,不断提高乡村社会文明程度,增强农村文化和社会凝聚力。

乡村振兴,治理有效是基础。农村既是农民从事生产活动的场所,也是农民生活的家园。保持农村社会和谐稳定、安定有序,为广大农民提供一个和谐安定的生产和生活环境,是乡村振兴要实现的一个重要目标。必须把夯实基层基础作为固本之策,建立健全党委领导,政府负责、社会协同、公众参与、法治保障的现代乡村社会治理体制,坚持自治、法治、德治相结合,不断完善和优化乡村治理的有效途径和模式,确保乡村社会充满活力、和谐有序。

乡村振兴,生活富裕是根本。增加农民收入,改善农民生活,逐步缩小城乡居民收入差距,让广大农民共享改革发展和现代化建设成果,让广大农民尽快富裕起来,这是乡村振兴的根本目的所在,是由我们党的根本宗旨决定的。推进乡村振兴,在任何时候、任何情况下,都要牢牢记住这一点,都不能忘记这个根本目的。要充分认识到,发展生产和壮大产业,是增加农民收入和改善农民生活的手段,是为增加农民收入和改善农民生活这一根本目的服务的,必须紧紧围绕促进农民增收和提升农民生活水平来发展壮大农村产业。

增加农民收入是农业农村工作的中心任务,因而也是乡村振兴的中心任务。应当清醒地看到,不论是东部地区还是中西部地区,城乡居民收入仍然存在较大差距,收入差距仍然是城乡发展差距的集中表现。还要看到,农业和农村发展中存在着许多矛盾和问题,突出的是农民增收困难。如果农民收入上不去,不仅影响农民生活水平提高,而且影响构建新发展格局。农村市场是国民经济的重要组成部分,农民收入上不去,农民购买力提高不了,农村市场就不能有效扩大,这就会制约整个市场的扩大和内需的增加,制约构建新发展格局。从目前情况看,由于农村居民与城镇居民在消费上的明显差距,扩大消费需求的最大潜力在农村。必须坚持把持续较快增加农民收入作为农业农村工作的中心任务,作为全面推进乡村振兴的中心任务,千方百计地增加农民收入,推动农民富裕和提高生活水平,推动内需扩大和构建新发展格局。

农民收入在构成上包括四个部分:经营性收入、工资性收入、补贴性收入、财产性收入。经营性收入主要来源于农民的农业生产经营活动,工资性收入主要来源于农民外出打工,补贴性收入主要来源于国家的惠农补贴政策,财产性收入主要来源于农户承包地、房产等资产的转包和出租。其中,经营性收入和工资性收入是农民收入的主体,也是农民增收的主要载体;补贴性收入和财产性收入是农民收入的补充,也是农民增收具有潜力的渠道,特别是财产性收入,在农民收入中的占比偏低,应该通过深化改革,进一步盘活农户资产,推动增加农民财产性收入。在乡村振兴实践中,推动增加农民收入,要把重点放在增加农民经营性收入和工资性收入上。

增加农民经营性收入,一方面是要增加生产,用扩大生产的方式增加收入,这就是乡村振兴要推动农村产业兴旺的意义所在。另一方面必须解决好农产品特别是农产品的销售问题,让农民生产出来的产品都能够销售出去,实现价值和收入。生产出来的产品再多,如果卖不出去,"卖粮难""卖菜难""卖果难""卖猪难",不仅实现不了价值,反而会倒贴生产投入成本,无助于增加农民收入。因此,在推进乡村振兴实践中,发展生产和壮大产业,一定要把解决好农产品销售问题放在第一位,帮助农民销售产品,而不是简单地号召甚至用行政命令的办法让农民增加生产。要用开拓市场来决定生产什么和生产多少,千万不要简单地脱离市场,搞什么"万亩果园""百万亩菜园""万头猪场"等,不顾销售问题,农民生产出来的产品卖不出去,会造成很大损失,也会影响政府在农民群众中的威信。解决农产品的销售问题,要特别注意多发展"订单农业"。"订单农业"很好地解决了农产品与市场的连接问题,使生产围着市场订单来进行,就有效地避免了盲目生产。

增加农民工资性收入,一方面是要增加非农就业机会,包括外出就业和在本地就业。外出就业要提供好就业信息服务,着力做好农民工输出地和输入地的对接服务,增强农民工外出就业的稳定性,尽可能增加一年中的有效就业时间。本地就业则要加快发展县域经济,增加县域内非农就业岗位,让更多农民工不出县甚至不出乡就能实现稳定就业。另一方面要不断提高农民工的工资待遇水平。要督促和监督吸纳农民工就业的企业,严格落实按劳分配制度,不压低农民工工资,不克扣农民工工资,不拖欠农民工工资,确保农民工工资按时足额发放。要随着经济发展水平的提高不断调整"最低工资标准",用"最低工资标准"的提高来指导和拉动农民工工资整体水平的提高。再一方面要加强农民工职业技能培训,增强农民工就业能力,提高农民工就业层次,提升农民工就业质量,用就业技能的提高来增强农民工就业的稳定性。

增加农民收入,在对象上要注重低收入人口。与中高收入人口相比,农村低收入人口往往在生产条件、生产资源、生产能力、就业能力、经营能力等方面都比较弱、比较差,难以完全依靠自身来有效发展生产和增加收入,是增加农民收入工作的难点所在。必须把增加农村低收入人口的收入作为促进农民增收工作的一个重点,采取各种扶持措施,下更多更大的力气,促进农村低收入人口持续较快增加收入。

### (二)全面推进乡村振兴的总目标

全面推进乡村振兴的总目标是加快实现农业农村现代化。从2021年起,我国进入了全面建设社会主义现代化国家的新发展阶段。按照党中央部署,全面建设社会主义现代化国家,在具体步骤上分两个阶段,即"两步走"。

第一步,也就是第一个阶段,从2020年到2035年,在全面建成小康社会的基础上,再奋斗15年,基本实现社会主义现代化。到那时中国的经济实力、科技实力、综合国力将大幅跃升,跻身创新型国家前列;人民平等参与、平等发展权利得到充分保障,法治国家、法治政府、法治社会基本建成,各方面制度更加完善,国家治理体系和治理能力现代化基本实现;社会文明程度达到新的高度,国家文化软实力显著增强,中华文化影响更加广泛深入,人民生活更为宽裕,中等收入群体比例明显提高,城乡区域发展差距和居民生活水平差距显著缩小,基本公共服务均等化基本实现,全体人民共同富裕迈出坚实步伐;现代社会治理格局基本形成,社会充满活力又和谐有序,生态环境根本好转,美丽中国目标基本实现。

第二步,也就是第二个阶段,从2035年到本世纪中叶,在基本实现现代化的基础上,再奋斗15年,把我国建成富强民主文明和谐美丽的社会主义现代化强国。到那时,我国物质文明、政治文明、精神文明、社会文明、生态文明将全面提升,实现国家治理体系和治理能力现代化,成为综合国力和国际影响力领先的国家,全体人民共同富裕基本实现,我国人民将享有更加幸福安康的生活,中华民族将以更加昂扬的姿态屹立于世界民族之林。

根据党的十九届五中全会通过的《中共中央关于制定国民经济和社会发展第十四个五年规划和二〇三五年远景目标的建议》对2035年的展望,到2035年基本实现社会主义现代化:我国经济实力、科技实力、综合国力大幅跃升,经济总量和城乡居民人均收入将再迈上新的大台阶,关键核心技术实现重大突破,进入创新型国家前列;基本实现新型工业化、信息化、城镇化、农业现代化,建成现代化经济体系,基本实现国家治理体系和治理能力现代化,人民平等参与、平等发展权利得到充分保障,基本建成法治国家、法治政府、法治社会;建成文化强国、教育强国、人才强国、体育强国、健康中国,国民素质和社会文明程度达到新高度,国家文化软实力显著增强;广泛形成绿色生产生活方式,碳排放达峰后稳中有降,生态环境根本好转,美丽中国建设目标基本实现,形成对外开放新格局,参与国际经济合作和竞争新优势明显增强,人均国内生产总值达到中等发达国家水平,中等收入群体显著扩大,基本公共服务实现均等化,城乡区域发展差距和居民生活水平差距显著缩小,平安中国建设达到更高水平,基本实现国防和军队现代化,人民生活更加美好,人的全面发展、全体人民共同富裕取得更为明显的实质性进展。

农业农村现代化是全面建设社会主义现代化国家的重要内容。没有农业农村现代化,国家现代化是不全面、不完整、不牢固的。从目前情况看,农业农村现代化明显滞后,是现代化国家建设的一个突出短板。全面推进乡村振兴,必须紧紧瞄准农业农村现代化这个总目标,确保农业农村现代化在现代化国家建设"两步走"的时间表中不掉队,确保农业农村现代化如期实现。

### （三）全面推进乡村振兴的总方针

全面推进乡村振兴，总方针是坚持农业农村优先发展。实施乡村振兴战略，就是要着力解决好城乡发展不平衡、农村发展不充分问题，逐步缩小城乡发展差距，实现城乡经济社会发展一体化。一个很显然的道理是，要不断缩小城乡发展差距，就必须加快农业农村发展，使农业农村发展在速度上快于城市，只有这样，城乡发展差距才能不断缩小。而要加快农业农村发展，让农业农村发展在速度上超过城市，就必须在政策上坚持农业农村优先发展。因此，农业农村优先发展是全面推进乡村振兴的重要政策保证。

如何做到农业农村优先发展？2019年的中央一号文件对此提出了明确要求。这就是：坚持农业农村优先发展，要做到优先考虑"三农"干部配备、优先满足"三农"发展要素配置、优先保障"三农"资金投入、优先安排农村公共服务"四个优先"。①

一是优先考虑"三农"干部配备。把优秀干部充实到"三农"战线，把精锐力量充实到基层一线，注重选拔熟悉"三农"工作的干部充实地方各级党政班子。

二是优先满足"三农"发展要素配置。坚决破除妨碍城乡要素自由流动、平等交换的体制机制壁垒，改变农村要素单向流出格局，推动资源要素向农村流动。

三是优先保障"三农"资金投入。坚持把农业农村作为财政优先保障领域和金融优先服务领域，公共财政更大力度向"三农"倾斜，县域新增贷款主要用于支持乡村振兴。地方政府债券资金要安排一定比例用于支持农村人居环境整治、村庄基础设施建设等重点领域。

---

① 《中共中央 国务院关于坚持农业农村优先发展做好"三农"工作的若干意见》，中国政府网，2019年2月19日。

四是优先安排农村公共服务。推进城乡基本公共服务标准统一、制度并轨,实现从形式上的普惠向实质上的公平转变。

中央一号文件要求,各级党委和政府及各个工作部门,要牢固树立农业农村优先发展的政策导向,把落实"四个优先"的要求作为做好"三农"工作和推进乡村振兴的头等大事,扛在肩上、抓在手上,同政绩考核联系到一起,层层落实责任。

### (四)全面推进乡村振兴的总道路

全面推进乡村振兴,总道路是坚持走中国特色社会主义乡村振兴道路。

中国是一个世界大国,对外开放是一项长期坚持的基本国策。推进乡村振兴,要具有世界眼光,树立开放思维,注意研究、学习、借鉴国外特别是发达国家推动农业现代化和乡村全面发展、缩小城乡差距、实现城乡一体化的成功做法和经验。但是对国外发展和振兴乡村的好的做法和经验,必须结合我国实际进行借鉴,而不能简单地照抄照搬。全面推进乡村振兴,必须从我国实际出发,从农村实际出发,走中国特色社会主义乡村振兴道路。

根据习近平总书记关于乡村振兴的重要论述,中国特色社会主义乡村振兴道路包括了7个方面的深刻内涵。一是必须重塑城乡关系,走城乡融合发展之路。二是必须巩固和完善农村基本经营制度,走共同富裕之路。三是必须深化农业供给侧结构性改革,走质量兴农之路。四是必须坚持人与自然和谐共生,走乡村绿色发展之路。五是必须传承发展提升农耕文明,走乡村文化兴盛之路。六是必须创新乡村治理体系,走乡村善治之路。七是必须打好精准脱贫攻坚战,走中国特色减贫之路。

第一,城乡融合,就是要把农业农村发展放在国民经济和社会发展的统一体系之中,从发展规划、产业布局、要素投入、社会就业、基础设施建设、社会事业发展、基本公共服务、生态环境保护建设、体制机制、政策支持等方面,把城市和乡村作为一个有机整体,把二、三产业和农业作为一个有机整体,把城市居民和农村居民作为一个有机整体,均衡地、协调地加以安排,实现城乡发展统筹。不能把农业农村隔离在国民经济和社会发展统一体系之外,不能把发展资源和要素长期地持续地向城市集中而忽视农业农村,不能使发展政策长期地持续地向城市倾斜而淡忘农业农村,要搞城乡双向大循环,不能搞农业农村单循环。要全面统筹城乡经济社会发展,持续推动以工补农、以城带乡,坚持把公共基础设施建设的重点放在农村,建立健全全民覆盖、普惠共享、城乡一体的基本公共服务体系,推动城乡经济社会均衡协调发展,推动城乡基本公共服务均等化,实现城乡经济社会一体化发展,形成工农互促、城乡互补、全面融合、共同繁荣的新型工农城乡关系。

第二,共同富裕,就是要让广大农民公平参与现代化进程和公平分享现代化成果,千方百计增加农民收入,逐步缩小农村内部收入差距,让每个农村居民都能够公平地分享乡村振兴成果,不让一个村庄、一户农民在乡村振兴和共同富裕的道路上掉队。应该认识到,共同富裕不是平均富裕,也不是同步富裕,平均主义并不是社会主义,允许广大农民在共同致富的道路上有先有后、有快有慢地富裕,但是不能使全社会的收入差距过大,也不能使农村内部、农民之间的收入差距过大,收入分配和财富占有严重不均同样也不是社会主义。在乡村振兴过程中,要大力鼓励和支持勤劳致富,让广大农民都能够通过辛勤劳动合法致富,实现生活富裕。同时,要特别关注那些特殊群体,关注那些低收入人口,把推进共同富裕的工作重点放在解决低收入人口的增收和致富上,千万不能让农村低收入人口在共同富裕的道路上掉队。要大力发展和壮大农村集体经济,建立符合市场经济要求的集体经济运行机制,确保集体资产保值增值,确保农民受益,充分发挥集体经济在引领农民共同富裕中的重要作用,把发展集体经济作为推进农村共同富裕的重要举措。

第三，质量兴农，就是要大力推动农业实现高质量发展。从总体情况看，尽管仍然有部分种类的农产品在数量上不能满足城乡居民生活和国民经济发展的需要，需要从国际市场进口来补充，但我国农产品生产在数量上已经基本过关，已经越过了数量这个坎，农产品市场供求关系总体上是基本平衡的，我们完全有能力解决好十几亿人口的吃饭问题，农业综合生产能力已经有了坚实的基础，农产品数量短缺的时代已经不再复现，而突出的矛盾和问题则是农产品质量总体上不高，农业整体素质效益和竞争力不高，城乡居民对农产品质量安全和食品安全的关注度越来越高，让人民群众"吃得放心"已经成为一个重大的民生问题。因此，推进乡村振兴、发展现代农业，要把重点放在提高农产品质量和农业发展质量上，实施质量兴农战略，以质量兴农，靠质量兴农，加快推进农业由增产导向转向提质导向，深入推进农业绿色化、优质化、特色化、品牌化，大力提高农产品品质和农业发展质量，推动提高农业整体质量和效益，不断提高农业创新力、竞争力和全要素生产率，实现农业高质量发展。

第四，绿色发展，就是要牢固树立绿水青山就是金山银山理念，坚持宁要绿水青山不要金山银山、绿水青山就是金山银山，坚持人与自然和谐共生，统筹山水林田湖草沙系统治理，牢牢守住农村生态环境底线，以绿色发展引领生态振兴。持续开展农业绿色发展行动，加强农业面源污染防治，实现投入品减量化、生产清洁化、废弃物资源化，推进有机肥替代化肥、畜禽粪污处理、农作物秸秆综合利用、废弃农膜回收、病虫害绿色防控。加强农村突出环境问题综合治理，重点抓好水污染治理和饮用水源保护、固体废弃物治理、人畜粪便污染治理和综合利用，着力解决危害农民群众身体健康、影响农业农村可持续发展的突出环境问题，大力建设和普及宜业宜居美丽乡村。

第五，文化兴盛，就是要在农村大力弘扬和践行社会主义核心价值观，大力发展社会主义先进文化,传承发展提升农村优秀传统文化,按照有标准、有网络、有内容、有人才的要求,加强农村公共文化建设,健全乡村公共文化服务体系,丰富农民群众文化生活,提升农村文化软实力。优秀的农耕文化是中华优秀传统文化的重要组成部分,要切实保护好优秀农耕文化遗产,深入挖掘农耕文化蕴含的优秀思想观念、人文精神、道德规范充分发挥其在凝聚人心、教化群众、淳朴民风中的重要作用,推动优秀农耕文化遗产合理适度利用、不断发扬光大,把传统村落、民族村寨、传统建筑、文物古迹、农业遗迹、灌溉工程遗产等保护好,农村地区优秀戏曲曲艺、少数民族文化、民间文化等传承发展好。

第六,乡村善治,就是要创新乡村治理体系,建立健全党委领导、政府负责、社会协同、公众参与、法治保障的现代乡村社会治理体制,健全自治、法治、德治相结合的乡村治理体系,维护好广大农民群众的合法权益,确保乡村社会充满活力、和谐有序,确保农民安居乐业。树立依法治理理念,增强基层干部法治观念、法治为民意识,将政府涉农各项工作纳入法治化轨道,建立健全乡村调解、县市仲裁、司法保障的农村土地承包经营纠纷调处机制,强化法律在维护农民权益、规范市场运行、农业支持保护、生态环境治理、化解农村社会矛盾等方面的权威地位。加强农村群众性自治组织建设,健全和创新村党组织领导的充满活力的村民自治机制,依托村民会议、村民代表会议、村民议事会、村民理事会、村民监事会等,形成民事民议、民事民办、民事民管的多层次基层协商格局。推动乡村治理重心下移,尽可能把资源、服务、管理下放到基层。加大农村普法力度,提高农民法治素养,引导广大农民增强尊法学法守法用法意识。

第七,特色减贫,就是要把扶贫脱贫放在经济社会发展的突出位置,坚持精准扶贫、精准脱贫,坚持开发式扶贫,坚持东西部扶贫协作,注重扶贫同扶志、扶智相结合,注重激发贫困人口内生动力,对有劳动能力的贫困人口强化产业和就业扶持,对完全或部分丧失劳动能力的特殊贫困人口综合实施保障性扶贫政策。强化脱贫攻坚责任和监督,坚持中央统筹、省负总责、市县抓落实的工作机制,强化党政一把手负总责的责任制,强化县级党委作为全县脱贫攻坚总指挥部的关键作用,采用一系列超常规政策举措,构建一整套行之有效的政策体系、工作体系、制度体系。党中央确定的贫困人口全部脱贫、贫困县全部摘帽的任务,已经在2020年底全部胜利完成。中国在世界上走出了一条中国特色减贫道路,形成了中国特色反贫困理论。

### (五)全面推进乡村振兴的总机制

全面推进乡村振兴,总机制是城乡融合发展的体制机制和政策体系。党的十九大报告提出,实施乡村振兴战略,要建立健全城乡融合发展体制机制和政策体系。

城乡融合发展的体制机制和政策体系,是全面推进乡村振兴的制度保障。要加快建立健全城乡融合发展的体制机制和政策体系,为全面推进乡村振兴提供坚实的制度保障。2019年党中央发布的《中共中央 国务院关于建立健全城乡融合发展体制机制和政策体系的意见》[①],对建立健全城乡融合发展的体制机制和政策体系作出了明确部署和安排。

建立健全城乡融合发展体制机制和政策体系,总的要求是:以协调推进乡村振兴战略和新型城镇化战略为抓手,以缩小城乡发展差距和居民生活水平差距为目标,以完善产权制度和要素市场化配置为重点,树立城乡一盘棋理念,突出以工促农、以城带乡,坚决破除体制机制弊端,促进城乡要素自由流动、平等交换和公共资源合理配置,构建促进城乡规划布局、要素配置、产业发展、基础设施、公共服务、生态保护等相互融合和协同发展的体制

---

① 《中共中央 国务院关于建立健全城乡融合发展体制机制和政策体系的意见》,中国政府网,2019年5月5日。

机制。

建立健全城乡融合发展体制机制和政策体系，主要内容和工作是：一要建立健全有利于城乡要素合理配置的体制机制，具体包括健全农业转移人口市民化机制、建立城市人才入乡激励机制、改革完善农村承包地制度、审慎改革农村宅基地制度、建立集体经营性建设用地入市制度、健全财政投入保障机制、完善农村金融服务体系、建立工商资本入乡促进机制、建立科技成果入乡转化机制等，坚决破除妨碍城乡要素自由流动和平等交换的体制机制壁垒，促进各类要素更多向乡村流动，在乡村形成人才、土地、资金、产业、信息汇聚的良性循环，为乡村振兴注入新动能。

二要建立健全有利于城乡基本公共服务普惠共享的体制机制，具体包括建立城乡教育资源均衡配置机制、健全乡村医疗卫生服务体系、健全城乡公共文化服务体系、完善城乡统一的社会保险制度、统筹城乡社会救助体系等，推动公共服务向农村延伸、社会事业向农村覆盖，健全全民覆盖、普惠共享、城乡一体的基本公共服务体系，推进城乡基本公共服务标准统一、制度并轨，推进城乡基本公共服务均等化。

三要建立健全有利于城乡基础设施一体化发展的体制机制，具体包括建立城乡基础设施一体化规划机制、健全城乡基础设施一体化建设机制、建立城乡基础设施一体化管护机制等，把公共基础设施建设重点放在乡村，坚持先建机制、后建工程，加快推动乡村基础设施提档升级，实现城乡基础设施统一规划、统一建设、统一管护。

四要建立健全有利于乡村经济多元化发展的体制机制，具体包括完善农业支持保护制度、建立新产业新业态培育机制、探索生态产品价值实现机制、建立乡村文化保护利用机制、搭建城乡产业协同发展平台、健全城乡统筹规划制度等，围绕发展现代农业、培育新产业新业态，完善农企利益紧密联结机制，实现乡村经济多元化和农业全产业链发展。

五要建立健全有利于农民收入持续增长的体制机制,具体包括完善促进农民工工资性收入增长环境、健全农民经营性收入增长机制、建立农民财产性收入增长机制、强化农民转移性收入保障机制等,拓宽农民增收渠道,促进农民收入持续增长,持续缩小城乡居民生活水平差距。

建立健全城乡融合发展体制机制和政策体系,阶段性目标是:

第一,到2022年,城乡融合发展体制机制初步建立。城乡要素自由流动的制度性通道基本打通,城市落户限制逐步消除,城乡统一建设用地市场基本建成,金融服务乡村振兴的能力明显提升,农村产权保护交易制度框架基本形成,基本公共服务均等化水平稳步提高,乡村治理体系不断健全,经济发达地区、都市圈和城市郊区在体制机制改革上率先取得突破。

第二,到2035年,城乡融合发展体制机制更加完善。城镇化进入成熟期,城乡发展差距和居民生活水平差距显著缩小。城乡有序流动的人口迁徙制度基本建立,城乡统一建设用地市场全面形成,城乡普惠金融服务体系全面建成,基本公共服务均等化基本实现,乡村治理体系更加完善,农业农村现代化基本实现。

第三,到2050年,城乡融合发展体制机制成熟定型。城乡全面融合乡村全面振兴,全体人民共同富裕基本实现。

### (六)全面推进乡村振兴的总方法

全面推进乡村振兴,总方法是因地制宜,分类推进。

乡村振兴的对象包括广大的农村区域和广大的乡村村庄。在推进过程中,不是选择一部分地区,也不是选择一部分村庄;不是只做典型,也不是只做样板,而是要包括全部的农村区域和全部的乡村村庄。乡村振兴不落下一个县,不落下一个乡,不落下一个村,甚至不落下一户人家,这就是全面推进乡村振兴之"全面"的含义之一,即全面推进乡村振兴在地域范围上的含义。比如在一个县,乡村振兴要把本县域内的全部农村地区和乡村村庄都要涵盖在内,不能落下一个乡、一个村、一户人家,否则就不谓之"全面"。

由于全国各地农村自然资源、风土人情、区域优势、发展水平等存在明显差异,即使在一个县甚至一个乡,各个村庄的情况也是各有不同甚至千差万别,在地域上全面推进乡村振兴就要充分考虑这些差异,不能是一个模式,也不能齐步走,不可搞一刀切。必须坚持因地制宜、分类推进的方法,对不同区域、不同村庄采取与之相适应的方式,实现在差异化基础上的全面推进。

按照《乡村振兴战略规划(2018—2022年)》的安排,全面推进乡村振兴,需要把一个区域内的村庄按照发展现状、区位条件、资源禀赋划分为四大类,分别采取相应的推进举措。这四类村庄是:集聚提升类、城郊融合类、特色保护类、搬迁撤并类。

第一,集聚提升类村庄。这类村庄的适用对象是:现有规模较大的中心村和其他仍将存续的一般村庄。集聚提升类村庄占乡村类型的大多数是乡村振兴的重点。这类村庄的振兴思路是:科学确定村庄发展方向,在原有规模基础上有序推进改造提升,激活产业、优化环境、提振士气、增添活力,保护保留乡村风貌。建设宜居宜业的美丽村庄需要鼓励发挥自身比较优势,强化主导产业支撑,支持农业、工贸、休闲服务等专业化村庄发展。

第二,城郊融合类村庄。这类村庄的适用对象是:城市近郊区及县城城关镇所在地的村庄。其特点是具备成为城市后花园的优势,也具有向城市转型的条件。这类村庄的振兴思路是:综合考虑工业化、城镇化和村庄自身发展需要,加快城乡产业融合发展、基础设施互联互通、公共服务共建共享,在形态上保留乡村风貌,在治理上体现城市水平,逐步强化服务城市发展、承接城市功能外溢、满足城市消费需求的能力,为城乡融合发展提供实践经验。

第三,特色保护类村庄。这类村庄的适用对象是:历史文化名村、传统村落、少数民族特色村寨、特色景观旅游名村等自然历史文化特色资源丰富的村庄,是彰显和传承中华优秀传统文化的重要载体。这类村庄的振兴思路是:统筹保护、利用与发展的关系,努力保持村庄的完整性、真实性和延续性。切实保护村庄的传统选址、格局、风貌,以及自然和田园景观等整体空间形态与环境,全面保护文物古迹、历史建筑、传统民居等传统建筑。尊重原住居民生活形态和传统习惯,加快改善村庄基础设施和公共环境,合理利用村庄特色资源,发展乡村旅游和特色产业,形成特色资源保护与村庄发展的良性互促机制。

第四,搬迁撤并类村庄。这类村庄的适用对象是:位于生存条件恶劣、生态环境脆弱、自然灾害频发等地区的村庄,因重大项目建设需要搬迁的村庄,以及人口流失特别严重的村庄,可通过生产生活条件改善搬迁、生态宜居搬迁、农村集聚发展搬迁等方式,实施村庄搬迁撤并,统一解决村民生计、生态保护等问题。拟搬迁撤并的村庄,要严格限制新建扩建活动,统筹考虑拟迁入或新建村庄的基础设施和公共服务设施建设,坚持村庄搬迁撤并与新型城镇化、农业现代化相结合,依托适宜区域进行安置,避免新建孤立的村落式移民社区;搬迁撤并后的村庄原址,要因地制宜复垦或还绿,增加乡村生产生态空间,农村居民点迁建和村庄撤并,必须尊重农民意愿并经村民会议同意,不得强制农民搬迁和集中上楼。

从全国范围看,梯次推进乡村振兴的时间节点要求是:发挥引领区示范作用,东部沿海发达地区、人口净流入城市的郊区、集体经济实力强,以及其他具备条件的乡村。2022年率先基本实现农业农村现代化;推动重点区域加速发展,中小城市和小城镇周边及广大平原、丘陵地区的乡村,涵盖我国大部分村庄,是乡村振兴的主战场,到2035年基本实现农业农村现代化;聚焦攻坚区精准发力,革命老区、民族地区、边疆地区原集中连片特困地区的乡村,到2050年如期实现农业农村现代化。

### (七)全面推进乡村振兴的时间表

全面推进乡村振兴的时间表是分步走。

根据中央一号文件和国家乡村振兴战略规划的部署,从2021年起的30年内,乡村振兴"分步走"的时间安排及要求是:

第一,到2022年,乡村振兴的制度框架和政策体系初步健全。国家粮食安全保障水平进一步提高,现代农业体系初步构建,农业绿色发展全面推进,农村一、二、三产业融合发展格局初步形成,乡村产业加快发展,农民收入水平进一步提高,脱贫攻坚成果得到进一步巩固;农村基础设施条件持续改善,城乡统一的社会保障制度体系基本建立,农村人居环境显著改善,生态宜居的美丽乡村建设扎实推进;城乡融合发展体制机制初步建立,农村基本公共服务水平进一步提升;乡村优秀传统文化得以传承和发展,农民精神文化生活需求基本得到满足,以党组织为核心的农村基层组织建设明显加强,乡村治理能力进一步提升,现代乡村治理体系初步构建。探索形成一批各具特色的乡村振兴模式和经验,乡村振兴取得阶段性成果。

第二,到2025年,农业农村现代化取得重要进展,农业基础设施现代化迈上新台阶,农村生活设施便利化初步实现,城乡基本公共服务均等化水平明显提高。农业基础更加稳固,粮食和重要农产品供应保障更加有力,农业生产结构和区域布局明显优化,农业质量效益和竞争力明显提升,现代乡村产业体系基本形成,有条件的地区率先基本实现农业现代化。巩固拓展脱贫攻坚成果,城乡居民收入差距持续缩小。农村生产生活方式的绿色转型取得积极进展,化肥农药使用量持续减少,农村生态环境得到明显改善。乡村建设行动取得明显成效,乡村面貌发生显著变化,乡村发展活力充分激发,乡村文明程度得到新提升,农村发展安全保障更加有力,农民获得感、幸福感、安全感明显提高。

第三，到2035年，乡村振兴取得决定性进展，农业农村现代化基本实现。农业结构得到根本性改善，农民就业质量显著提高，相对贫困进一步缓解，共同富裕迈出坚实步伐，城乡基本公共服务均等化基本实现，城乡融合发展体制机制更加完善；乡风文明达到新高度，乡村治理体系更加完善；农村生态环境根本好转，生态宜居的美丽乡村基本实现。

第四，到2050年，乡村全面振兴，农业强、农村美、农民富全面实现。这样的时间安排及要求，主要是针对全国总体而言的。对于经济发达地区及城市郊区，农村发展的条件和基础都比较好，农村发展也已经达到了一定水平，完全可以从实际出发，走得更快一些，提前完成时间节点任务，率先达到时间节点目标，为其他地区提供示范和经验，引领全国的乡村振兴。

### （八）全面推进乡村振兴的着力点

全面推进乡村振兴，着力点是推进"五大振兴"，即产业振兴、人才振兴、文化振兴、生态振兴、组织振兴。

"五大振兴"是一个统一整体，不可分割。全面推进乡村振兴，要同时推进"五大振兴"，不能偏漏，这也是全面推进乡村振兴之"全面"的内在含义之一。

"五大振兴"作为一个有机整体，各自在乡村振兴中所承担的任务和扮演的角色不同。其中，产业振兴是乡村振兴的物质基础，重在解决乡村的产业发展问题；人才振兴是乡村振兴的成败关键，重在解决乡村的人力问题，文化振兴是乡村振兴的魂脉所系，重在解决乡村的文明风尚问题，生态振兴是乡村振兴的形貌所托，重在解决乡村的风貌问题，组织振兴是乡村振兴的重要保障，重在解决乡村的组织领导问题。

第一，产业振兴。产业发展是乡村振兴的物质基础，没有物质基础，乡村就难以实现振兴。所以，全面推进乡村振兴，必须把产业振兴作为重中之重。要紧紧围绕加快农业现代化，着力抓好乡村产业振兴的两个基本点。一是发展现代农业，加快建设现代农业的产业体系、生产体系、经营体系，着力推进农业生产条件现代化、农业生产手段现代化、农业生产技术现代化、农业生产过程现代化、农业生产管理现代化。二是发展乡村产业，加快发展农产品加工业和流通业，农村生产性和生活性服务业，休闲农业和乡村旅游业，一、二、三产业融合型业态，延长农业产业链条，拓展农业和农村价值功能。由于农业是乡村产业的主体，是国民经济的基础，发展现代农业就成为乡村产业振兴的重中之重。

第二，人才振兴。人才振兴是乡村振兴的成败关键。乡村振兴，关键在人。要紧紧围绕打造乡村振兴人才队伍，加快培养农业生产经营人才，加快培养农村二、三产业发展人才，加快培养农村公共服务人才，加快培养乡村治理人才，加快培养农业农村科技人才，大力培养本土人才，引导城市人才下乡，推动专业人才服务乡村，吸引各类人才在乡村振兴中建功立业，健全乡村人才工作体制机制，强化人才振兴保障措施，培养造就一支懂农业、爱农村、爱农民的"三农"工作队伍，为全面推进乡村振兴、加快农业农村现代化提供有力人才支撑。

第三，文化振兴。文化振兴是乡村振兴的魂脉所系。要紧紧围绕实现乡风文明、文化繁荣，大力加强农村社会主义精神文明建设，大力发展农村社会主义先进文化，大力弘扬农村优秀传统文化，大力发展农村公共文化，大力丰富农民群众文化生活，大力培育农村优良风尚，大力提高农民思想道德素质和文化综合素质，增强农村文化吸引力和感召力，增强乡村社会内在活力和凝聚力，推动农村文化繁荣，实现乡村文化振兴。

第四，生态振兴。生态振兴是乡村振兴的形貌所托。要紧紧围绕实现环境优美、宜居宜业，加强农村生态环境保护和建设，加强农村公共卫生环境改造和整治,加强农民住房建设规划管理和整治,加强农村道路、供水、能源、通信等基础设施建设,加强农家院落改造和美化,有效提升村容村貌,形成优美乡村风貌。

第五,组织振兴。组织振兴是乡村振兴的重要保障。要紧紧围绕治理有效、组织和服务农民,建立健全党委领导、政府负责、社会协同、公众参与、法治保障、科技支撑的现代乡村社会治理体制,健全党组织领导的自治、法治、德治相结合的乡村治理体系,构建共建共治共享的社会治理格局,加强以党支部为核心的农村基层组织建设,加强农民合作社、专业合作社等合作经济组织建设,加强农村法治建设和社会治安综合治理,提高农业生产和农村社会的组织化程度,实现农村社会和谐稳定、农民安居乐业、乡村充满活力。

### (九)全面推进乡村振兴的红线

全面推进乡村振兴,必须坚决守住18亿亩耕地红线。

乡村振兴,耕地是最为宝贵的资源,同时也是最为稀缺的资源。人多地少是我国基本国情。发展现代农业离不开耕地,发展其他产业也要占用耕地,但耕地总量是有限的,而耕地又与粮食安全关系极大。所以,在推进乡村振兴过程中,必须严格保护耕地,牢牢守住耕地红线,决不能因发展产业和事业而付出耕地大量减少的代价。因为这个代价是维护国家粮食安全所承受不起的。而失去了国家粮食安全,乡村振兴则难言成功。

耕地是农业特别是粮食生产的根基。守住耕地红线,是由我国耕地资源现实状况的严峻性决定的。我国耕地总量少,质量总体不高,后备资源不足,水资源空间分布不匹配,当前耕地安全形势仍然十分严峻。[①]一方面是

---

① 《我国耕地资源已接近极限》,中华粮网,2021年4月16日。

耕地数量不足。据测算,按粮食进口数量折算,我国耕地缺口约7亿亩:2020年我国进口粮食总量达14262.1万吨,其中大豆为10032.7万吨,如果按2019年我国大豆平均亩产129.3千克计算,相当于向国外延伸了7.76亿亩耕地的产能。另一方面是耕地质量退化严重。东北、华北、长江中下游农区耕地已出现从点到面的系统性退化;受长期的集约化经营、机械化耕作的影响,我国黑土地有机质结构变差,黑土地变薄、变硬、变瘦了,与60年前相比,黑土地耕作层土壤有机质含量平均下降了30%,部分地区甚至下降了50%;南方红黄壤同样令人担忧,由于钾钙镁等碱性盐基离子的大量流失,我国14.5%的耕地已严重酸化,近三十多年来湖南、江西、广西等省区的土壤pH值小于55的酸化耕地面积增加了35%,作物减产20%以上;由于干旱条件下土壤含盐量增加,我国盐碱地已达1.14亿亩,比20世纪80年代增加近30%,主要分布在华北、东北、西北内陆和沿海地区,有的地方甚至因此弃耕抛荒。

守住18亿亩耕地红线,2021年中央一号文件提出了明确要求。[①]主要是:统筹布局生态、农业、城镇等功能空间,科学划定各类空间管控边界,严格实行土地用途管制。采取"长牙齿"的措施,落实最严格的耕地保护制度。严禁违规占用耕地和违背自然规律绿化造林、挖湖造景,严格控制非农建设占用耕地,深入推进农村乱占耕地建房专项整治行动,坚决遏制耕地"非农化"、防止"非粮化"。明确耕地利用优先化,永久基本农田重点用于粮食特别是口粮生产,一般耕地主要用于粮食和棉、油、糖、蔬菜等农产品及饲草饲料生产。明确耕地和永久基本农田不同的管制目标和管制强度,严格控制耕地转为林地、园地等其他类型农用地,强化土地流转用途监管,确保耕地数量不减少,质量有提高。实施新一轮高标准农田建设规划,提高建设标准和质量,健全管护机制,多渠道筹集建设资金,中央和地方共同加大粮食主

---

① 《中共中央 国务院关于全面推进乡村振兴加快农业农村现代化的意见》,中国政府网,2021年2月21日。

产区高标准农田建设投入,2021年建设1亿亩旱涝保收、高产稳产高标准农田。在高标准农田建设中增加的耕地作为占补平衡补充耕地指标在省域内调剂,所得收益用于高标准农田建设。加强和改进建设占用耕地占补平衡管理,严格新增耕地核实认定和监管。健全耕地数量和质量监测监管机制,加强耕地保护督察和执法监督,开展"十三五"时期省级政府耕地保护责任目标考核。

守住18亿亩耕地红线,《国务院办公厅关于坚决制止耕地"非农化"行为的通知》[1]提出了具体要求。主要是:采取有力措施,强化监督管理,落实好最严格的耕地保护制度,坚决制止各类耕地"非农化"行为,做到"六个严禁":

一是严禁违规占用耕地绿化造林。禁止占用永久基本农田种植苗木、草皮等用于绿化装饰以及其他破坏耕作层的植物。违规占用耕地及永久基本农田造林的,不予核实造林面积,不享受财政资金补助政策。平原地区要根据资源禀赋,合理制定绿化造林等生态建设目标。退耕还林还草要严格控制在国家批准的规模和范围内,涉及地块全部实现上图入库管理。正在违规占用耕地绿化造林的要立即停止。

二是严禁超标准建设绿色通道。要严格控制铁路、公路两侧用地范围以外绿化带用地审批,道路沿线是耕地的,两侧用地范围以外绿化带宽度不得超过5米,其中县乡道路不得超过3米。铁路、国道省道(含高速公路)、县乡道路两侧用地范围以外违规占用耕地超标准建设绿化带的要立即停止。不得违规在河渠两侧、水库周边占用耕地及永久基本农田超标准建设绿色通道。今后新增的绿色通道,要依法依规建设,确需占用永久基本农田的,应履行永久基本农田占用报批手续。交通、水利工程建设用地范围内的绿

---

① 《国务院办公厅关于坚决制止耕地"非农化"行为的通知》,中国政府网,2020年9月15日。

化用地要严格按照有关规定办理建设用地审批手续,其中涉及占用耕地的必须做到占补平衡。禁止以城乡绿化建设等名义违法违规占用耕地。

三是严禁违规占用耕地挖湖造景。禁止以河流、湿地、湖泊治理为名,擅自占用耕地及永久基本农田挖田造湖、挖湖造景。不准在城市建设中违规占用耕地建设人造湿地公园、人造水利景观。确需占用的,应符合国土空间规划,依法办理建设用地审批和规划许可手续。未履行审批手续的在建项目,应立即停止并纠正:占用永久基本农田的,要限期修复,确实无法恢复的按照有关规定进行补划。

四是严禁占用永久基本农田扩大自然保护地。新建的自然保护地应当边界清楚,不准占用永久基本农田。目前已划入自然保护地核心保护区内的永久基本农田要纳入生态退耕、有序退出。自然保护地一般控制区内的永久基本农田要根据对生态功能造成的影响确定是否退出,造成明显影响的纳入生态退耕、有序退出,不造成明显影响的可采取依法依规相应调整一般控制区范围等措施妥善处理。自然保护地以外的永久基本农田和集中连片耕地,不得划入生态保护红线,允许生态保护红线内零星的原住民在不扩大现有耕地规模前提下,保留生活必需的少量种植。

五是严禁违规占用耕地从事非农建设。加强农村地区建设用地审批和乡村建设规划许可管理,坚持农地农用。不得违反规划搞非农建设、乱占耕地建房等。巩固"大棚房"问题清理整治成果,强化农业设施用地监管。加强耕地利用情况监测,对乱占耕地从事非农建设及时预警,构建早发现、早制止、严查处的常态化监管机制。

六是严禁违法违规批地用地。批准用地必须符合国土空间规划,凡不符合国土空间规划以及不符合土地管理法律法规和国家产业政策的建设项目,不予批准用地。各地区不得通过擅自调整县乡国土空间规划规避占用永久基本农田审批。各项建设用地必须按照法定权限和程序报批,按照批准的用途、位置、标准使用,严禁未批先用、批少占多、批甲占乙。严格临时用地管理,不得超过规定时限长期使用。对各类未经批准或不符合规定的建设项目、临时用地等占用耕地及永久基本农田的,依法依规严肃处理,责令限期恢复原种植条件。

七是全面开展耕地保护检查,严肃查处违法占用和破坏耕地及永久基本农田的行为,自然资源部要会同农业农村部、国家统计局按照《省级政府耕地保护责任目标考核办法》进行全面检查,并将违规占用永久基本农田开展绿化造林、挖湖造景、非农建设等耕地"非农化"行为纳入考核内容,加强对违法违规行为的查处,对有令不行、有禁不止的严肃追究责任。

八是严格落实耕地保护责任,地方各级人民政府要承担起耕地保护责任,对本行政区域内耕地保有量和永久基本农田保护面积及年度计划执行情况负总责,健全党委领导、政府负责、部门协同、公众参与、上下联动的共同责任机制,对履职不力、监管不严、失职渎职的领导干部依纪依规追究责任。

守住18亿亩耕地红线,《国务院办公厅关于防止耕地"非粮化"稳定粮食生产的意见》[①]也提出了具体要求。主要是:实施最严格的耕地保护制度,科学合理利用耕地资源,防止耕地"非粮化"。明确耕地利用优先,严格控制耕地转为林地、园地等其他类型农用地,永久基本农田是依法划定的优质耕地,要重点用于发展粮食生产,特别是保障稻谷、小麦、玉米三大谷物的种植面积;一般耕地应主要用于粮食和棉、油、糖、蔬菜等农产品及饲草饲料生产,耕地在优先满足粮食和食用农产品生产基础上,适度用于非食用农产品生产。严禁违规占用永久基本农田种树挖塘,严格规范永久基本农田上农业生产经营活动,禁止占用永久基本农田从事林果业以及挖塘养鱼、非法取

---

① 《国务院办公厅关于防止耕地"非粮化"稳定粮食生产的意见》国办发〔2020〕44号,中国政府网,2020年11月4日。

土等破坏耕作层的行为,禁止闲置、荒芜永久基本农田;利用永久基本农田发展稻渔、稻虾、稻蟹等综合立体种养,应当以不破坏永久基本农田为前提,沟坑占比要符合稻渔综合种养技术规范通则标准。

总之,全面推进乡村振兴,耕地红线不能逾越、不可突破,必须牢牢守住,切不可在耕地红线问题上有任何偏差,切实把保护耕地、坚守耕地红线的要求和任务落到实处。

### (十)全面推进乡村振兴的总保障

全面推进乡村振兴的总保障是党的全面领导。

习近平总书记强调,办好农村的事情,实现乡村振兴,关键在党。党管农村工作是我们的传统,这个传统不能丢。

乡村振兴要全面推进产业兴旺、生态宜居、乡风文明、治理有效、生活富裕,要全面推进产业振兴、人才振兴、文化振兴、生态振兴、组织振兴,涉及领域广、目标要求高,涵盖农村"五位一体"总体布局和"四个全面"战略布局,绝不是轻轻松松、敲锣打鼓就能实现的。只有加强党的全面领导,精心做好顶层设计,统筹协调、整体推进、督促落实,才能凝聚起实施乡村振兴的磅礴力量,才能始终沿着中国特色社会主义乡村振兴道路阔步前进,推动农业全面升级、农村全面进步、农民全面发展。必须加强和改善党对"三农"工作的集中统一领导,充分发挥党把方向、谋大局、定政策、促改革的领导核心作用,为全面推进乡村振兴、顺利实现乡村振兴目标提供坚强领导核心和政治保障。

各级党委和政府要扛起政治责任,提高对实施乡村振兴战略重大意义的认识,真正把实施乡村振兴战略摆在优先位置,把党管农村工作的要求落到实处。坚持工业农业一起抓、城市农村一起抓,把农业农村优先发展原则体现到各个方面。健全党委统一领导、政府负责、党委农村工作部门统筹协调的农村工作领导体制。建立实施乡村振兴战略领导责任制,实行中央统筹、省负总责、市县抓落实的工作机制。党政一把手是第一责任人,五级书记抓乡村振兴。县委书记要下大气力抓好"三农"工作,当好乡村振兴"一线总指挥"。各部门要按照职责,加强工作指导,强化资源要素支持和制度供给,做好协同配合,形成全面推进乡村振兴的强大工作合力。

## 乡村振兴优秀案例:辽宁法库

**基本介绍:**

法库县隶属于辽宁省沈阳市管辖,位于辽宁省北部,长白山山脉与阴山山脉余脉交汇处,辽河右岸,自然地貌特征为"三山一水六分田"。区域总面积2320平方千米,耕地面积198万亩。户人口45万人,21个民族。17个乡镇、2个街道、1个省级开发区、225个行政村、17个社区。

法库县聚焦优势特色产业发展,扎实推动县域经济社会保持良好发展态势。陶瓷建材产业加快发展,拥有产业链条相对完整的现代化陶瓷产业集群,产品远销美、日、韩、俄等二十多个国家和地区,法库已成为东北亚地区规模最大、影响力最强、市场辐射能力最广的现代化陶瓷产品研发、生产和销售基地。通用航空产业加快集聚,形成了以通航、无人机产业为主体,以现代农业、文旅产业为两翼的"一体两翼"发展格局,先后获得国家级通航产业综合示范区、国内首批国家级航空飞行营地、中国最具投资价值通用航空产业园、辽宁省通用航空高技术产业基地等殊荣。农业产业结构加快调整,十间房通航小镇、大孤家子白酒小镇、叶茂台驴产业小镇等特色小镇建设扎实推进,形成了农村电商"法库模式",以菲仕兰乳业等为龙头的养殖产业拉动作用持续增强。教育、科技、文化、卫生等各项社会事业蒸蒸日上,文体设施种类齐全,百姓生活富裕幸福,社会大局和谐稳定。法库地区盛产优质大米、无公害蔬菜和葡萄、树、辣椒、花生等农产品,是国家首批水果类出口农产品质量安全示范区、全国产粮大县、国家级农产品质量安全示范县。

## 建设"三优"人才队伍破解乡村振兴发展难题

辽宁省法库县农业农村局

实施乡村振兴战略,是党的十九大作出的重大决策部署,是决胜全面建成小康社会、全面建设社会主义现代化国家的重大历史任务。事业成败,关键在人。法库县委以人才振兴为基础,通过选优、育优、培优,致力打造一支多元化、全方位的人才队伍,推动乡村全面振兴发展。

### 一、背景与起因

伴随着时代的变迁,城市化进程的加快,当前农村正处于社会转型关键期,农村青年纷纷奔向城市,尤其法库县距离省会城市沈阳仅八十余千米,受城市"虹吸"影响更大,导致推动乡村发展所需的各类专业人才越来越少,科技型人才、管理型人才、法律型人才、教育型人才等供需比例严重失衡,由于青年流失,带来的还有农村党员队伍年龄老化、村干部能力不强且后继乏人等问题。例如,目前全县共有农村党员11926名,其中35岁及以下的仅1350名,占农村党员总数的11.3%;36岁—45岁的1913名,占农村党员总数的16%;46岁—60岁的3341名,占农村党员总数的28%;61岁及以上的5322名,占农村党员总数的44.6%。农村缺人气、缺生机、缺活力现象愈演愈烈。俗话说"一马当先才有万马奔腾",但目前农村人才振兴首先面对的甚至不是人才而是人的问题,那么如何激发现有人才活力,发挥引领示范、带动辐射作用,从而建设一支能够支撑乡村发展的人才队伍,成为法库县委首先破解的难题。乡村振兴关键在党,只有加强党的领导,充分发挥党组织引领作用,对内充分整合资源加强培育,对外不断拓宽渠道注重引进,才是破解人才制约振兴发展难题的"金钥匙"。

## 二、做法与经过

法库县委以"人才是第一资源"为理念,牢固树立人才优先发展战略,不断加大人才工作的重视程度,坚持以人才振兴推动乡村振兴。

### (一)坚持组织引领,积极培育青年科技人才

为破解农村青年人才流失严重、农村党员年龄老化、村干部队伍后继乏人等难题,法库县委于2019年3月在19个乡镇街分别成立青年人才活动中心,同步建立青年人才党支部,将农村优秀青年人才汇聚一起、集中培养、强化锻炼、大胆使用,为村干部队伍注入新鲜血液,调动农村党员积极性,激发农村社会活力,走出了一条人才引领发展的道路。一是坚持选优育优,按照"个人自荐、组织推荐、乡镇选拔、择优吸纳"的原则重点吸纳致富能手、返乡大学生、外出经商返乡人员、退伍军人加入青年人才活动中心,同时各中心积极与外出优秀青年人才取得联系,建立在外青年人才和党员信息库。二是集中培养强化锻炼,采取"全县统筹、乡镇自主"的方式,通过开展"能力提升""分类培育""导师帮带""顶岗实践""先锋服务""示范引领"六大工程,让青年人才和党员在实践中不断锤炼党性修养、提升能力本领。三是强化激励保障,县委组织部制定《法库县青年人才活动中心和党支部考核细则》,进行半年和年末考核,根据工作开展情况从党费中拨付不同数额的专项活动经费,用于支持支部和中心建设,2020年共投入资金14万元,同时对表现突出的6名青年人才和3名优秀青年党员进行宣传报道。经过一年的培养锻炼,目前全县各中心共汇聚培养优秀青年人才1111名,其中青年党员405名,培养入党积极分子63名,新发展党员42名。

### (二)优化服务管理,引进和派驻干部型人才

法库县共有选派干部312人,其中省派干部17人、市派干部84人、

县派干部193人、6个省市驻村工作队18人,派驻到乡镇67人,派驻到村任第一书记233人,驻村工作队队员12人。县委高度重视选派干部,寓管理于服务之中,通过思想上重视、生活上关心、工作上支持,为选派干部打造干事创业环境。一是强化制度保障,制定了《法库县选派到乡村工作干部管理办法(试行)》,明确选派干部的职责任务、日常管理、年度考核、激励约束及工作保障等内容。二是坚持沟通交流,定期召开全县选派干部自我管理组会议,以"拉家常"形式互动交流随时了解选派干部的思想动态、工作进展和生活状况。2020年1月9日至10日分三次组织召开省派干部座谈会,同省派干部们共同研究驻村工作规划,详细了解他们在工作生活上的需求,保证选派干部留得下来、沉得下心、干得用心。三是注重正向激励,对工作表现好、能力强的选派干部提供更加广阔的平台,两年来共选拔19名同志到乡镇街挂职副乡镇长,其中市派干部17人、县派干部2人。选派17名同志到乡镇任党委第一副书记,其中省派干部5人、市派干部11人、县派干部1人。

(三)精心搭建平台,引进和培养治理型人才

近年来,法库县委围绕加快推进社会治理现代化,坚持以人民为中心的发展思想,在借鉴新时代"枫桥经验"的基础上,以平安法库建设为主线,在法律援助、社会治理等方面积极尝试,探索出了一套社会治理现代化的新模式。成立由县委书记、县长担任组长的市域社会治理现代化工作领导小组,党委、政府主要领导亲自挂帅,靠前指挥,专班项目化推进,并将加强和创新社会治理工作纳入全县经济社会发展"十四五"规划。按照"1+3+N"工作模式,扎实推进三级综治中心标准化建设,2020年以来县级和19个乡镇(街道)、19个示范村的综治中心(站)已经全部达到了"六到位、一联通"标准,即场所、标牌、上墙版面、显示器、档案、人员六到位,实现综治视联网和中央、省、市互联互通。坚持

运用法治思维破解社会治理难题,用法治规范社会行为、引领社会风尚、保障社会治理。县法院开展"办事、办案、反映问题不用找关系"活动,不断增强群众对司法的信服度和认同感。县检察院建立涉民营企业和企业家案件备案报告制度、专项统计和质量评查制度,最大限度减少司法办案对民营企业正常经营的影响。县公安局建设28个盛京驿站,打造"盛京义勇"队伍推动专群结合、群防群治,最大化实现社会力量的融合和资源力量的有效释放。县司法局认真对接一村(社区)一法律顾问工作,积极引进律师人才,实现245个村(社区)全覆盖。一年来,律师共入村(社区)44人次,法律咨询655人次,法制讲座和法律宣传54次,发放法律宣传资料3000份,为各村捐献法律图书5000册,参与解决矛盾纠纷19件,帮助村委会整理合同39份,有效推进了依法治县进程和经济社会发展。

(四)完善体制机制,引进和培育乡村实用型人才

县委把县农业农村局、县农业技术推广与行政执法中心作为重点组成部门吸纳到县人才办中,围绕乡村振兴所需要的各方面人才有计划、有组织地开展培育、引进工作。2020年,全县共开展农民科技培训22期,培训新型职业农民80人;培训农民专业技术人员310人,科技引领、设施农业,县特色作物栽培技术培训60人;电商培训150人。广泛吸引新兴领域和交叉学科的农业科学家及其团队到法库创业兴业,在沈阳隆泰生物科技有限公司、沈阳山山伟业食品有限公司等农事龙头企业建立了院士工作站(陈温福院士)和专家工作站(辽宁科学院专家团队),吸引集聚支持更多农业科技人才将他们的科技成果在法库实现转化。实施农村实用人才"职业素质与能力提升计划",不断加大"青年农民上大学"专项计划推进力度,2020年全县又有52名优秀青年农民走进沈阳农业大学开始为期一年的学习,目前我县已累计培养结业600名

青年农民大学生,他们成为种植养殖能手、农产品经纪人、农资经销商,都是推动当地农业产业发展的主力军。同时,还与沈阳农业大学合作开展了"校地科技共建"工程,为全县68个种植花生、辣椒、葡萄、草莓、树莓的特色产业专业村,每村选派1名大学科技人才定期做培训指导。以"新型职业农民培训"为重点开展农村实用人才培训,截至目前全县共培养(颁证)新型职业农民736人,累计培养家庭农场主、农民专业合作社负责人、农村经纪人等各类农村实用人才近1.4万人,培养出葡萄种植专家李洪军、"寒富"苹果种植能手高国辉等一批"土专家""田秀才"。

### 三、成效与反响

法库县委以党建为统领,通过不断完善人才工作体制机制,加强农村青年人才"引、育、选、用",搭建社会治理平台等,不仅有效破解了本地推动乡村振兴发展缺乏人才的关键难题,更激发了全县广大干部群众热爱家乡、建设家乡的内生动力和家国情怀。

#### (一)乡村建设,注入源源不断的新动力

青年人才在"快车道"上迅速成长,还需要在广阔的天地施展才华、实现价值。法库县委广开人才使用渠道,提供更多机会、更大空间,让他们尽情发挥特长,在乡村发展的不同领域做出成绩。一是补充村干部队伍。各党支部和中心共培养村级后备干部263名,有30名优秀青年人才和党员充实到村干部队伍。特别是在2020年推行"一肩挑"工作中,5名优秀青年党员脱颖而出,担任了"一肩挑"。二是引领乡村经济发展。青年人才和党员依托自身专业优势、产业优势、资源优势在带领群众致富、发展壮大村级集体经济、拉动周围群众创业就业等方面发挥了积极作用。慈恩寺乡刘红艳带动全乡150多名农村妇女承接手工艺品订单销往俄罗斯,平均每人每月增收2000元;柏家沟镇张春风、魏丹

丹夫妇创办大山肉牛养殖场，与村集体合作养牛，实现合作共赢。三是投身农村人居环境整治。各党支部和中心统一青年人才和党员思想，充分认识农村人居环境整治的重大意义，并积极投身其中。和平乡组建的人居环境整治青年人才志愿服务队，在每一项整治任务中都冲锋在前，不怕苦、不怕累、起早贪黑、任劳任怨，赢得群众一片赞誉。

（二）产业发展，带动增收致富新模式

法库县的各级选派干部在县委的真心服务、尽心帮助下，积极融入乡村、立足基层，在抓实党建、加强基层治理、推动经济发展等方面作出了积极贡献。沈阳市现代农业研发服务中心派驻到法库县四家子蒙古族乡红砂地村党支部第一书记郭东峰同志，通过调研、学习，探索出了"村民代村集体养羊"的模式，实现集体增收、百姓致富的目标由村集体出资购买小尾寒羊，采取委托方式将村集体羊交给农户代养，村集体承担市场风险、技术培训等，农户负责提供养殖场地、饲料、防疫、种羊繁殖等，并负责养殖风险，一年后，村集体收回发放羊原斤数乘以130%，剩余母羊和多生产小羊归农户所有。2020年3月末，第一批养殖户合同期满，农户通过"代养羊"最多的年净收入2万元，村集体收入33万元。这种互利双赢的模式，逐渐得到村民认可，现在已经累计和22户农户签订了"代养羊"协议，同时为巩固拓展脱贫攻坚成果，村集体利用养羊盈利资金为村里6户立卡，分别发放大母羊各2只，每户每年可以增收5000元左右，帮助他们找到了一条自力更生的道路。这种"代养"模式正在全县进行推广，已有3个乡镇开始实施，计划2021年底每个乡镇至少有1个村采取这种模式发展壮大村集体经济产业。

（三）乡村治理，完善矛盾纠纷化解新机制

法库县委坚持和发展新时代"枫桥经验"，不断提高基层社会治理能力和公共服务水平，推动乡村振兴发展。出台了《法库县关于坚持发展新时代"枫桥经验"构建大调解工作格局,推进矛盾纠纷多元化解机制的实施细则》,积极组建调解队伍,将党员干部、网格员、村(社区)干部、志愿者,以及社会组织等专兼职力量纳入调解队伍,建立起职业化、专业化、社会化、本土化的主力军。法库县双台子乡司法所原所长王金福同志,通过多年工作经验总结出"四心、三头、应季"调解法,因公正调解、群众信任,人称"王公正"。2017年,经县、市司法局批准在双台子司法所成立了"王公正"调解室。几年来,"王公正"共受理各类矛盾纠纷1018件,调解成功1013件,调解成功率99.5%,预防群体性上访事件12起,没有因调解不及时和方法不当导致矛盾纠纷激化或民转刑案件发生。县司法局在每个村设立"评理说事点",通过打造金牌调解员这支法律人才队伍,让群众切实感受到公平正义就在身边,不断增强群众对司法的信服度和认同感。县法院依托与市律协联合设立律师工作室,建立全省首个民商事纠纷中立评估室,引导当事人对诉讼结果作出合理预期,提供"预断"服务,2020年以来诉前化解案件945件。县公安局以党建引领,组建64个"盛京义勇"党支部,以329名党员为主力军,建设"盛京义勇"队伍。先后组建了234个义务巡逻队开展全天候、无缝隙的巡逻守望和治安管控,积极协助"压警情、控发案、保平安",成为平安法库建设的"千里眼""顺风耳",累计排查化解矛盾纠纷100余件,"盛京义勇"们已成为辖区企业和乡里乡亲的"知心人""贴心人"。

### (四)乡风文明,典型引领提升群众精气神

选好一个干部,造福一方百姓。2020年,法库县委开展了"立足岗位争当先锋"先进典型评选活动,对那些工作在基层一线,倾情尽力为百姓付出、为事业发展奉献的干部进行表彰。其中,四家子蒙古族乡李祥堡村村主任乔成贵就是杰出代表。2017年,乔成贵将荒废多年的旧小学打造成远近闻名的"龙泉书社","龙泉书社"在2019年被辽宁省社

区教育指导中心授予辽宁省终身学习品牌项目,中国成人教育协会吴进副理事长题词——"幸福龙泉"。乔成贵多方联系,充分利用大学生义务支教资源,先后从沈阳理工大学、辽宁传媒学院、沈阳大学、沈阳城市学院、沈阳师范大学五所大学为村里请来支教人才,至今先后支教近五百余人次,受益儿童一百五十余名,涵盖周边十余个村屯。2020年,李祥堡村又成为中国老龄事业发展基金会居家养老十个试点之一,乔成贵充分利用项目资金,建设助老餐厅、助老浴池、洗衣间等,如今在餐厅吃饭的留守老人和失能人员已有27人,助餐服务不仅为老人的儿女安心工作解决了后顾之忧,更进一步文明了乡风,提升了群众的幸福感。

### 四、探讨与评论

乡村振兴涵盖了产业振兴、人才振兴、文化振兴、生态振兴、组织振兴五个方面的内容,但最关键的是人才振兴,可以说乡村振兴,关键在人。人才振兴是乡村振兴的前提、基础,没有人才振兴,乡村产业就不能实现现代化、科技化,乡村文化就得不到有效保护和开发,乡村生态就缺乏规划与谋划,基层组织就不能发挥党建引领作用,只有让更多人才留在乡村、返回乡村,乡村振兴才能扎实推进。

### (一)要在"引"上做好文章

要进一步完善人才引进机制,结合自身产业发展需要,明确人才引进方向,多举措引进懂技术、懂市场、懂农业的农村实用人才。注重人才回流,让曾经"走出去"的成功人士"走回来",把在外积累的经验、技术及资金带回本乡本村,改变人才由农村向城市单向流动的困局。对返乡发展特色旅游、电子商务、绿色农业的人才实行更加开放的人才引进政策。要进一步加大人才激励力度,对致力于乡村振兴事业的实用型、科技型、创业型人才在用地住房、子女上学等各个方面给予扶持,让人才留得住、干得好。要进一步创新人才引用机制，坚持"不求所有，但求所用"的柔性引进原则，以引才引智并重为理念，鼓励吸引优秀企业家、科技达人、专家学者等利用空余时间到乡村实地讲学或投资兴业，为他们在本职单位与乡村之间的流动提供便利条件。畅通乡村基层人才向上流动渠道，对于那些对乡村振兴事业作出突出贡献的优秀干部人才给予重用或提拔，为他们提供更广阔的发展空间。

（二）要在"留"上下足功夫

对法库县而言，虽制定了《法库县"引才育才并举"，助力创业兴业工作方案》，但对乡土人才的奖励政策还没有普遍性。要降低政策实施门槛，将乡土人才纳入进来，用政策留住人才，尤其是种植养殖大户等致富带头人，从培养成才、吸引返乡创业、引进外来人才三个维度同时进行。针对不同类型的人才，从贷款扶持，营商环境，政治待遇等不同角度上下功夫，切实为致富带头人提供政策支持，创造条件给人才发挥作为的空间。要营造爱才敬才的社会环境，不断加强电视、网络等新闻媒体对乡村人才政策与人才事迹的广泛宣传，让尊重知识、尊重人才成为良好的社会风尚，鼓励各类人才投身乡村振兴的伟大事业中，增强他们的自豪感和荣誉感。要加强农村人居环境建设，加大对乡村基础设施建设的持续投入，提升教育、医疗、文化等公共服务的供给水平和质量，为在乡村施展才华的各类人才提供宜居的生活环境，竭尽所能帮助解决各种困难，为人才扎根基层创造良好条件，增强他们的幸福感和安全感。

（三）要在"育"上力求突破

要逐渐构建清晰的人才梯队，分层次、分领域、分方向地实施定向分类培养，重点加大高精尖、技术创新等高端型人才及"土专家""田秀才"等实用型人才培养力度。注重学用结合，依托农业院校、科研单位、职业教育、技能培训等平台,强化乡村人才理论结合实践能力,努力培育一批爱农村、懂技术、会经营的乡村人才队伍。培育致富能人,发掘和选育一批受教育程度高、思维活跃、有拼劲儿的能手,带动农民就业增收。通过专家授课、专题讲座、参观学习等方式,重点对本土人才和返乡创业人员开展技能性培训,提升他们对实用性技术的运用能力,以及对现代生产方式、经营模式、科技知识的了解和掌握。同时,要把课堂搬到田间地头,增强乡土人才理论联系实际的能力,强化乡村振兴的智力支撑。

(四)要在"用"上务求实效

进一步强化"凭能力给位置,以实绩论英雄"的用人导向,把能力突出、业绩突出,有专业能力、专业素养、专业精神的优秀干部及时用起来。不断加大村干部队伍建设力度,尤其是要进一步拓宽渠道,选优配强村党组织书记。从适应城乡改革发展、基层治理、服务民生等工作需要出发,注重从本村致富能手、外出务工经商返乡人员、本乡本土大学毕业生、退役军人、农民专业合作经济组织负责人、村医村教、社会工作者、本村在外的机关企事业单位退居二线或退休干部等群体中发现和选拔优秀人才,不断提升村干部服务群众、助力乡村振兴的能力。建立"户籍在外人才资源库",通过"项目、亲情、政策"吸引人才回乡创业,打通人才与家乡的双向服务通道,使一些在外人才有服务家乡的平台,提高人才集聚程度,为家乡建设出谋划策,为乡村振兴增活力、添后劲。

# 第四章 "五大振兴"在乡村振兴中的地位和作用

建设农业强国,当前要抓好乡村振兴。2022年12月,习近平总书记在中央农村工作会议上发表重要讲话,强调:"全面推进乡村振兴"是新时代建设农业强国的重要任务,人力投入、物力配置、财力保障都要转移到乡村振兴上来。要全面推进产业、人才、文化、生态、组织"五个振兴",统筹部署、协同推进,抓住重点、补齐短板。①"五个振兴"是相互联系、相互支撑、相互促进的有机统一整体,要统筹部署、协同推进,抓住重点、补齐短板,还要强调精准、因地制宜,激发乘数效应和化学反应,提高全面推进乡村振兴的效力效能。

## 一、产业振兴在乡村振兴中的地位和作用

习近平总书记强调,乡村振兴,关键是产业要振兴。②产业振兴是乡村

---

① 习近平:《加快建设农业强国推进农业农村现代化》,《求是》,2023年第6期。

② 《习近平在海南考察时强调 以更高站位更宽视野推进改革开放 真抓实干加快建设美好新海南》,中国共产党新闻网,2018年4月13日。

振兴的物质基础,在乡村振兴全局中具有重中之重的位置。不论是乡村振兴总要求的"五句话20个字",还是乡村振兴着力点的"五大振兴",发展产业都排在第一位。因此,全面推进乡村振兴,必须把产业振兴作为重中之重,必须把发展产业摆在首要位置,必须把乡村产业谋划好发展好,全面提升农村生产力水平,全面提升农村经济发展水平,加快推进农业现代化,实现乡村产业全面振兴,为乡村振兴提供坚实的物质基础。

习近平总书记在十三届全国人大一次会议上的重要讲话中指出,推动乡村产业振兴,要紧紧围绕发展现代农业,围绕农村一、二、三产业融合发展,构建乡村产业体系,实现产业兴旺,把产业发展落到促进农民增收上来,全力以赴消除农村贫困,推动乡村生活富裕。要发展现代农业,确保国家粮食安全,调整优化农业结构,加快构建现代农业产业体系、生产体系、经营体系,推进农业由增产导向转向提质导向,提高农业创新力、竞争力、全要素生产率,提高农业质量、效益、整体素质。①

乡村产业振兴是指与乡村发展有关的所有产业的共同振兴,既包括农业的振兴,也包括农村二、三产业的振兴,既包括农村传统产业的发展,也包括农村新产业新业态的发展,还包括农村一、二、三产业的相互融合发展。全面推进乡村产业振兴,主要任务是:大力发展现代农业、发展农村二、三产业,以及一、二、三产业融合的产业形态,构建以现代农业为主体、现代农业与农村二、三产业并驾齐驱的充满活力和竞争力的乡村产业体系,全面提升农村生产力水平,全面提升农村经济发展水平,加快实现农业现代化,实现乡村产业体系现代化。

乡村产业振兴的对象是乡村产业。从一般意义上讲,产业是指投入劳动力、资本、土地、技术等生产要素并生产出产品(包括物质产品和服务产

---

① 《习近平参加十三届全国人大一次会议山东代表团的审议》,《人民日报》,2018年3月9日。

品)以满足消费者需要的经济活动。按照这个意义,乡村产业就是位于农村区域的主要由农民和农村其他居民经营及参与投入劳动力、资本、土地等生产要素并生产出产品(包括物质产品和服务产品)以满足消费者需要的乡村经济活动。乡村振兴实践中,把握乡村产业的内涵,需要把握三个基本点:一个是投入,即投入劳动力、资本、土地、技术等生产要素,没有投入就没有生产活动;另一个是产出,就是要生产出产品(物质产品和服务产品),没有产出的生产活动是无效的经济活动;再一个是经营主体,乡村产业主要是由农民和(或)农村其他居民经营的经济活动,即乡村产业的经营主体主要是农民。如果一个企业或产业位于农村区域,但不是由农民或农村居民经营及参与的,比如,大型矿区、干线交通基础设施、大型水库等,则不属于乡村产业。这些企业或产业,属于县域经济,但不是乡村经济。

把握乡村产业的内涵,明确把握投入和产出关系很重要。任何乡村产业,不论它的具体产业形态是什么,都是一个投入产出系统,也都是一个投入产出关系。这个投入产出关系和系统说明,发展乡村产业,首先要投入生产要素,不能做"无米之炊"。按照政治经济学的基本原理,劳动力、资本、土地、技术等生产要素,是生产力的主要组成部分。要提高农村生产力水平,提高乡村产业发展水平,必须增加生产要素投入,特别是资本和技术的投入,这两项是目前乡村产业发展最为缺少的。因此,不增加劳动力、资本、土地、技术等生产要素的投入特别是资本和技术投入,乡村产业是难以发展起来和不断壮大的。

其次要发展乡村产业,必须关注这个投入产出系统的产出。农村经济水平的高低,主要是用乡村产业的产出来体现和衡量的。乡村特色产业的产值加起来,就是乡村经济的总产值;总产值扣除物质消耗(固定资产折旧不扣除),就是增加值,乡村各种产业的增加值加起来,就是乡村经济的增加值。总产值和增加值这两个指标,特别是增加值,是衡量和测定农村经济水平的主要指标,通常称为农村经济总量。这个总量按农村人口平均,就是农村人均经济总量或人均经济水平。我们经常讲,发达地区的农村经济水平高于中西部地区,主要指的就是农村经济总量以及农村人均经济总量的差距。因此,要提高农村经济水平,必须增加乡村产业的产出,扩大乡村产业的规模。

再次要发展乡村产业,还必须关注投入产出比,即单位投入生产的数量,这就是通常讲的生产效率或生产率。如果投入按劳动力计算,单位劳动生产的产出就是劳动生产率;如果投入按土地计算,单位土地生产的产出就是土地生产率,农业上常称为"亩产";如果投入按资本计算,单位资本生产的产出就是资本生产率;如果投入按劳动、资本、土地等全部要素计算,单位全要素投入生产的产出就是全要素生产率。劳动生产率、土地生产率、资本生产率、全要素生产率,是测定和评价经济活动效率的主要指标,这些指标的数值越高,说明经济效率就越高。由于任何产业活动都要进行经济核算,特别是物质生产活动,还必须有盈利。盈利就是产业的投入产出系统中,产出减去投入以后的剩余。这个剩余是正的,就说明有盈利;如果这个剩余是负的,则说明有亏损。盈利越多,说明经济效率和经济效益越好,产业就能不断扩大和强大;而长期亏损的企业或产业,最终是要倒闭的。因此,发展乡村产业,必须关注投入产出关系,注重提高经济效率和经济效益,不能搞亏损的产业。不计成本的做法,不注重经济效益核算,是万万要不得的。

从外延看,乡村产业的具体内容和形态非常丰富,是一个产业体系。按照经济学的一般原理,国民经济的产业通常被划分为三大类,即三次产业——第一次产业、第二次产业、第三次产业,可简称为第一产业、第二产业、第三产业,也可简称为一产、二产、三产;其中,第一产业的属性取自自然界,第二产业的属性是加工取自自然的生产物,其余的全部经济活动统归第三产业。按照我国的《三次产业划分规定》,三次产业的范围是:第一产业是指农、林、牧、渔业(不含农、林、牧、渔服务业);第二产业是指采矿业(不含开采辅助活动),制造业(不含金属制品、机械和设备修理业),电力、热力、燃气及水生产和供应业,建筑业;第三产业即服务业,是指除第一产业、第二产业以外的其他行业,包括批发和零售业,交通运输、仓储和邮政业,住宿和餐饮业,信息传输、软件和信息技术服务业,金融业,房地产业,租赁和商务服务业,科学研究和技术服务业,水利、环境和公共设施管理业,居民服务、修理和其他服务业,教育,卫生和社会工作,文化、体育和娱乐业,公共管理、社会保障和社会组织,国际组织,以及农、林、牧、渔业中的农、林、牧、渔服务业,采矿业中的开采辅助活动,制造业中的金属制品、机械和设备修理业。由于第一产业主要是农业、第二产业主要是工业、第三产业主要是服务业,因此实践中往往也可用农业、工业、服务业来代指第一产业、第二产业、第三产业。乡村产业是国民经济三次产业在乡村的具体展现,包括了农村第一产业、第二产业和第三产业,包括了农业、农村工业、农村服务业。发展乡村产业,就是要全面发展农业、农村工业和农村服务业。如果在一个经济体内把农业、工业、服务业融合起来发展,比如既从事农产品生产,又从事农产品加工和销售,即通常所说的农工商一体化,则为农村一、二、三产业融合发展。由于一、二、三相加等于六,一、二、三相乘也等于六,因此,农村一、二、三产业融合发展的产业形态,也可形象地称为"第六次产业"或"第六产业"。推进一、二、三产业融合发展,发展农村"第六产业",是推进乡村产业振兴的重要方面。

农业是乡村产业的基础,也是乡村产业的主体,这是乡村产业区别于城市产业的根本之处。农业包括了农、林、牧、渔业,其中,农业(狭义)即种植业,具体包括粮食作物、经济作物、其他作物,可以用粮、棉、油、麻、丝、茶、糖、菜、烟、果、药、杂12个字概括;畜牧业包括养猪、养牛、养羊、养家禽、养其他经济动物等,包括农区的家畜家禽养殖等畜牧业和牧区的草地畜牧业;林业主要有经济林、木本油料、林下产业等;渔业包括淡水养殖(江、河、湖、水库、池塘,以及稻田养鱼等)、近海养殖及捕捞业。发展乡村产业,推进乡村产业振兴,必须首先把农业发展好,推进农业振兴,加快实现农业现代化。这是乡村产业振兴的"根"。推进乡村产业振兴,一定不能把这个"根"丢了,不能"非粮化",不能"非农化"。

改革开放以来,我国乡村产业获得了快速发展,创造了用不到世界10%的耕地养活了世界20%左右人口的奇迹,以非农产业为主体的乡镇企业异军突起,农村服务业也极大发展。目前,我国农产品生产和供给已经达到与需求总体平衡的状况,粮食、水果、肉类、禽蛋等十几种农产品的产量均居世界第一位,成为世界农业大国。但从总体看,我国农业水平仍然不高,还不是世界农业强国,农业发展仍然面临诸多困难和挑战,部分农产品如大豆还要大量进口,农产品品质不高,农户经营规模较小,农业生产组织化程度低,农业基础设施特别是农田基础设施依然薄弱,农业靠天吃饭的状况还没有从根本上改变,农业整体素质、效益和竞争力不高,农业现代化成为"四化同步"的突出短板,农村二、三产业仍然十分薄弱,全面推进乡村产业振兴任重而道远。

近年来,各地在推进乡村产业振兴实践中,取得了不少成绩,创造了不少模式,积累了不少经验,但也暴露出一些不可忽视的问题。比如,发展产业重规模不重市场,一哄而起、一哄而散,产业项目雷同、缺乏特色和竞争力,不重视粮食生产,缺乏科学规划,贪大求洋,不重视农民参与,等等。比如,乡村产业振兴中各地存在盲目上特色小镇项目的情况,随后导致不少特色小镇资金链断裂、商户逃离甚至沦为"空城"。还有一些地方自认为特色不够,还把种植养殖业作为特色小镇项目进行申报,或直接让房地产成为特色小镇建设的绝对主角,实质上变成了打造"特色别墅小镇"。

还比如,乡村振兴中农民缺乏指导、盲目调整农业结构的情况,某地村北边是一大片农田,有30来亩,分属十几户村民。这里原本年年种稻谷、油菜、菊花等农作物,品种产量稳定,保证着农户的口粮和收入。这几年,村里的年轻人都在外做生意打工,留守的老人年岁渐大,土地闲置在所难免。有的承包大户看中了商机,纷纷来包地搞种植。前几年,有个老板包地种西瓜,几家农户爽快答应,觉得空着也是空着。于是一共包出去十几亩田,每亩年租金1400元。尝到了甜头的农户来年还想继续包给老板,但人家只包一年。等田里只残留枯萎的西瓜藤时,农户们又犯愁了。这些情况尽管属于个例,但反映出的问题不可忽视。推进乡村产业振兴,一定要注意有效防止这些问题和偏差。

产业兴旺是乡村振兴的重要基础,是解决农村一切问题的前提。全面推进乡村振兴,必须充分认识和高度重视产业振兴在乡村振兴中的重要地位和作用。乡村振兴中产业振兴之所以是重中之重,是因为:第一,乡村振兴必须有兴旺发达的产业,这是乡村发展的物质基础。产业是农村各项事业健康可持续发展的保障,只有发展好产业,才能让农村成为具有吸引力的地方,让人才留在农村,让城镇的人才愿意进入农村,激发农村的活力。因此,产业振兴是源头、是基础,有了产业的振兴,乡村振兴才有底气,离开产业的支撑,实施乡村振兴战略就无从谈起。第二,产业振兴是实现农民富裕的重要举措。实施乡村振兴的重要目标,就是要彻底解决农村产业和农民就业问题,确保当地群众长期稳定增收、安居乐业。发展产业是解决农民就业和增收的根本途径和举措。无论是解决农民就业还是确保群众增收,都需要以产业发展为基础。通过产业振兴,盘活农村集体资源资产,拓宽农民增收渠道,才能形成一个美丽富饶农村的坚实经济基础。农民就业稳定了,收入增加了,才能更加完善基础设施设备的配备,以及更多地投入生态环境治理,从而建设一个乡风文明、生态宜居的美丽乡村。第三,产业振兴是城乡融合发展的重要基础。彻底解决乡村发展的不充分和城乡发展的不平衡,实现城乡融合发展是实施乡村振兴战略的重要目标之一。目前我国城乡发展差距大,产业结构脱节,很难实现公平有效对接。只有大力发展乡村产业,利用市场的力量,通过产业的联通,才能打破相互分割的壁垒,逐步实现生产要素的合理流动和优化组合。乡村是城乡融合发展中重要的一极,如果想充分发挥乡村在整个现代化体系中的功能,必须有旺盛强大的产业作支撑。因此,各地在全面推进乡村振兴过程中,必须自觉地、坚定地把推进产业振兴作为重点,放在首要位置,以乡村产业振兴带动乡村全面振兴。

## 二、人才振兴在乡村振兴中的地位和作用

习近平总书记在十三届全国人大一次会议上的重要讲话中指出:要推动乡村人才振兴,把人力资本开发放在首要位置,强化乡村振兴人才支撑,加快培育新型农业经营主体,让愿意留在乡村、建设家乡的人留得安心,让愿意上山下乡、回报乡村的人更有信心,激励各类人才在农村广阔天地大施所能、大展才华、大显身手,打造一支强大的乡村振兴人才队伍,在乡村形成人才、土地、资金、产业汇聚的良性循环。[①]

全面推进乡村人才振兴,要紧紧围绕打造乡村振兴人才队伍,加快培养农业生产经营人才,加快培养农村二、三产业发展人才,加快培养乡村公共服务人才,加快培养乡村治理人才,加快培养农业农村科技人才,大力培养本土人才,引导城市人才下乡,推动专业人才服务乡村,吸引各类人才在乡村振兴中建功立业,健全乡村人才工作体制机制,强化人才振兴保障措施,培养造就一支懂农业、爱农村、爱农民的乡村振兴工作队伍,为全面推进乡村振兴、加快农业农村现代化提供强有力的人才支撑。

---

① 《习近平参加十三届全国人大一次会议山东代表团的审议》,《人民日报》,2018年3月9日。

乡村人才振兴的对象是乡村人才。从一般意义上讲,所谓人才,是指具有一定的专业知识或专门技能,进行创造性劳动并对社会作出贡献的人,是人力资源中能力和素质较高的劳动者。按照这个定义,乡村人才就是拥有与农业农村发展相关的知识和技能,并能够为之付出劳动,在加速推进农业现代化、促进农村经济社会发展和区域繁荣中具有良好示范作用、辐射作用、领头作用、联动作用和作出贡献的一类人员。

把握乡村人才振兴的内涵,首先就要弄明白振兴的乡村人才是谁。俗话说,戏好要看唱戏人。如果没有一批符合需要的乡村人才,实现乡村振兴只能是空话。因此,在这个充满希望的田野上,什么样的人才是符合需要的乡村人才,谁才能在这片广阔的乡土舞台上发光发热。从职能作用上看,乡村人才可以划分为五类群体,即农业生产经营人才,农村二、三产业发展人才,乡村公共服务人才,乡村治理人才和农业农村科技人才。推进乡村人才振兴,就是要大力培养这五类人才。

农业生产经营人才,是指从事农业生产及经营活动的人力群体。从实践看,新型职业农民是农业生产经营人才的主要部分。新型职业农民主要由四种特殊人才组成:一是生产经营型职业农民,他们以农业生产经营的专业大户、家庭农场主、农民合作社带头人为主要代表。他们通常掌握一定的农业生产专业技能与资源,有一定的资金投入能力,具有丰富的农业生产经营经验,在直接从事生鲜食品、园艺、经济作物等附加值较高的农产品生产方面具有比较优势。二是专业技能型职业农民,他们包括以农民合作社、家庭农场、专业大户、农业企业等新型农业经营主体中较为稳定地从事农业劳动作业,并且以此作为主要收入来源的农业生产经营者。他们通常掌握着独到的生产技术,能以此促进农村产业发展和建设。三是社会服务型职业农民,他们能有效服务于农业产前、产中和产后三个环节,使农业生产得以顺利进行。社会服务型职业农民以农村信息员、农村经纪人、农机服务人员、统防统治植保员、村级动物防疫员等农业社会化服务人员为主。四是管理型职业农民,他们掌握农业生产所需的劳动力、资金和技术,在农业生产与管理上具有丰富经验,甚至决定了农村产业发展与农业生产效率。与传统农民相比,新型职业农民思想开放、受教育程度普遍较高,其中相当一部分人是具有专业农学学历及相关技术的人员,他们将所学知识和专业技术主动应用于农业生产,进而使得农业生产的质量与技术得到实质性提升。新型职业农民群体的构成具有综合性特征,其中不仅有实现转型的传统农民,还包括拥有大量生产机器的农机大户与组织力强的农村合作社带头人。新型职业农民具备现代农业生产经营的先进理念,拥有现代农业所要求的能力素质,能够获得较高的收入,是新农业生产的继承人与开拓者,是乡村人才振兴中最重要的力量。

农村二、三产业发展人才,主要是指农村创业创新带头人、农村电商人才、乡村工匠和高质量的农民工劳务输出群体等,是推动乡村产业振兴的核心要素和重要力量。农村创业创新带头人主要是指饱含乡土情怀、具有超前眼光、充满创业激情、富有奉献精神、带动农村经济发展和农民就业增收的乡村企业家。培育农村创新创业带头人,就是培育农村创新创业的"领头雁",培育乡村产业发展的动能。农村电商,既是一种新业态,也是整个乡村产业兴旺的新的支撑力量。农村电商人才,既要懂电商,更要懂农业和农产品,懂得农产品市场经营。乡村工匠是指掌握特色传统技艺的乡村手工业者、传统艺人等,他们使得传统手工艺实现了活态传承,培育乡村工匠、带动发展乡村特色手工业是推动乡村产业振兴、人才振兴、文化振兴的有力举措。

乡村治理人才,主要是指乡镇党政人才和村党组织带头人,他们在乡村振兴中扮演着三个重要角色。一是政治引路角色,乡村振兴战略实现,需要基层干部坚定政治立场,把握正确政治方向,及时了解和熟悉掌握党和国家在农村的各项方针、政策信息,在农村社会形成强大的政治凝聚力;二是致富带头角色,基层干部需要引导农民改变农业发展观念,并结合当地实际,推动乡村旅游、农产品加工、休闲农业等具有地方特色的富民产业发展;三是治理责任角色,基层干部以实现农村社会治理现代化为目标,孕育浓厚的农村社会治理责任意识和服务意识,并最大程度地动员乡贤和村民参与,促进信息共享、决策合理、共同参与实现认同保障。只有选好并培养出一批"善治之才",才能提升乡村治理质效,培育出"良田沃土",让各项政策措施在乡村的土地上"落地生根",从而实现乡村全面振兴。

乡村公共服务人才,主要是指教育、医疗方面的人才。其中,乡村教师是农村教育"活的灵魂",是农村学生睁眼看外部世界的"第一面镜子"。此外,乡村文艺社团、创作团队、文化志愿者、非遗传承人和乡村旅游示范者为乡村振兴增动力添活力,乡村规划和城乡基础设施建设管护人员为乡村振兴提供必不可少的基础保障。乡村公共服务人才在提升公共教育、医疗卫生、社会保障等公共服务水平和保障农村环境治理、基础设施及农村住房建设管护水平等方面发挥着重要作用。

农业农村科技人才,是指受过专门教育和职业培训,掌握农业行业的某一专业知识和技能,专门从事农业科研、教育、推广服务等专业性工作的人员。农业农村科技人才是农村人才中的骨干力量,包括农业农村高科技领军人才、农业农村科技创新人才、农业农村科技推广人才、农业农村科技特派员队伍等。创新是乡村全面振兴的重要支撑,科技创新是推进农业农村现代化的根本动力。从大田种植业、园艺业、畜产养殖业,到各种特殊产品的种植和养殖业,再到乡村休闲观光旅游业,都离不开科技的作用。农业科研人才,主要集中在农业高校和农业研究院所,他们不断研发、引进和提供新的技术,为一线技术应用人才提供源头性的新技术支撑。农技推广人才是科技的传播者,也是乡村发展致富的带头人。不管农业科研杰出的科技人员还是"土专家""田秀才""乡创客",都是创新科技助力乡村振兴中必不可少的人才。

总体来看,我国乡村人才队伍不断壮大,支撑着农村经济社会的快速发展。仍面临人才总量不足、素质不高、结构不合理等问题,乡村人才瓶颈成为影响乡村振兴的主要障碍因素。

人才存量方面,我国乡村人才总量不足的问题越发突出。城市化进程、高校扩招等原因让农村人有了更多的选择机会,农村劳动力特别是青壮年劳动力、高素质人群不断流向发达城市,乡村人才向非农领域流失现象严重。《2019年农民工监测调查报告》显示,外出农民工占农村总人口的31.2%,其中,年末返乡的外出农民工占总外出人数还不到30%。①国家统计局第三次全国农业普查数据显示,全国农村实用人才总量不到1900万,只占乡村就业人员总数的不足5%。②

人才素质方面,一方面,务农人员普遍文化程度低,老龄化问题突出。第三次全国农业普查数据显示,全国农业生产经营人员中,初中及以下教育程度的人员占91.8%,高中或中专的占7.1%,大专及以上的仅占1.2%;年龄在55岁及以上的占比达33.6%。另一方面,农村二、三产业从业的高素质人才紧缺。以电商人才为例,中国农业大学智慧电商研究院发布《2020中国农村电商人才现状与发展报告》,对未来农产品电商人才需求作出预估:2025年缺口为350万人。目前农产品电商人群,仍以中等文化水平为主,其中小学文化占比为1%,初中文化占比为50%,高中文化占比为32.5%,大学文化占比仅为16.5%。③

人才结构方面,乡村人才梯队存在断层,高层次、高素质人才普遍短缺,

---

① 《2019年农民工监测调查报告》,国家统计局,2020年4月30日。
② 《第三次全国农业普查主要数据公报》(第五号),国家统计局,2017年12月16日。
③ 《农村电商人才报告》,中国农网,2020年6月10日。

中级、初级专业技术人才数量相对较多。农业从业人员生产技能水平有限，多数农业从业人员习惯于传统的生产观念和生产技术，离现代农业发展规模化、标准化要求存在一定差距，而农业经营型和技术推广型、技能服务型人才匮乏。此外，单一生产型、技术型人才较多，集生产、技术、经营、管理于一体的复合型、创新型人才数量较少，乡村现有知识水平和人才结构不能满足乡村振兴的全方位人才需求。

古往今来，国以才立、业以才兴。在支撑发展的各种生产要素中，人才要素支撑是最有力的支撑，是驱动经济发展的第一要素。人才在推进乡村振兴中具有非常重要的地位和作用。

第一，产业兴旺，需要农业经营管理人才、新型职业农民、农业科技人才和农村电商人才等提供必要的人力要素支撑。产业要兴旺，就要大力经营发展家庭农场、新型农民合作社、农村专业技术协会等新型农业主体，这就需要一批爱农业、懂技术且生产水平很高的新型职业农民来生产，还需要一批知识型、技能型、创新型的农业经营管理人才来启动、协调和推动。产业要兴旺，就要加快农业转型升级，做大做强优势特色产业，这就需要农业科技人才发挥引领性作用。产业要兴旺，还需要农村电商这种新业态的支撑力量，这离不开农村电商这种特殊人才。

第二，建设生态宜居的美丽乡村，需要环境治理人才和乡村规划人才（具体包含规划、建筑、园林、景观、艺术设计等人才）的支撑。建设生态宜居的美丽乡村，就是要牢固树立和践行绿水青山就是金山银山的理念，坚持尊重自然、顺应自然、保护自然，统筹山水林田湖草沙系统治理，加强农村突出环境问题综合治理，建设生活环境整洁优美、生态系统稳定健康、人与自然和谐共生的生态宜居美丽乡村。关键就是要改善农村人居环境，重点做好垃圾污水处理、"厕所革命"、村容村貌提升。相应地，环境治理和乡村规划这两个方面的人才，必不可少。

第三,实现乡风文明,需要文化传播人才的支撑。培育文明乡风、良好家风、淳朴民风,推动乡村文化振兴,建设邻里守望、诚信重礼、勤俭节约的文明乡村,关键就是要传承发展中华优秀传统文化,使之深入人心,落实到每个人的行动上。这就需要有效的文化传播方式来进行文化熏陶。

第四,构建乡村治理新体系,需要乡村管理人才的支撑。乡村振兴,治理有效是基础。乡村治理是国家治理的基石,必须坚持自治、法治、德治相结合,确保乡村社会充满活力、和谐有序。这就对以村"两委"干部为核心的乡村基层管理人才提出了新要求,要求其具备较高的促进乡村自治、法治、德治的觉悟和能力。总之,乡村振兴关键在人,乡村振兴必须推进乡村人才振兴。

## 三、文化振兴在乡村振兴中的地位和作用

习近平总书记强调,乡风文明是乡村振兴的紧迫任务。[1]乡村振兴,不仅要发展壮大产业,提升经济水平,夯实物质基础,而且要改善优化乡村风气,提升乡村思想道德和精神文明水平,推进乡村文化振兴。这两个方面相辅相成,一个都不能少。文化振兴是乡村振兴的魂脉所系,要坚持物质文明和精神文明一起抓,坚持以社会主义核心价值观为引领,以传承发展中华优秀传统文化为核心,以乡村公共文化服务体系建设为载体,繁荣乡村文化,促进乡村社会全面发展。

习近平总书记在十三届全国人大一次会议上的重要讲话中指出,要推动乡村文化振兴,加强农村思想道德建设和公共文化建设,以社会主义核心价值观为引领,深入挖掘优秀传统农耕文化蕴含的思想观念、人文精神、道

---

① 《中央政治局第八次集体学习新闻报道》,《人民日报》,2018年9月23日。

德规范,培育挖掘乡土文化人才,弘扬主旋律和社会正气,培育文明乡风、良好家风、淳朴民风,改善农民精神风貌,提高乡村社会文明程度,焕发乡村文明新气象。①

乡村振兴,既要塑形,也要铸魂。优秀乡村文化能够提振农村精气神,增强农民凝聚力,孕育社会好风尚。乡村文化振兴,重点是弘扬社会主义核心价值观,保护和传承乡村优秀传统文化,加强乡村公共文化建设,开展移风易俗,改善农民精神风貌,提高乡村社会文明程度。要紧紧围绕实现乡风文明、文化繁荣,大力加强乡村社会主义精神文明建设,大力弘扬和发展革命文化、社会主义先进文化,大力弘扬农村优秀传统文化,大力发展乡村公共文化,大力丰富农民群众文化生活,大力培育乡村优良风尚,大力提高农民思想道德素质和文化综合素质,增强乡村文化吸引力和感召力,增强乡村社会内在活力和凝聚力,推动乡村文化繁荣。

乡村文化振兴的对象是乡村文化。从一般意义上讲,文化的内涵十分丰富。文化包括世代相传的理念和价值观,道德标准等精神层面的文化,以及经济社会活动、器具、技术和艺术等物质形态的文化。乡村文化指的是,在农村地区世代传承下来的认知方式、思维模式、价值观念、处世态度、人生追求、生活方式、礼仪风俗、伦理规则,以及手工技艺、农业遗存等物质的和非物质产品的总和。

作为中华文化的重要组成部分,与城市文化相比,乡村文化具有相对独立性和独特性。一是乡土性。乡土性是对中国农村社会性质的本质认知。费孝通先生认为:"从基层上看去,中国社会是乡土性的。"这里的"乡土"包含两层含义,即农村固有的生活方式和生产方式。"乡"指农民聚村而居的生活方式,"土"则指农民以土为生的生产方式,两者相辅相成。中国农村的单

---

① 《习近平参加十三届全国人大一次会议山东代表团的审议》,《人民日报》,2018年3月9日。

位是村,从几家人到上千家的大村落,其中包含着信任、认同等文化资源和合作、交往的社会功能。二是归属性。农村文化的主体是共同劳动和生活的乡村农民,具有主动性和自发性,由于广大农民的科学文化素质整体水平不高,所以农民群众对文化形式和内容的接受,会有一个较长时间的理解、消化的过程。而且由于农民单纯朴实,一旦接受某种思想文化,就会积极参与并融入自己的生活。三是直观性。由于农村经济发展的落后,农民文化水平有限,农民对文化信息和内容的接受和反馈只能与其自身的文化水平相适应,也就是说与当地农村经济社会基础相适应。复杂深奥的文化难以让农民理解接受,简单易懂、大众化的文化形式则是农民乐于接受的,农村文化中存在明显的直观性。四是季节性。农业属于劳动密集型产业,与农业生产劳动密切相关的一系列物质生活的季节性,决定了农民群众在文化活动的时间和空间安排上,具有类似耕作、收获等的季节性。五是多样性。农村文化形式的多样性是客观存在的。每种文化都是在特定的地理环境和特定的人群中产生和发展的,由于生活方式、价值体系、宗教信仰、工艺技能、传统习俗等的差异,导致不同地域、不同民族农村文化形式的多样性在所难免。①

从外延看,乡村文化振兴要看繁荣的文化,包括优秀传统文化、革命文化和社会主义先进文化。中华优秀传统文化是中华民族在漫长历史长河中淘洗出来的智慧结晶,既体现为浩如烟海的经史子集,又集中表现在崇仁爱、重民本、守诚信、讲辩证、尚和合、求大同等思想,以及自强不息、敬业乐群、扶正扬善、扶危济困、见义勇为、孝老爱亲等传统美德。革命文化是中国共产党领导中国人民,在新民主主义革命时期的奋斗历程中形成的独特革命遗存和风貌、革命精神和传统。社会主义先进文化是在党领导人民推进

---

① 于江、张君、钟玉海:《新农村建设背景下的农村文化建设》,《武汉工程大学学报》,2010年第4期。

中国特色社会主义伟大实践中,在马克思主义指导下形成的面向现代化、面向世界、面向未来的,民族的科学的大众的社会主义文化。在五千多年文明发展中孕育的中华优秀传统文化,在党和人民伟大斗争中孕育的革命文化和社会主义先进文化,积淀着中华民族最深层的精神追求,代表着中华民族独特的精神标识。

乡土文化是乡村文化中最具特征的文化形态,是中华优秀传统文化的基本载体。乡土文化总体而言可分为四大类。①一是农耕文化。这是与农业生产直接相关的知识、技术、理念的综合,包括农学思想、栽培方式、耕作制度、农业技术等,农耕文化还包括了农业哲学思想和农业美学文化。二是乡村手艺。像木匠、石匠、篾匠、刺绣、酿造等技艺,凝结了先人的生存智慧,反映着村民们的精神信仰与心理诉求。三是乡村景观文化。乡村景观以农业活动为基础,以大地景观为背景,由聚落景观、田园景观、社会生活景观和自然环境景观等共同构成,集中体现人与自然的和谐关系。四是乡村节日与习俗。生活习俗作为生活中的文化现象,包括衣食住行的方式,生老病死、婚丧嫁娶的习俗,以及民间信仰与禁忌等广泛内容,也包括乡村艺术和娱乐活动等。据统计,我国目前拥有世界遗产53处,名列前茅;39项非物质文化遗产项目入选联合国教科文组织名录,位列缔约国首位;15个项目入选全球重要农业文化遗产保护名录,居世界第一。不可否认,乡土文化中有一些糟粕的成分。但乡土文化绝不等同于落后、愚昧、保守的文化,不能一概否定,其主体价值在当今社会仍然有着重要意义和深远影响。要坚持把辩证取舍作为基本方法贯穿于乡村文化振兴的实践中,旗帜鲜明地发展先进文化,支持健康有益文化,努力改造落后文化,坚决抵制腐朽文化,不断赋予乡村文化以新的时代内涵和现代表达形式,不断补充、拓展、完善,积极支持

---

① 朱启臻:《乡土文化建设是乡村振兴的灵魂》,《光明日报》,2021年2月25日。

和引导村民维护公序良俗、崇尚义德勤俭。

振兴优秀乡土文化、在乡村地区弘扬革命文化和社会主义先进文化,必须保护利用好优秀农耕遗产,必须加强乡村文化阵地建设、思想道德建设,必须发展乡村社会事业。全面推动乡村文化振兴,就是要加强新时代乡村社会主义精神文明建设,推动城乡公共文化服务体系融合发展、高质量发展,增加优秀乡村文化产品和服务供给,活跃繁荣乡村文化市场,就是要切实保护好优秀农耕文化遗产,推动优秀农耕文化遗产合理适度利用、不断发扬光大;就是要推进城乡基本公共服务标准统一、制度并轨,全面提升乡村基本公共服务供给质量,全面提高农民群众的获得感、幸福感、安全感。

近年来,各地各部门从政策保障、产业扶持、公共服务等方面着力,奏出了乡村文化振兴的进行曲。一是密集出台了乡村文化振兴的政策文件。国家先后出台《关于加强和改进乡村治理的指导意见》《关于进一步推进移风易俗建设文明乡风的指导意见》《关于印发〈推进乡村文化振兴工作方案〉的通知》等文件,对乡村文化振兴进行部署。各地纷纷出台相关政策,如山东省和重庆市制定《推动乡村文化振兴工作方案》等。国家连续多年实施"广播电视村村通、户户通""数字图书馆"等文化惠民工程。中央财政引导和支持地方落实国家基本公共文化服务指导标准和地方实施标准,推动改善基层公共文化体育设施条件和加强基层公共文化服务人才队伍建设,安排资金专门支持戏曲进乡村、乡村综合文化服务中心设备购置等项目。目前已建成村综合文化服务中心54.9万个,一些地方建设新时代农民讲习所、文化礼堂和道德讲堂等,推出"互联网+基层文化服务阵地"模式,展示传播新时代优秀乡村文化的阵地更加完善。

二是保护传承优秀乡村文化遗产,发展特色乡村文化产业。2018年开始设立中国农民丰收节,举办各种民俗风情展示活动。乡村非物质文化遗产保护力度加强,剪纸、染织等国家级非遗项目达到1000个。传统村落、村寨分别达6819个、1057个,大批历史文化古村落成为网红打卡地。地方通过充分挖掘传统文化、民族文化和非遗资源的潜在价值,大力发展文创产业和文化旅游业。一批以传统工艺为支撑的村落、企业和专业合作社迅速崛起,通过专业设计、集中培训、分散生产、统一收购销售的方式,带动了村民在家门口轻松实现就业。

三是深入推进乡村精神文明建设,树立文明乡风。地方结合"三农"发展巨大成就,开展"感党恩、听党话、跟党走"宣讲活动,坚定主心骨,深入开展习近平新时代中国特色社会主义思想主题教育。推选表彰八步沙林场"六老汉"三代人治沙造林先进群体等农民先进典型,以及农民标兵,用身边的事教育身边的人,引导农民群众崇德向善。通过发挥农耕文化、红色文化等各种资源,探索信用积分、道德红黑榜等有效机制,促进社会主义核心价值观进村入户。村规民约覆盖率超过98%,道德评议会、红白理事会等普遍建立。

同时也要看到,文化振兴在不少乡村仍然是一块短板,乡村文化建设普遍面临一些困难。主要表现在:

一是产品不足,乡村文化形式相对单一,符合村民文化消费需求的文艺产品相对匮乏。大部分农村只有在传统节日才会组织秧歌、舞龙舞狮等文艺活动,内容相对陈旧,吸引力明显不足。文艺战线开展的"文化下乡"是个好办法,但专业团队一年到头直达乡村的机会有限。

二是乡村文化硬件设施近年来明显改善,广大乡村纷纷建起农家书屋、农村大舞台、村史馆、新时代文明实践站、农村文化活动站等,但由于一些地方建设标准偏离实际,重建设轻管理,以及由于缺少统筹协调和统一规划,公共文化资源难以有效整合,条块分割、重复建设、多头管理等问题普遍存在,基层公共文化设施功能不健全、管理不够规范、服务效能较低等问题仍较突出,总量不足与资源浪费问题并存,难以发挥出整体效益。

三是在快速城镇化过程中,农耕文化和农业文明传承也面临诸多挑战,一些能工巧匠在城市定居,会造成一些非物质文化遗产失去传承人;在市场经济大潮中,一些传统技艺逐渐失去市场,从业人员越来越少,相当多的传统技艺存在后继无人的危险;随着村庄的消失,一些祠堂等传统建筑失去了保留的基本条件;在乡村振兴过程中,人民的生活条件、居住条件逐步得到改善,传统民居满足不了居住的要求,有的被人们所摒弃。

四是村庄传统美德式微,村风民风出现功利化倾向。文化铸魂,方能凝聚乡村振兴的内生动力。针对当前乡村文化建设现状,亟须补齐诸多"短板"。

文化振兴是乡村振兴的灵魂和重要基石。以文化人,以文培元。文化振兴不仅是乡村振兴战略的应有之义,而且对乡村产业,人才、生态、组织振兴等都具有重要的引领和推动作用。统筹推进乡村"五位一体"建设,繁荣乡村文化是重要内容;满足广大农民群众日益增长的美好生活需要,必须让农民群众享有更加充实、更为丰富、更高质量的精神文化生活;激发农村低收入群众为改变自己的生活而奋斗,激发农村干部群众战胜前进道路上各种困难和挑战,文化是重要力量源泉。

我们在基层调研中发现,有些农民之所以贫困,很重要的一点是精神层面的贫困,在于内生动力的不足。一些乡村环境"脏乱差"、治安条件不好等问题,严重制约了乡村振兴。这些问题的根本也都在于文化建设滞后。这就要求我们加大力度推进乡村文化振兴,让优秀的乡村文化提振农民的精气神,增强村庄的凝聚力,孕育良好的社会风气,以文明乡风助力乡村振兴。乡村文化振兴是传承中华优秀传统文化、建立文化自信、建设文化强国的必然要求。中华文明根植于农耕文化,乡村是中华文明的基本载体。推进乡村文化振兴,深入挖掘农耕文化蕴含的优秀思想观念、人文精神、道德规范,结合时代要求在保护传承的基础上创造性转化、创新性发展,有利于在新时代焕发出乡风文明的新气象,进一步丰富和传承中华优秀传统文化。可以说,推动乡村文化振兴是增强农民群众对乡村文化的高度认同感和强烈归属感、弘扬和传承中华优秀传统文化、厚植文化自信根基的必由之路。

## 四、生态振兴在乡村振兴中的地位和作用

习近平总书记强调,要以绿色发展引领生态振兴,让良好生态成为乡村振兴支撑点。①良好的生态环境是乡村振兴的重要目标,也是乡村振兴的重要任务。乡村振兴不仅要发展壮大乡村产业,而且要保护和改善生态环境,坚持人与自然和谐共生,走乡村绿色发展之路,建设美丽宜居宜业乡村,实现乡村产业强、百姓富、生态美的统一。

习近平总书记在十三届全国人大一次会议上的重要讲话中指出,要推动乡村生态振兴,坚持绿色发展,加强农村突出环境问题综合治理,扎实实施农村人居环境整治行动计划,推进农村"厕所革命",完善农村生活设施,打造农民安居乐业的美丽家园,让良好生态成为乡村振兴的支撑点。②

推进乡村生态振兴,就是要切实践行绿水青山就是金山银山的理念,紧紧围绕实现环境优美、宜居宜业,加强农村生态环境保护和建设,加强农村公共卫生环境改造和整治,加强农民住房建设规划管理和整治,加强农村道路、供水、能源、通信等基础设施建设,加强农家院落改造和美化,有效提升村容村貌,形成优美乡村风貌,真正让乡村的山绿起来、乡村的水清起来、乡村的环境美起来。

乡村生态振兴的对象是生态。一般意义上讲,所谓生态,是指生物在一

---

① 《中央农村工作会议在北京举行 习近平作重要讲话》,《人民日报》,2017 年 12 月 30 日;《习近平参加十三届全国人大一次会议山东代表团的审议》,《人民日报》,2018 年 3 月 9 日。
② 《习近平参加十三届全国人大一次会议山东代表团的审议》,《人民日报》,2018 年 3 月 9 日。

定的自然环境下生存和发展的状态,也指生物的生理特性和生活习性,简单地说,生态就是指一切生物的生存状态,以及它们之间和它们与环境之间环环相扣的关系。按照这个定义,乡村生态振兴主要包括生态宜居美丽乡村的打造,是以人与自然、人与人、人与社会和谐共生良性循环,以全面发展、持续繁荣为基本宗旨的社会形态。从发展目标来看,乡村生态振兴主要聚焦四大方面,一是农村生态系统健康目标。提高乡村生态系统的生产力、恢复力和活力,维持生物多样性,重点面向农业生态脆弱区和重要生态功能区,以整体、系统保护为原则,降低人为扰动和利用强度。

二是农业资源高效利用目标。有效保护和合理开发水、土、草原、森林等重要农业资源,提高资源质量。推广环境友好型种养品种和模式,采用节水、节地、节能技术和农业废弃物资源化利用模式,提高资源利用率和产出率。

三是农业环境污染治理目标。以农村土壤污染、水污染控制为重点,持续推进农业化学投入品减量和替代,加强重金属污染区的种植结构调整和土壤修复,提高农业生产清洁化程度和农业环境的自我修复能力。

四是农民居住环境改善目标。以"厕所革命"、农村垃圾和污水治理以及村容村貌提升为主攻方向,严格防控工业、城镇污染向农村转移。以农村景观化、景区化建设为抓手,补齐农村基础设施短板,强化乡村旅游的污染问题防治,提高乡村的宜居度。

从延伸含义来看,乡村生态振兴的重要意义也包含培育生态资源优势,发展乡村生态经济,提升生态资源的经济价值。随着我国城镇化进程的不断推进,城镇居民回归自然的生活理念持续增强,乡村的角色和功能定位进一步丰富,其生态环境不仅影响着城乡居民"舌尖上的安全",更是被赋予了休闲娱乐、寄托"乡愁"的文化功能。因此,乡村生态振兴既包含着生态环境保护和修复的核心内容,也包含着"绿水青山就是金山银山"的经济和社会多重内涵,让良好生态成为乡村振兴的支撑点、成为城乡居民美好生活的实现点。

虽然在近年来的生态环境与美丽乡村建设过程中,农业农村优先发展理念已逐步深入人心,农业清洁生产、农村人居环境整治和山水林田湖草沙系统治理等生产、生活、生态的"三北"工程全面实施,在一定程度上改善了农村生产生活生态环境,但由于农村生态与经济环境问题的累积性、系统性和复杂性,我国农村环境和生态问题比较突出,广大农村地区的人居环境整治还面临着艰巨而又繁重的任务,要推进和实现乡村生态振兴,仍然任重道远。

乡村生态脆弱区分布广,生态退化依然严峻。我国是世界上生态环境脆弱区分布面积最大、脆弱生态类型最多、生态脆弱性表现最明显的国家之一。据统计,中度以上生态脆弱区面积约占陆地总面积的55%,并且大多位于生态过渡区和植被交错区,是典型的农牧、林牧、农林等复合交错带,也是我国目前生态问题突出、经济相对落后的地区,同时也是我国环境监管的薄弱地区。

乡村资源浪费问题仍然突出。一是耕地资源浪费。近些年,由于工业化、城市化快速推进,大批村民进城务工或转向二、三产业,在乡村生活居住和从事农业生产的村民越来越少,造成农田大量抛荒。二是作物秸秆资源浪费。在农业生产过程中,每季作物都有大量秸秆产生,很多农户不把作物秸秆当作"资源"充分利用,既浪费了资源,又污染了环境。三是生活废物资源浪费。村民日常生活,必然产生大量生活废水、污水,以及固体生活垃圾,如将这些废物充分利用则是优质肥料,如不妥善处置,则会对村容村貌造成严重影响。四是厕所粪污和畜禽粪便资源浪费,乡村厕所粪污和畜禽粪便是优质肥料资源,如将其施入农田(可通过沼气池发酵或作为堆肥),对发展绿色农业、生态农业、有机农业十分有利,然而当前许多乡村村民根本看不上这种又脏又臭的废物,个别地区还存在任其"到处流""遍地跑""空中飞",

以致"随处见""随时闻",极大地影响了乡村生活环境和生活质量。

乡村环境污染威胁仍然较大。农村突出的环境问题包括生活垃圾乱堆乱放及末端处置、生活污水乱泼乱倒、畜禽养殖污染、化肥农药污染、秸秆焚烧、废弃农膜污染等。大多数农村人居环境整治项目缺乏经济效益,追求经济效益的社会资本缺乏进入动力,与工业企业相比,农村从财政渠道得到的污染治理和环境管理能力建设资金较为有限,农村污染治理仍然远远滞后于工业和城镇的环境保护。

乡村基础设施建设存在短板。农村基础设施供给数量偏少,质量不高,尚未有效支撑起农业强、农村美、农民富的发展需求。部分农田缺乏有效灌溉设施,农业机械化总体水平有待提升;农产品物流设施相对落后;部分村庄没有污水、垃圾处理设施,农村人居环境质量仍需改善等。部分地区更多关注乡村道路、农村电网等生产性基础设施、生活性基础设施及流通性基础设施建设,对农村互联网普及等人文基础设施建设关注相对较少,农民获得感、幸福感有待增强。

乡村生态环境保护意识有待加强。有些地区对生态环境保护重要性认识不够,找不到好的抓手,没有意识到抓乡风文明、村居环境治理(垃圾分类、庭院整洁、厕所清洁等)就是最好的切入点。部分村民生态环保意识仍然不强,"等、靠、要、躺"思想问题较为严重,对改变现有人居环境和生活状况的积极性不高。构建适应新时期的乡规民约还不到位,宣传倡导绿色低碳、文明健康的生活方式与消费模式等力度有待加强。

在推进乡村生态振兴的实践中,要特别关注农业面源污染问题,尤其是农业面源污染形成的农田土壤污染。据有关调查,我国农田土壤污染呈加剧趋势。一是污染程度加剧。据不完全调查,[1]目前全国受污染的耕地约有

---

① 《农田污染的现状和危害》,《经济参考报》,2018年8月7日;《中国农业用了世界上75%的地膜》,《新京报》,2021年5月8日

1.5亿亩,污水灌溉污染耕地3250万亩,固体废弃物堆存占地和毁田200万亩,合计约占耕地总面积的十分之一以上。二是污染危害巨大。据估算,全国每年因重金属污染的粮食达1200万吨,造成的直接经济损失超过200亿元。土壤污染造成有害物质在农作物中积累,并通过食物链进入人体,引发各种疾病,最终危害人体健康。

造成土壤污染的原因有很多,主要表现为以下几方面:一是化肥、农药、农膜不合理地使用。我国是世界第一大化肥消费国,为了提高农产品产量,含磷、氮等化学肥料被大量施用,长期使用这些化学肥料,会破坏土壤结构,扰乱土壤内部营养成分的平衡,造成土壤结块,土质变差,储水功能降低等一系列问题。过量使用化肥还会使一些农作物在生长过程中吸收过多硝酸盐,动物或人体进食这些含硝酸盐的农作物后,将影响体内氧气的运输,使其患病严重甚至死亡。同样,大量农药的使用对土壤也造成了很大危害。大部分的农药是有机农药,其含有很多有害化学物质,如苯氧基链烷酸酯类农药、多环芳烃、二英、邻苯二甲酸酯等。这些有害化学物质将近一半会残留在土壤中,随着时间的推移,在生物、非生物及阳光等共同作用下,有害化学物就成了土壤中的组成成分,种植在土壤上的农作物又从土壤中吸收有害物质,在植物根、茎、叶、果实和种子中积累。我国也是世界上地膜使用量、覆盖面积最大的国家,这片薄薄的塑料薄膜为粮食等农产品增产贡献了巨大力量,同时也在土壤中留下了大量难以降解的白色垃圾。由于地膜的原料是聚乙烯,其在土壤中降解非常慢,可能需要百年才能降解。长时间、大规模的地膜应用,加之回收困难,导致农田地膜残留污染问题日益严重。

二是重金属元素导致的土壤污染。土壤中重金属元素来源主要有三方面:随固体废弃物进入土壤的重金属,随着污水灌溉进入土壤的重金属,随大气沉降进入土壤的重金属。固体废弃物种类繁多,结构复杂,其中由工业和矿业产生的固体废弃物污染最为严重。而固体废弃物中含有大量的重金属,通过日晒雨淋等作用,重金属就会被土壤吸收并扩散。生活污水、石油化工污水、工矿企业污水和城市混合污水是污水的四大来源,污水中含有大量的铅、铬、汞、铜等重金属,污水的任意排放或处理不合理,都将导致污水中的重金属元素转移到土壤中,从而使土质恶化。所有的这些重金属污染物进入土壤中后,因其移动性差、停滞时间长,大部分的微生物难以将其分解,且其可以经过水、植物等介质最终危害人类。

三是牲畜排泄物和生物残体对土壤的污染。牲畜和人的粪便,以及屠宰产的废物常常没经过有效处理就直接排放到土壤中,其中的寄生虫和病毒就会造成对土壤和水的污染,有时还会使土壤中毒,改变土壤原本的正常状态。

四是污水灌溉对土壤的污染。生活污水和工业废水一旦没经过科学的处理就排放,使得大量的污水流到农田。

五是大气排放对土壤的污染。大气中的硫氧化物、氮氧化物和颗粒物等有害物质,经过各种化学物理反应,形成酸雨,酸雨进入土壤中,使土壤酸化。冶金工业排放的金属氧化物粉尘,则在重力作用下以降尘形式进入土壤,形成以排污工厂为中心、半径为2千米到3千米范围的点状污染。

生态振兴是乡村振兴的形貌所托,在乡村振兴中具有重要的地位和作用。首先,乡村振兴必须有生态宜居的发展环境。乡村振兴的最终目标是实现农业农村现代化,达到共同富裕,那么良好的生态环境是基础也是前提。只有具有较好的生产生活环境,才有动力支撑乡村振兴全面推进。其次,生态振兴是拓展农民收入的可持续渠道。生态旅游、生态体验等新兴产业是农村发展的重要模式。只有保护好生态环境,才能从根源找到农村内生发展的源源动力。再次,生态振兴是协同推进城乡发展的重要引线。生态环境要素在市场上的不断兴起从根本上拉近了城市与农村的发展轨迹。在对生态、绿色理念的推崇下,绿色农产品、有机农产品等成为立足市场的佼佼者,也为乡村进入市场带来了潜在机遇。生态振兴为农村立足市场、站稳脚跟奠定了坚实的基础。最后,生态振兴是促进人民共同富裕的有效体现。良好的生态环境是最公平的公共产品,是最普惠的民生福祉。推进生态振兴,改善农村人居环境,建设美丽宜居乡村,事关广大农民福祉。因此,全面推进乡村振兴,必须把推进生态振兴、实现绿色发展放在重要位置。

## 五、组织振兴在乡村振兴中的地位和作用

习近平总书记强调,农村工作千头万绪,抓好农村基层组织建设是关键。①组织振兴是乡村振兴的重要保障。产业发展要靠振兴组织取得规模优势、抵御市场风险,人才引进和使用要靠组织去团结凝聚、发挥最大作用,生态保护要靠组织去维护、减少外部性,文化兴盛要靠组织调动力量、建设精神家园。全面推进乡村振兴,必须健全以村党组织为领导、村民自治组织和村务监督组织为基础、集体经济组织和农民合作组织为纽带、其他经济社会组织为补充的乡村组织体系,健全自治、法治、德治相结合的乡村治理体系,提高农业生产和农村社会的组织化程度,为乡村振兴提供组织保障。

习近平总书记在十三届全国人大一次会议上的重要讲话中指出,要推动乡村组织振兴,打造千千万万个坚强的农村基层党组织,培养千千万万名优秀的农村基层党组织书记,深化村民自治实践,发展农民合作经济组织,建立健全党委领导、政府负责、社会协同、公众参与、法治保障的现代乡村社会治理体制,确保乡村社会充满活力、安定有序。②

农村既是农民从事生产活动的场所,也是农民生活的家园。保持农村社会和谐稳定、安定有序,为广大农民提供一个和谐安定的生产和生活环

---

① 《中央农村工作会议在北京举行习近平作重要讲话》,《人民日报》,2013年12月25日。
② 《习近平参加十三届全国人大一次会议山东代表团的审议》,《人民日报》,2018年3月9日。

境,是乡村振兴要实现的一个重要目标。要紧紧围绕治理有效、组织和服务农民,建立健全党委领导、政府负责、社会协同、公众参与、法治保障、科技支撑的现代乡村社会治理体制,健全党组织领导的自治、法治、德治相结合的乡村治理体系,构建共建共治共享的社会治理格局,加强以党支部为核心的农村基层组织建设,加强村级集体经济组织、专业合作社等合作经济组织建设,加强农村法治建设和社会治安综合治理,实现对乡村的全面有效治理。

乡村组织振兴的对象是乡村组织。根据一般的定义,组织就是为实现某种共同的目标,按照一定的结构形式、活动规律结合起来的,具有特定功能的社会群体。按照这个定义,乡村组织就是在乡村社会中为完成乡村政治、经济、社会、文化、生态等功能,按照一定形式和要求建立的乡村社会群体。

相比于城市的组织和一般的市场组织,乡村组织具有以下特征:一是组织功能的综合性。相比于城市组织的功能分化,长期以来乡村组织的功能是不分的。行政村一级的村"两委"是一种功能交织、机构重叠的综合性基层组织,既是经济组织,也是政治组织,还发挥着社会组织的功能,呈现政治、经济、社会"三合一"的综合性质。很多地方的村级组织实际上是一个综合体,几块牌子一套人马,交叉任职。二是组织成员的固定性。城市的组织以及公司等组织,开放程度高,人员的流动性比较大,而乡村组织的物质基础是土地集体所有,加之乡村相对封闭,其组织具有较为清晰的成员边界,组织成员较为固定。三是组织结构的简单性。由于乡村组织成员的身份比较单一,乡村的经济结构也比较简单,农民的知识文化水平也相对落后,乡村的人才等组织资源也相对缺乏,乡村组织的治理结构往往比较简单,多数农民对复杂结构的组织既无需求,也难把握。

从外延看,乡村组织是一个有机体系,乡村组织可以分为4种基本类型,即村级党组织,村民自治组织和村民监督组织,乡村集体经济组织和农民合作组织,以及其他经济社会组织。

村级党组织是村级组织的领导核心。党的基层组织是党的肌体的神经末梢。乡村基层党组织与基层群众距离最近、联系最广、接触最多,是党在农村全部工作和战斗力的基础,是农村各个组织和各项工作的领导核心。《中国共产党农村基层组织工作条例》规定,乡镇党的委员会和村党组织是党在农村的基层组织,全面领导乡镇、村的各类组织和各项工作。乡村基层党组织讨论和决定本区域内经济建设、政治建设、文化建设、社会建设、生态文明建设和党的建设,以及乡村振兴中的重大问题。乡镇党委领导乡镇政权机关、群团组织和其他各类组织,加强指导和规范,支持和保证这些机关和组织依照国家法律法规及各自章程履行职责。村党组织领导和推进村级民主选举、民主决策、民主管理、民主监督,推进农村基层协商,支持和保障村民依法开展自治活动。推进乡村振兴,必须坚持党的农村基层组织领导地位不动摇,必须紧紧依靠农村党组织和广大党员,充分发挥党组织的战斗堡垒作用和党员的先锋模范作用,共同推进"五大振兴"。

村民自治组织和村民监督组织是乡村组织的基础。从20世纪80年代开始,我国在乡村实施村民自治制度。经过四十多年的探索,形成了比较稳定的村民自治组织架构,包括村民委员会、村民会议、村民代表会议、村民监督委员会等。其中村民委员会和村民监督委员会是常设性的组织。2018年12月第十三届全国人民代表大会常务委员会第七次会议修正的《中华人民共和国村民委员会组织法》指出,村民委员会是村民自我管理、自我教育、自我服务的基层群众性自治组织,实行民主选举、民主决策、民主管理、民主监督。2020年施行的《中华人民共和国民法典》规定,居民委员会、村民委员会具有基层群众性自治组织法人资格,可以从事为履行职能所需要的民事活动。未设立村集体经济组织的,村民委员会可以依法代行村集体经济组织的职能。作为群众性的自治组织,村民自治组织和村民监督委员会是乡村的基本组织,是群众参与乡村治理的基本渠道和平台,具有广泛及时把握社情民意的优势,在促进乡村事业发展方面发挥着难以替代的重要作用。

乡村集体经济组织和农民合作组织是推进农业现代化、规模化、效益化的有效载体。我国实行农村集体所有制,土地为农村集体所有,由农民承包经营。在法理上,所有村庄都有集体资产,所有村庄都兼具经济和社会功能。农村集体经济组织是集体资产管理的主体,是特殊的经济组织,可以称为经济合作社,也可以称为股份经济合作社。《中华人民共和国民法典》赋予农村集体经济组织、城镇农村的合作经济组织特别法人地位。2007年我国出台《中华人民共和国农民专业合作社法》,2018年7月修订后的《中华人民共和国农民专业合作社法》正式施行,进一步规范了农民专业合作社的发展。根据该法界定,农民专业合作社是指在农村家庭承包经营基础上,农产品的生产经营者或者农业生产经营服务的提供者、利用者,自愿联合、民主管理的互助性经济组织。这类乡村经济组织在发展乡村经济和提高农民应对市场风险方面作用突出。

其他经济社会组织指的是,除了上述三类组织,比如新乡贤组织、红白理事会、环保协会、老年协会等。这是乡村组织体系中的重要补充力量。由于农业的弱质性,在新型组织当中,尤其要重视培育服务性、公益性、互助性农村社会组织,积极发展农村社会工作和志愿服务。这类组织在满足农民个性化、多样化需求方面有着独特优势。

全面推进乡村组织振兴,就是要加强农村基层基础工作,加强农村基层党组织建设,深化村民自治实践,发展农民合作经济组织,大力培育乡村新型经济社会组织,健全乡镇为农服务体系,建立健全党委领导、政府负责、社会协同、公众参与、法治保障的现代乡村社会治理体制,健全自治、法治、德治相结合的乡村治理体系,建设平安乡村,确保乡村社会充满活力、和谐有序。

党的十八大以来,以村党组织为核心的村级组织配套建设受到高度重视和大力推进。全国128万个农村基层党组织、3500万名农村党员,广泛分布在乡村大地,成为乡村各项事业发展的主心骨。许多省份已经基本完成了农村集体产权制度改革,农村普遍成立了集体经济组织。合作社服务能力持续增强,合作内容不断丰富,发展质量进一步提高。据农业农村部统计,截至2021年4月,依法注册登记的农民合作社225万家、带动1亿小农户,农业社会化服务组织90万家、服务7000万农户,合作社已成为引领农民参与国内外市场竞争的现代农业经营组织。

同时也要看到,乡村组织建设和乡村治理还存在一些短板。主要是:第一,从村级组织体系看,一些地方村级党组织凝聚力不够,组织力战斗力不强;由于欠缺共同的利益和情感基础,以及欠缺有效的参与渠道和机制等原因,农民对村民自治组织参与度不足,村民自治组织存在行政化的倾向。有些地方集体经济组织有名无实,找不准发展新型集体经济的门路;有些合作社合作性不够。参与乡村事务的社会组织和志愿者队伍较少,参与乡村治理的制度化渠道不健全等。

第二,从乡村党员干部的素质和作风看,村级组织带头人的素质有待提高,党员干部的模范带头作用发挥不够。有的工作不够专心,在位不在岗;有的服务群众意识和能力不强,办事不公。特别是"村霸"问题成为乡村组织建设的一个突出问题。一些"村霸干部"败坏了党群关系,严重扰乱了农村社会秩序,侵蚀着党的基层治理根基。①

第三,从农民的组织化程度和参与公共事务看,农民的集体意识和公共精神比较薄弱,不参与公共事务,有的甚至连自己的事情都等着党和政府来办、等着驻村干部"代劳"。一些地方出现干部作用发挥有余、群众作用发挥

---

① 刘邓、梁建强等:《"村霸干部"毒瘤如何挖掉?》,《瞭望新闻周刊》,2019年第32期。

不足的现象,"干部干,群众看""干部着急,群众不急"。乡镇党委、政府和村"两委"在发动群众方面缺乏机制,办法不多。这些问题都亟待通过推动乡村组织高质量发展给予解决。

组织兴,则乡村兴;组织强,则乡村强。组织振兴是乡村全面振兴的重要依靠和保障。深入考察和对比分析一些发展起来的乡村,以及还没有发展起来的乡村,尤其是比较相同区位和历史起点的发达村与欠发达村,就可以发现,导致发展分野的关键原因,并非缺少资金、技术、劳动力,更不是缺少农业自然资源,而是缺少最为关键的组织。实践证明,在缺乏组织的乡村,在失去了"统一经营"的乡村,资金、技术、劳动力、人才等要素,都不可能全面展现其积极力量和前景。没有组织,尤其是没有产业组织,所有要素都没有实际意义,发展基本就是空话。全面推进乡村振兴,涉及城市与乡村融合发展,涉及产业、人才、生态、文化和组织协调发展,涉及政府、市场、乡村集体和社会、农户家庭等多元主体,是一项多关系、多任务、多主体的系统工程,也是一项长期性的工程。组织是完成可持续任务的可靠保障,是凝聚力量的可靠载体,也是个人力量的增强器。产业发展要靠振兴组织取得规模优势、抵御市场风险,人才引进和使用要靠组织去团结凝聚、发挥最大作用,生态保护要靠组织去维护、减少外部性,文化兴盛要靠组织调动力量、建设精神家园。由此可见乡村振兴过程中组织振兴的重要性,推进乡村振兴必须全面推进乡村组织振兴。

## 乡村振兴优秀案例:浙江松阳

**基本介绍:**

松阳地处浙西南、浙江大花园最美核心区县域面积1406平方千米,总人口24万。

松阳是一片天生丽质的桃花源。四周群山环绕,生长着华东最大的原始森林。中部一马平川,坐拥浙西南最大的山间盆地。空气质量优良率达99%以上,水质达标率100%,是国家生态县,"中国天然氧吧"。

松阳是一本底蕴深厚的历史书。松阳建县于东汉建安四年(公元199年),古城格局完整,文庙、武庙、城隍庙犹存,古街上仍保留着传统农耕商业业态,堪称"活着的清明上河图",拥有"东方比萨斜塔"延庆寺塔、"木雕博物馆"黄家大院等珍贵物质文化遗产和"戏曲活化石"松阳高腔等国家非物质文化遗产,被誉为"江南最后的秘境"。

松阳是一方星火燎原的土地。松阳是浙江革命遗址存量最多的革命老根据地县之一,是浙西南革命老区的中心区域,是红军挺进浙西南根据地的组织核心和指挥中心,堪称西南的井冈山,保存完好的革命遗址133处。

松阳是香飘四海的茶之乡。"百里乡村百里香",松阳是全国茶产业发展示范县、中国十大生态产茶县、中国名茶之乡,全产业链产值超130亿元。浙南茶叶市场辐射全国1000万亩茶园,是全国农业龙头企业,全国最大的绿茶产地市场,中国绿茶价格指数发布市场。

近年来,松阳围绕建设"田园松阳"目标,聚力打造"智能制造新城""中国有机茶乡""智康养胜地""国家传统村落公园"四张"金名片",城乡建设不断完善,经济社会发展取得显著成效。

## 解构古韵松阳路径　绘就古村共富样板

浙江省松阳县人民政府

近年来,松阳紧紧抓住高质量发展建设共同富裕示范区、山区26县跨越式高质量发展、浙西南革命老区等政策机遇,围绕建设现代化"田园松阳"目标,按照"活态保护、有机发展"的理念,开展传统村落保护利用、拯救老屋行动,让百余个古村和二百余幢老屋重焕新生。

## 一、背景起因

在浙江的西南部,隐藏着百余座格局完整的千年古村落,曾被《中国国家地理》誉为"江南最后的秘境"。千年前,诗人王维隽永的山水诗篇中,一句"按节下松阳,清江响铙吹",让人对它遐思无限。宋代状元沈晦更是发出了"唯此桃花源,四塞无他虞"的赞叹。偏居浙南一隅,却有着与众不同的静谧。

松阳位于浙江大花园最美核心区,生态资源、乡村资源、文化资源禀赋,至今保留着中国传统村落75个,被誉为"古典中国"的县域样板。松阳在全省较早系统探索文化引领的乡村振兴之路,按照"活态保护、有机发展"理念,通过实施"千万工程""拯救老屋"等行动,在"农村人居环境整治提升、历史文化(传统)村落保护利用、乡愁产业培育融合发展、乡村文化有效传承、乡村内生动力激活"等方面初步形成一些成果。松阳先后被国家部委列为中国传统村落保护发展示范县、全国传统村落保护利用实验区、"拯救老屋行动"整县推进试点县。其中"拯救老屋行动"写入党中央、国务院发布的《乡村振兴战略规划(2018—2022年)》。松阳乡村振兴实践得到各界认可,也得到国际关注,作为全国唯一县域代表参加首届联合国人居大会,并与联合国人居署共同举办了两届城乡联系国际论坛,为全县域乡村发展、人居环境提升奠定了良好基础。

## 二、主要做法

### (一)崖居古村现代化"大蝶变"

处在悬崖边上的松阳县四都乡陈家铺村藏在海拔800米的大山深处,三面环山,山多地少。村集体经济薄弱,村民收入微薄,随着青壮年劳动力不断流失,村子渐渐失去了原有的活力。怎么做才能让村庄"复活",这让一代又一代村民绞尽脑汁。村书记鲍朝火认为,村里虽然穷,但干净的环境,自己住着舒服,外人看着也舒服。通过村集体和全体村民的协同配合,拆猪栏、拆旱厕,出邻村两倍的工资雇请专职保洁员,曾经污水横流的村庄有了蝶变,村民房前屋后种上了花草,古村卫生检查名列全县前茅。接着,继续推进村里的生活饮用水提升工程,硬化拓宽村里的各条道路,古村住起来越来越舒服。

不能守着金山要饭吃,陈家铺村独特的天然禀赋和生态资源,吸引了越来越多的人到村里洽谈投资。在县政府关于民宿产业发展的指导和帮助下,鲍朝火和陈家铺村村民一致认为,一定要定下"择偶"标准,切合地域特色,发挥生态资源优势,带动百姓致富。在县政府对招商工作的大力支持下,鲍朝火积极对接有关部门,希望把优质客商吸引到陈家铺,参与乡村建设。2016年5月18日,被誉为全球十大最美书店之一的先锋书店正式签约陈家铺,命名为"陈家铺平民书局"。在品牌的带动下,云夕MO+国际共享度假办公空间、飞蔦集精品民宿等项目纷纷落户陈家铺。一心筑巢引凤栖,陌上花开蝶自来。陈家铺村开启了外来工商资本健康发展的乡村振兴之路。国际共享度假办公空间陈家铺村集体占8%的股份,还有房租的保底收入,每年能给村集体经济带来30余万元收益,更能增加100多个就业岗位。发挥村集体的作用,把闲置的资源盘活,实现效益最大化;搭建好平台,把合适的产业引进来,让更多人回村创业,实现保护和发展的良性循环。

(二)顶层设计超前谋划的"大平台"

像陈家铺村这样的国家级传统村落,松阳县有75个。自2012年起,松阳以传统村落保护利用为切入点,立足"最大优势是生态、最大特色是田园、最深底蕴是乡土文化"的基本县情,积极探索"文化引领的乡村振兴"实践。乡村人居环境明显改善,传统文化得到加强保护与发展,全县超过半数乡村植入各类新业态,展现蓬勃发展生机,近四年全县常住人口增加6400余人。松阳的传统村落保护利用工作得到了国内外的广泛关注。"乡村变迁:松阳故事"登上国际舞台,同联合国人居署建立常态化合作机制。

为进一步总结和提升传统村落保护发展工作,全面推进乡村振兴,松阳广泛深入调研、系统构思谋划,在县委十届十次全体(扩大)会议上,充分总结前一阶段成效,正式提出打造"国家传统村落公园",作为松阳建设高水平生态文明和高质量绿色发展重要窗口示范区的硬核成果支撑。

2021年7月,松阳印发《松阳县跨越式高质量发展综合改革实施方案》,以深入实施做大产业扩大税源行动和提升居民收入富民行动,用好"跨山统筹、创新引领、问海借力"三把金钥匙,探索构建山区县在数字化改革、税源培育、共同富裕、新型城镇化等方面的新机制,全力将松阳打造成为高水平生态文明建设和高质量绿色发展"重要窗口"示范区、全省新发展格局中的县域支点、诗画浙江大花园最美核心区中的重要板块、全省山区跨越式高质量发展的先行标杆、全省共同富裕示范样本,为全省山区高质量跨越式发展、社会主义现代化建设贡献更多松阳实践、松阳元素。

松阳充分统筹"两山"、乡村振兴绩效奖补、老屋修缮、"山海协作"等各类资金,用于农业农村乡村产业发展、历史文化村落保护利用项目、人居环境提升等领域,显著改善农村人居环境,有效撬动外来资本、工商资本"入驻"乡村,其中"三都-四都"传统村落片区至少投入3亿元打造古村落复活示范片区。先后密集印发《松阳县招商引资工作目标责任制考核办法》《松阳县招商(招才)顾问实施意见》《松阳县招商引资(引智)中介机构奖励实施办法》,全力招引工商资本、乡村文创等主体投入农业农村,形成县域内"县长招商、系统招商、人人招商"的良好氛围。

### 三、成效反响

#### (一)先行先试凸显"大成效"

松阳以乡愁产业培育融合发展为切入口,通过整合山林、农业、水、房屋等资源,深入挖掘和开发利用具有松阳特色的名特产品、民俗风情等在地资源,发展生态产业、农产品加工、乡村旅游、文化创意、自然教育、运动休闲、养生养老等乡村产业,打造新型农业经营主体、村集体、工商资本共同参与的"乡村品牌","云端觅境""过云山居"等一大批精品点位名声在外,全县发展民宿(农家乐)达520余家;建成生态农业基地45个,豆腐、红糖、白老酒等系列乡村工坊不断涌现,开发古村落摄影、写生线路8条,枫坪乡沿坑岭头村、新兴镇官岭村、三都乡杨家堂村等"画家村""摄影村""抖音村"深受大众喜爱,国际天空跑等赛事络绎不绝,成为美丽经济转化的样本。

以农村人居环境整治提升为切入口,深入实施"千万工程",扎实推进农村垃圾、厕所、污水"三大革命",出台《松阳县农村人居环境综合保洁经费补助标准》《松阳县历史文化村落保护利用项目及资金管理办法》《松阳县农村公厕服务大提升行动方案》等文件,建成省级高标准垃圾分类示范村7个,垃圾资源化利用站点15个,农村生活垃圾分类处理建制村覆盖面达93%,建成农村公厕575座并规范化管护,农村生活污水治理实现应治尽治,建设省级历史文化(传统)村落56个。通过公园式美化、洁化、绿化乡村,打造一批美丽乡村精品线路,建成省级美丽乡村示范乡镇5个、示范村15个,新时代美丽乡村102个,美丽乡村风景线5条。

以乡村文化有效传承为切入口,坚持"活态保护、有机发展"理念,充分挖掘本地慈孝文化、客家文化、畲乡文化、红色革命文化、乡贤文化等文化元素,系统推进多元文化与乡村产业融合,复活"竹溪摆祭""平卿成人礼"等六十余个民俗节会活动;开展"百名艺术家入驻松阳乡村"计划,已签约艺术家工作室89家,形成"永不落幕的民俗文化节、永不闭馆的生态(乡村)博物馆群、永不停歇的乡野运动场"三大文化品牌体系,成为浙西南文化传承展示的窗口。

以激发乡村内生动力为切入口,组建县、乡级田园强村公司作为经营乡村的重要平台和各类补助资金的蓄水池,田园强村公司、工商资本等主体入股参与运作,通过就业带动、保底分红、股份合作等形式,建立"资源经营权收购+优先雇用""农民入股+保底收益+按股分红""农产品精深加工企业收购+村集体种植基地产业链增值收益"等利益联结机制,成功打造"原乡上田""石仓工坊"等共建共享的乡村品牌,成为体制机制创新激活的典范。如三都乡上田村以"原乡上田"项目建设为抓手,积极探索乡村产业"共建、共治、共享"新模式,"原乡上田"民宿自2019年运营以来已接待游客1.7万人次,实现营业收入113余万元,67户农户和村集体分别获得平台公司分配的保底收益6.6万元和10万元。

(二)营造"两山"转化的"大循环"

按照"活态保护、有机发展"的理念,利用"微改造"的绣花功夫,先后投入近3亿元用于传统村落保护利用、"拯救老屋"行动,组建并培训30支近千人的古建工匠队,让百余个古村和200余幢老屋重焕新生。以全国首个"拯救老屋"行动整县推进试点为契机,大力发展"古村落+"新业态,目前已复活手工布鞋、麦秆扇等传统手工艺旅游产品二十余个,打造了一批主客共享的新型乡村公共空间,并修建发展契约博物馆、红糖工坊、王景纪念馆等一批高水准乡村建筑,先后5次亮相威尼斯建筑双年展等高等级国际展台。同时,在松阳老城历史文化街区、明清古街步行街培育业态多元、体验丰富的"夜间经济",成立了国家非遗松阳高腔传承发展中心,实现非遗"每周剧场"不间断。2020年,松阳成为丽水唯一创成国家全域旅游示范区的县,并入选省文化和旅游深度融合发展十佳县、省级文化传承生态保护区名单,近三年全县域旅游收入年均增幅达44%,位居丽水市第一。

近三年,松阳全县农业增加值、农民收入和低收入农户年均增长率分别达到3.1%、10.3%和15.2%,增速位居全省前列。这些亮眼数字的背后,是松阳主动顺应文旅融合发展新趋势,对传统村落实施"微改造",同时大力支持工商资本、优秀青年上山创业、发展产业所奋斗的成果。截至2021年末,松阳已经有60%以上的山区村植入了生态农业、精品民宿、特色工坊等新业态,掀起"上山致富"新浪潮,如白老酒、油豆腐等生态产业工坊助推乡村振兴的做法,被国家推荐申报迪拜国际最佳范例奖。同时,松阳积极实施"民宿+"发展战略,榔树民宿综合体、文里松阳等重大文旅项目成业成型,碧山国际、十里芳菲、绿乐园等品牌落户松阳,2021年全县民宿(农家乐)达474家、床位4387张,全年营业总收入达1.55亿元。

(三)步入山区共富的"大时代"

在数字经济蓬勃发展的大背景下,如何抓住共同富裕发展新机遇成为松阳需要持续探索的课题。探索实践线上线下新零售模式,大力推进松阳香茶、金枣柿、岱头大米等乡村优质农产品精准对接淘宝、京东、拼多多等电商平台,为"三农"发展赋能,让松阳农村电商发展成为全国特色亮点。建成大木山智慧茶园等物联网示范基地11个,获"全国电子商务进农村综合示范县"金名片,连续5年被阿里研究院评为"中国电子商务发展百佳县",平田村、云端觅境、陈家铺先锋书店、契约博物馆等精品点位成为"网红打卡地",《麦香》《向阳而生》等以松阳为主要取景地之一的热播电视剧也持续推动松阳的知名度和旅游热度。

2019年,松阳48个行政村共投资2510万元入股余姚"飞地"项目,搭建村银对接平台,实现村集体稳定增收,当年项目就实现收益310.9万元,全部已分配至各入股村。2020年全县又推动97个村整合资金5930万元,投资入股嘉兴"飞地"项目,并在6月开工建设,预计项目建成营业后,各村每年可获得实际投资总额10%的稳定收益。

而松阳作为山区县,解决发展不平衡的另一针强心剂就是"大搬快聚富民安居"工程。创新推出落实搬迁安置、宅基地复垦、创业就业培训、"幸福社区"创建等政策,确保山区农户实现"搬得出、稳得住、富得起",截至2021年末累计完成易地搬迁农户11184户36847人,搬迁农户户均年收入从搬迁前的2.8万元提高到6.8万元。

做强茶产业、激活古村落、提升组织化、推进易地搬迁、强化数字化赋能这五项举措,推动了叶子变票子、资源变资产、村民变股民、山民变市民、农货变网货五个转变。近五年全县低收入农户人均可支配收入年均增长17.5%,增幅居全省、全市前列。为有效破解村集体经济"小散弱"问题,实施产业、旅游、租房、复垦、物业和光伏"六项消薄实招",盘活农村集体"三资",并创新推出村级工程"集体建"模式,推动村集体经济发展"提速换挡",全县村集体总收入从2017年的9754万元增加至2020年的1.55亿元,年均增长近20%。2020年7月,时任省委副书记、袁家军来丽水调研时,专门点赞了松阳村级集体经济发展"六项实招"的主要做法。

## 四、典型意义

传统村落是中华文明的宝库,是我国农耕文明的精粹和中华民族的精神家园。作为丽水建制最早的县,得益于大自然的馈赠和历史的眷顾,松阳坐拥华东地区数量最多、风格最完整的传统村落群。近些年来,松阳以高度的历史自觉和文化自觉,像爱护自己的眼睛一样珍视传统村落,早在十年前,就开始探索传统村落的保护与发展工作。回首这一路,砥砺创新,艰难探索,付出了大量汗水和心血,也收获了喜悦和果实。

一是探索了一条实践路径。以传统村落的保护发展为突破口,按照"活态保护、有机发展"的理念,探索出了一条契合松阳实际、符合传统村落发展规律,得到国家部委和社会各界认可的传统村落保护发展路径,让松阳一座又一座古村落拂去历史的尘埃,以崭新的面貌呈现在世人面前。

二是塑造了一批精品项目。坚持品质建设要求,积极引入优秀设计团队和工商资本,拓展老屋的活化利用方式,打响了"飞鸢集""云端秘境"等一批在全国有影响力的精品项目,成为热门的网红打卡点,带动了乡村的生态产业发展。

三是凝聚了一种思想共识。通过传统村落的保护发展,乡村的风貌得到了有效保护,式微的乡土文化得以传承发展,乡村的生态产业愈加繁荣,人民群众的生活品质得到明显提升,人民群众对传统村落有了更高的价值认同和文化自信,越来越多的年轻人开始返回家乡,开启新时代的乡村生活。

四是展现了一种松阳魅力。传统村落的保护发展成为松阳的一大特色亮点,文化引领的乡村振兴故事走出国门,登上国际舞台,展现了松阳的魅力与风采,"最后的江南秘境""古典中国的县域标本""活着的清明上河图"等成为松阳的鲜明标识,"千年古县田园松阳"的知名度、美誉度显著提升。

# 第五章　全面推进乡村振兴中面临的突出挑战

"十四五"期间,随着全面推进乡村振兴各项政策的持续出台,以及乡村振兴各领域的创新探索与实践不断深入,我国乡村振兴事业逐渐迈入深水区,一些深层矛盾和挑战逐渐凸显,成为继续推进乡村振兴所必须面对和克服的难题。在这些矛盾和挑战中,提升我国农业现代化水平、壮大乡村新型集体经济、培育乡村地区人才资源,以及优化农村金融服务体系等问题尤其突出,值得深度关注并积极探索。

## 一、进一步提升农业农村现代化水平的挑战

我国是传统的农业大国,新中国成立之初,就将实现农业现代化列为我国长期的战略目标。早在1954年,第一届全国人民代表大会首次提出要实现工业、农业、交通运输业和国防的四个现代化任务。20世纪60年代中期,我国提出了建设现代农业、现代工业、现代国防和现代科学技术"四个现代化"的宏伟目标。改革开放以来,我国致力于探索实现农业现代化的中国道路。党的十七大报告明确提出加强农业基础地位,走中国特色农业现代化

道路,建立以工促农、以城带乡长效机制,形成城乡经济社会发展一体化新格局。党的十八大报告提出,加快完善城乡发展一体化体制机制,着力在城乡规划、基础设施、公共服务等方面推进一体化,促进城乡要素平等交换和公共资源均衡配置,形成以工促农、以城带乡、工农互惠、城乡一体的新型工农、城乡关系。从党的十九大开始,我国从"三农"工作整体的角度,提出了实施乡村振兴战略及建立健全城乡融合发展的体制机制和政策体系,加快推进农业农村现代化。2017年底,中央农村工作会议首次提出到2035年,乡村振兴取得决定性进展,农业农村现代化基本实现;到2050年时,乡村全面振兴,全面实现农业强、农村美、农民富。党的二十大报告则进一步向全党全社会发出了"加快建设农业强国"的号召。

农业农村现代化是全面推进乡村振兴的核心目标。尽管在我国现代化进程中,农业农村农民问题紧密相关,不可分割,农业农村现代化需要一体化推进,但从建设农业强国的角度,农业现代化和农村现代化的内涵和实现路径仍有重要区别。农村现代化一方面体现在城乡融合发展,通过农村地区的交通、通信网络、水、电、医疗、卫生、教育等基础设施和公共服务水平大幅提升,逐步实现城乡公共服务均等化。另一方面农村现代化也体现在通过新型工业化、信息化、城镇化、农业现代化同步发展,形成工农互促、城乡互补、全面融合、共同繁荣的新型工农城乡关系。就此而论,农村现代化的核心目标是通过重塑城乡关系,达到城乡融合发展和工农融合发展,克服城乡发展差距,实现全体人民共同富裕。在全面推进乡村振兴的背景下,实现农村现代化的根本途径有两个:一是通过公共财政支持和乡村自身经济能力提升乡村基础建设和公共服务水平;二是促进城乡之间人才、资源和资金的双向流通,充分实现乡村资源禀赋的市场价值。在实现方式上,农村现代化的进程和节奏与公共资源投入和城乡之间资源和要素交换的市场化机制的建立有很大关联。

相较而言,实现农业现代化是一个复杂的体系建构过程,是科技、产业、自然资源、生产主体、产业融合等诸多因素相互促进与融合的总体性过程。尽管农村现代化与农业现代化具有深刻的内在关联,但实现农业现代化的难度远大于实现农村基础设施和公共服务水平的提升。从总体上看,我国自然条件复杂多样,乡村人口数量庞大,各地农业生产方式差异巨大,农业生产与国民经济其他部门的产业融合程度还不够充分。《"十四五"推进农业农村现代化规划》指出,我国农业基础依然薄弱,具体表现在耕地质量退化面积较大,育种科技创新能力不足,抗风险能力较弱;资源环境刚性约束趋紧,农业面源污染仍然突出;转变农业发展方式任务繁重,农村一、二、三产业融合发展水平不高,农业质量效益和竞争力不强等方面。在这种背景下,我国农业生产的总体规模虽然巨大,但农业现代化水平和农业生产的国际竞争力与建设农业强国的总目标仍有较大差距。甚至可以说,我国早在20世纪60年代就提出的"四化"目标中,农业现代化是迄今实现程度最低,发展最为滞后的一个,需要全社会予以更多的资源投入和更多的气力付出来切实推进。2021年中央一号文件《中共中央 国务院关于全面推进乡村振兴加快农业农村现代化的意见》指出,要坚持农业现代化与农村现代化一体设计、一并推进。该《意见》从提升粮食和重要农产品供给保障能力、打好种业翻身仗、坚决守住18亿亩耕地红线、强化现代农业科技和物质装备支撑、构建现代乡村产业体系、推进农业绿色发展、推进现代农业经营体系建设等角度,对推进我国农业现代化进程进行了规划和部署。

"十四五"期间和今后若干时期,我国农业现代化面临的关键挑战突出体现在三个方面:进一步提升农业生产方式现代化水平、推动农业生产经营主体专业化、促进农业产业结构现代化。

进一步提升农业生产方式现代化水平的挑战。农业生产方式现代化的标志是农业生产过程科技含量高,充分实现机械化、数字化、智能化,以及生物工程技术、基因育种等技术在农业生产领域的全面应用。科技因素在农产品的品质提升、产量增加方面发挥着关键作用,农业科技现代化是农业现代化的关键。从2012年到2021年,我国农业科技进步贡献率从54.5%提高到61%以上。根据农业农村部发布的《2021年全国农业机械化发展统计公报》,2021年全国农作物耕种收综合机械化率达到72.03%,较上年提高0.78个百分点,其中机耕率、机播率、机收率分别达到86.42%、60.22%、64.66%。同年,全国畜牧养殖、水产养殖、农产品初加工、设施农业等产业机械化率进一步提升,分别达到38.50%、33.50%、41.64%、42.05%,较上年分别提高2.72个、1.85个、2.45个、1.51个百分点。

尽管我国在农业机械化率方面已经取得长足发展,但仍有巨大的提升空间。这主要表现在我国农业机械化在不同区域、产业、品种、环节上的发展还不平衡、不充分,总体有效供给不足,在农田高度分散且规模较小的山区和丘陵地区,仍然普遍存在小型农业机械种类较少、配套程度低,农业生产机械化程度较低的现象。在一些耕地规模化程度较高的地区,还存在大豆玉米带状复合种植专用机械、高端智能农机装备供给不足等现象。同时,将大数据、5G技术、物联网和人工智能等技术结合起来进行农业生产的智慧农业,仍然整体上处于早期发展阶段,普及率较低。习近平总书记指出:"中国式现代化离不开农业现代化,农业现代化关键在科技、在人才。要把发展农业科技放在更加突出的位置,大力推进农业机械化、智能化,给农业现代化插上科技的翅膀。"进一步提升农业生产的机械化、智能化水平,使农业生产的科技进步贡献率迈上新的台阶,不断缩小我国农业与世界农业发达国家之间的差距,是"十四五"时期我国农业现代化进一步提升面临的重要挑战。

推动农业生产经营主体专业化的挑战。农业生产经营主体专业化是农业现代化的重要前提。只有专业化才能有效提高农业生产的产出效率和品质,从而提升市场竞争力。生产经营主体专业化一方面意味着农业部门从业者的职业化,另一方面意味着农业生产活动的规模化。职业化有利于提升农业从业者的专业知识和专业技能,二者都能有效增强农业经营生产主体的市场竞争力,而规模化则能够促进农业机械的利用效率,并有效降低单位产出的成本。从农业生产经营的方式来看,我国是典型的东亚农业模式,"大国小农"特征鲜明,小规模分散经营的家庭农户依然占农业生产主体的绝大多数,家庭农场和农业专业户的总量和平均土地规模、养殖规模相对较少,除国有农场、东北地区和新疆生产建设兵团农户均经营的耕地规模相对较为集中外,其他地区农户户均土地经营规模都相对较小,不利于农业生产经营主体专业化。根据农业农村部发布的数据,"十四五"中期,全国家庭农场、农民合作社分别超过400万家、223万个,各类农业社会化服务组织超过104万个,农业生产经营主体专业化水平正在不断发展中。2021年,我国土地经营权流转面积5.57亿亩,有效促进了农业适度规模经营发展。但与我国18亿亩以上的耕地面积相比,通过土地流转实现相对经营规模集中的耕地总面积还不到全国耕地总面积的三分之一,远不能适应我国农业发展对专业化生产和规模化经营的要求。因此,如何在农村土地所有权、承包权和经营权"三权"分置的基础上,形成既保护农户利益、维持农村社会的稳定发展,又能通过适当的土地经营权集中化不断提高我国农业生产经营主体的专业化和规模化程度的农业生产新格局,是我国农业现代化面临的又一重大挑战。

促进农业产业结构现代化的挑战。农业产业现代化是农业现代化的重要标志,实现农业产业现代化,一方面要积极推进种植业、林业、畜牧业、渔业等产业形态自身的专业化和科技化、智能化水平;另一方面要大力推动实现一、二、三次产业相融合,使农业各部门与加工制造业、现代服务业融合发展。根据国家统计局发布的数据,2021年我国第一产业(包括农、林、牧、渔业)实现增加值83085.5亿元,占国内生产总值的7.3%,农村第一产业就业人口总量为17072万人,人均创造增加值为48667.4元。同年,全国就业人数为74652万,国内生产总值为1143669.7亿元,人均创造增加值为153200元,第一产业就业人均创造增加值仅为全国就业人员人均创造增加值的31.7%。促进农业产业结构现代化,就必须加快推进农业产业与其他产业部门的融合发展。党的二十大报告指出,要构建优质高效的现代服务业新体系,推动现代服务业同先进制造业、现代农业深度融合。推动农业与现代服务业和先进制造业的结合,有利于实现农业产业的多样价值,如农业生态价值、创意农业观光价值、农产品的地域品牌价值,也能够通过深加工提升农产品的附加值,从而实现产业协作的乘数效应,大幅扩张第一产业的经济规模,提升农业就业收入在国民经济总体中的比例。同时,推动农业与现代服务和先进制造业的充分结合,对于构建现代农业流通体系,发展装备农业、工厂农业,以及全面提升农业生产的科技水平与装备水平都具有重要意义。

促进农业产业结构现代化虽然意义重大,但也面临不少挑战。一是农业产业的主体规模相对分散,相对于规模化的制造业和服务业产业资本市场议价能力较低,在产业融合过程中如何保障农业生产主体的利益,实现农业生产者和产业资本的合作共赢,是我国推动一、二、三产业融合发展面临的挑战。二是农业产业易受自然条件和气候等因素影响,风险性、波动性相对较大,如何通过制度设计,降低和平抑产业资本与农业部门融合发展的风险,从而形成有利于制造业和服务业产业资本积极投资农业部门的局面,促进现代产业要素和科技发展成果加快向农业部门外溢,也是我国农业产业结构现代化必须克服的挑战。

## 二、进一步壮大乡村新型集体经济的挑战

农村集体经济是社会主义公有制经济在农村的主要实现形式,是农村

经济发展的重要引擎、农村公共服务提供的重要主体、乡村文化建设的重要依托、农村治理的重要经济基础,也是实现我国农村共同富裕的重要保障。多途径发展新型农村集体经济,是乡村振兴和农业农村现代化发展的必然要求。2016年中共中央、国务院颁布的《关于稳步推进农村集体产权制度改革的意见》首次提出发展"新型农村集体经济"以来,我国对农村集体资产进行了清产核资,重点对农村集体经营性资产的权属关系进行了厘清,确立了村民依法享有村集体经济股权及其收益权的原则,并通过每个村级、组级集体资产进行赋码,以村股份经济合作联社、组股份经济合作社等方式,初步建立起了促进新型农村集体经济壮大发展的基本制度。在具体实践中,各地通过村集体土地流转、出租、物业租赁、居间服务、资产参股、乡村旅游等传统方式,以及融合经济、生态经济、服务经济、飞地经济等创新方式,建立和拓展农村集体经济。

2021—2022年,发展新型农村集体经济成为全面推进乡村振兴的重要任务。2021年中央一号文件提出"发展壮大新型农村集体经济",2022年中央一号文件提出"探索新型农村集体经济发展路径"。2022年,党的二十大报告提出,巩固和完善农村基本经营制度,发展新型农村集体经济。根据国务院印发的《"十四五"推进农业农村现代化规划》,截至2020年,我国集体收益5万元以上的村占比为54.4%,全国近半数村集体经济非常薄弱,既不利于促进农村居民共同富裕,也弱化了乡村基层的治理能力。

总体来看,现阶段我国壮大农村集体经济的挑战主要体现在五个方面。一是全国大部分地区农村集体经济基础薄弱,各地农村新型集体经济发展通常主要依赖于集体农用土地入市、流转、出租等资源性资产,经营性资产缺乏,从基础上制约了新型农村集体经济,的发展壮大。二是城乡双向要素流动机制尚未完全打通,村集体所拥有的土地、森林、山岭、草原、荒地、滩涂等资源性资产难以转化成金融性资产,制约了村新型集体经济的发展空间。

三是村集体经济与本区域产业经济,以及村农民合作社的联动发展的机制不足,收入来源单一,自我造血和可持续发展的能力不足。四是乡村集体经济运营、管理人才相对缺乏,运行和监管机制不健全,运营风险问题突出。五是一些地区新型农村集体经济发展的目标和定位不明确,村集体经济的资本积累和可持续发展动力不足,部分地区存在将村集体资产的收益"吃光分净"的现象,导致村集体经济难以发挥促进村民共同富裕和完善村公共设施、促进村治理水平现代化的作用。

## 三、进一步提升乡村地区人才资源的挑战

人才匮乏是制约我国全面推进乡村振兴的重要因素。由于城乡公共服务、收入、发展机遇等诸多方面的巨大差距,改革开放以来的四十多年间,我国人才流动呈现与城市化一致的方向,乡村青壮年和主要劳动力流向城市。在城市和乡村之间,一方面农村劳动力和各类经营、管理、科学技术专业人才严重短缺,另一方面城市各类高学历群体和专业人才相对过剩,就业不充分。根据国家统计局发布的数据,2022年,我国农村居民家庭中,初中及以下文化程度人口占比为86.2%,高中文化程度人口占比为11.7%,大专及以上文化程度人口占比仅为2%。人才短缺因素极大地制约了乡村发展的机遇和空间。实现乡村振兴,必须着力解决乡村人才短缺问题。习近平总书记指出:"推动乡村全面振兴,关键靠人。要建设一支政治过硬、本领过硬、作风过硬的乡村振兴干部队伍,吸引包括致富带头人、返乡创业大学生、退役军人等在内的各类人才在乡村振兴中建功立业。""十四五"期间,围绕乡村人才振兴,我国制定了一系列战略性措施。2021年初,中共中央办公厅、国务院办公厅印发《关于加快推进乡村人才振兴的意见》(以下简称《意见》),对"十四五"期间乡村人才振兴的目标进行了规划,提出2025年,乡村

人才振兴制度框架和政策体系基本形成,乡村振兴各领域人才规模不断壮大、素质稳步提升、结构持续优化,各类人才支持服务乡村格局基本形成,乡村人才初步满足实施乡村振兴战略的基本需要。该《意见》还从加快培养农业生产经营人才、加快培养农村二、三产业发展人才、加快培养乡村公共服务人才、加快培养乡村治理人才、加快培养农业农村科技人才五大领域对乡村人才振兴的具体措施进行了规划。2022年2月,《"十四五"推进农业农村现代化规划》也从农村产业振兴的角度,提出了开展农村创业创新带头人培育行动,确立的目标是在"十四五"期间打造1500个农村创业创新园区和孵化实训基地,培育10万名农村创业创新导师和100万名带头人,带动1500万名返乡入乡人员创业。可以看到,多管齐下,加快乡村人才培养,全面提升乡村人才供给水平,已经成为全社会的高度共识。

2021—2022年,相关政策和各地具体实践推动下,全国各地乡村地区的人才供给情况进一步改善,各类乡村人才在全面推进乡村振兴领域发挥了重要引领作用。但同时也应看到,与我国全面乡村振兴对人才的需求空间相比,乡村人才供给和汇聚仍有巨大缺口。在城市对乡村存在持续的资源和人才虹吸效应的背景下,乡村人才短缺是一个长期的制度性问题,各类短期的人才输入和培训可以改善乡村人才供给状况,但不能从根本上解决乡村人才短缺问题。

当前,乡村人才提升的关键是从制度设计上解决城乡人才的自发双向流动和交换问题。要解决这一问题,关键是从制度上解决乡村的自然人文价值、空间价值、土地资源价值及生态环境价值等构成的乡村价值的市场化定价机制。乡村价值的市场化定价机制,本质上是通过制度建设使乡村价值同城市的发展机会与公共服务优势形成价值交换机制,并吸引城市资金和人才充分进入乡村地区,使乡村地区的就业、创业和产业发展与城市之间形成闭环体系,为各类专业人才在乡村的沉淀和集聚创造相应的条件和机遇,使人口和资金不断流失的乡村进入相对稳态发展阶段。因此,如何通过系统性政策创新突破现有的城乡之间资源交换机制的约束,建立乡村价值的市场化定价机制,是我国乡村地区人才资源全面提升面临的根本性挑战。

## 四、进一步优化农村金融服务体系的挑战

全面推进乡村振兴需要长期进行大量的资金投入。党的十九大以来,我国全面加大了对农业农村发展的公共财政投入。根据国家统计局公布的数据,2021 年,国家财政关于农业、林业、水利、扶贫、农村综合改革的总支出为 19536.2 亿元,占当年全国一般公共预算支出总量 245673 亿元的比例为 7.95%。但乡村振兴涉及数亿农村人口收入的可持续增长、基础设施持续改善和乡村经济全面提升,仅仅依靠公共财政的资金投入是远远不够的,还必须依靠现代金融体系,以市场化方式为乡村振兴和农业农村现代化注入充分的资金,形成公共财政投入和现代金融体系协同推进乡村振兴的格局。

改革开放以来,我国形成了以工业化、城市化为主要导向的现代金融体系。这一体系的基本特征是金融业主要服务于工业化和城市化,国家金融体系的资金主要投向城市地区,农村地区和农业领域金融业发展相对滞后,获取市场资金相对较难。在城乡二元结构下,农业和农村生产效率在总体上低于工业和服务业领域,农村居民家庭的人均可支配收入与消费支出水平也显著低于城市居民家庭。由此造成城市对农村的金融虹吸效应,农村原本稀缺的资金积累通过金融系统大量流向城市。21 世纪以来在快速城市化和房地产经济迅猛发展的背景下,乡村人口加快向中小城镇和大城市迁移,带动农村资金进一步向城市集聚。在这种发展格局下,除少数发达地区外,全国绝大多数乡村地区发展的自我造血能力普遍不足,乡村振兴的基础设施建设高度依赖公共财政资金。发展资金短缺、金融服务支撑体系薄弱、

城乡资金双向循环不畅等各种因素造成的乡村"金融失血",已经成为全面推进乡村振兴背景下加快实现农业农村现代化的重要障碍。

在全面推进乡村振兴的背景下,我国农村金融服务体系存在着以下突出问题。一是农村居民家庭融资难度大。一方面,与城市居民家庭可抵押、流通相对较好、变现相比容易的城市房产相比,农村居民家庭宅基地所建房屋属于非标资产,流通性差,通过抵押获得相应的贷款资金难度较大,也无法面向外部市场自由出售,只能在村集体成员之间交易。2015年,《国务院关于开展农村承包土地的经营权和农民住房财产权抵押贷款试点的指导意见》发布以来的数年间,全国各地开展了"两权"抵押相关试点,但迄今并未全面开展,原因在于"两权"涉及农村宅基地使用权和土地的集体所有权,既是非标资产,又属于受限权利,还关乎农村社会稳定问题,因此实际操作受到制约较多。另一方面,与城市就业人口相比,农村居民大多没有相对稳定的个人收入,因此很难从银行获得较好的金融信用额度,个人融资难度比城市就业人口加大很多。

二是农业产业融资困难。由于农业产业的高风险特征,以及大多数农户、家庭农场、农户合作社和农业企业能够用于抵押的资产较少,且农业产业资源在现有抵押融资模式的金融服务体系中难以获得贷款资金,这限制了农业及相关产业领域的投资。

三是农业保险服务发展滞后。长期以来我国保险机构存在向"三农"下沉深度不够,相关保险产品设计相对较弱,部分产品保障能力低,保险产品理赔满意度低,涉农保险宣传力度不足等问题。这一方面造成我国农业发展对大型自然灾害的风险分散机制不健全,农户和农业产业抗风险能力弱;另一方面在客观上造成了农户对涉农保险产品认识不足,投保意愿弱,制约了涉农保险业的充分发展。推动乡村振兴,迫切需要优化推动农业农村现代化的农村金融服务体系。

近年来,针对农村金融体系存在的上述问题,我国从政策安排方面进行了持续努力。2018年,中共中央、国务院印发的《乡村振兴战略规划(2018—2022年)》提出,健全适合农业农村特点的农村金融体系,把更多金融资源配置到农村经济社会发展的重点领域和薄弱环节,更好地满足乡村振兴多样化金融需求,并针对优化农村金融体系提出多项改革和创新措施。如稳妥有序地推进农村承包土地经营权、农民住房财产权、集体经营性建设用地使用权抵押贷款试点,结合农村集体产权制度改革,探索利用量化的农村集体资产股权的融资方式,等。2021年中央一号文件提出,坚持为农服务宗旨,持续深化农村金融改革,2022年中央一号文件也明确提出,强化乡村振兴金融服务。党的二十大报告要求,完善农业支持保护制度,健全农村金融服务体系。近年来,我国银行业全面加大了服务乡村振兴的力度。根据中国经济信息社与中国农业银行联合发布的《金融服务乡村振兴指数首期研究成果报告(2022)》,从2018年至2021年,金融服务乡村振兴年度指数值分别为108.00、113.84、125.07和132.50,保持每年5%以上稳步上升态势,与农林牧渔业增加值、农村居民人均可支配收入的变化趋势保持一致。

尽管在政策发力和银行业不断努力下,我国乡村振兴的金融体系正在不断改善,但与乡村振兴对金融支持的要求相比,金融系统服务乡村振兴的制度设计仍然存在巨大的改进空间。如何突破现有金融体系的制度束缚,建立城乡一体的居民金融征信体系,解决农村居民个人和家庭在银行系统融资难、融资贵的问题,以及如何全面构建基于农村居民家庭住宅流转权、农村土地经营权、农民合作社资产所有权和各类乡村涉农资源抵押权的新型"三农"金融服务体系,从而全面优化乡村发展的金融环境,是"十四五"期间我国全面推进乡村振兴需要面对的又一重要挑战。

## 乡村振兴优秀案例:福建长汀

**基本介绍:**

长汀古称"汀州",简称"汀",地处福建西部,武夷山脉南麓,南与广东邻近,西与江西接壤,是闽粤赣三省边陲要冲。全县辖18个乡(镇)300个村(居),总人口55万,土地面积3104.16平方千米,是典型的"八山一水一分田"山区县,属福建省第五大县。

长汀历史悠久、底蕴深厚,是久负盛名的国家历史文化名城:文化厚重、璀璨多姿,是享誉中外的世界客家首府,是星火燎原、红旗不倒、光耀神州的著名革命老区,原中央苏区、红军故乡和红军长征主要出发地之一;是全国生态文明建设示范县和"两山"理论实践创新基地,是宜居宜业宜游的生态家园。

近年来,长汀县坚持以习近平新时代中国特色社会主义思想为指导,按照党中央决策部署和省委、市委工作要求,以实施"提高效率、提升效能、提增效益"行动和项目化推进工作落实机制为抓手,全力做好"六稳"工作,全面落实"六保"任务,统筹抓好"五促一保一防一控",全力创建全国文明城市,全方位推进高质量发展,脚踏实地、创先争优,着力建设生态优美、文化繁荣、百姓富裕的闽西活力副中心,经济社会发展各项工作取得较好成效。

## 积极践行习近平生态文明思想 全力打造全域生态旅游新样板

### 福建省长汀县委乡村振兴办公室

古云:"先有三洲,后有汀州",三洲村位于福建省长汀县,汇聚着自唐宋元明清以来五十余处五朝文物和建筑古迹。全村共1421户4668人,区域面积9.8平方千米,耕地面积2104亩,林地面积7739亩,以种植业为主,主要种植水稻、杨梅、槟榔芋等农特产品。近年来,三洲镇先后获得"中国历史文化名村""中国传统村落""省级生态村""省级生态文化村""闽西最美古村落"等荣誉称号,三洲镇也被评为"2020年福建全域生态旅游小镇"。

## 一、背景起因

习近平总书记在福建任省长期间高度重视长汀水土流失治理工作,对长汀水土流失治理工作作出了多次批示,同时将长汀水土流失治理工作列入全省为民办实事项目,并曾多次来长汀实地调研。在习近平总书记的关心支持下,三洲人民发扬"滴水穿石,人一我十"的精神,在荒山上种植了1万多亩的杨梅,曾经热浪滚烫的"火焰山"变成了"花果山",同时三洲也因为种植杨梅走出了一条开发性水土流失治理的路子,成为闻名遐迩的海西杨梅之乡。

2004年6月10日,县政协主席童大炎代表县委、县政府将杨梅送到浙江省委大院,请时任浙江省委书记的习近平分享治理水土流失带来的丰硕成果,在收到长汀人民送去的杨梅后,当天即回信,他说道:"你县几年全力开展水土流失综合治理并取得了较好的生态、经济和社会效益,我感到由衷的高兴,1983年按照项南老书记的要求,长汀开始对水土流失问题进行治理,这几年加大了治理力度,经过多年的努力,长汀的面貌发生了很大变化,希望你们再接再厉,以全面根治为目标,切实把这项工程抓实抓紧抓好,把长汀建设成山清水秀的生态县。"这封信言简意赅,热情洋溢,对长汀水土流失治理工作的成果做出了肯定,并充满了殷切的期望,对长汀人民既是鼓励又是鞭策。

自大力实施乡村振兴战略以来,三洲村"两委"以打造省级乡村振兴示范村、龙岩市首批乡村旅游试点村为契机,带领全体村民认真贯彻习近平生态文明思想,积极践行"绿水青山就是金山银山"生态文明理念,牢记习近平总书记"进则全胜、不进则退"的深情嘱托,全力打造全域生态旅游新样板,积极探索水土流失治理和乡村振兴有效衔接路径,持之以恒推进水土流失精准治理、深层治理,在水土流失治理、产业发展和群众生活改善等方面发生了巨大改变。坚持巩固拓展水土流失治理成果与乡村振兴有效衔接,深度融入全县乡村振兴一县一片区重点打造的"红旗跃过汀江、两山实践走廊"跨村联建示范片建设,用好用活生态文化、历史文化等资源,走出了一条党建引领、生态优先、绿色发展的三洲乡村振兴发展之路,全力打造"景秀、村美、民富、众乐"全域生态旅游高质量发展样板村。

### 二、主要做法

#### (一)坚持党建引领,打造硬核支部

村子富不富,关键看支部。三洲村的变化,根本在于全村干部群众齐心协力、团结奋斗,关键在于有一个好支部,凝聚起全村人的奋斗目标和精神动力。

党的十八大以来,三洲村党支部带领全村人民深入学习习近平新时代中国特色社会主义思想,深刻领会实施乡村振兴战略的实质要义,以民为本、结合实际、创新模式,着力打造全村3A级景区,紧紧将"3色"即红色、绿色、古色融合在一起,赓续红色血脉,发展绿色产业,做好古色传承。同时,不断创新"党建品牌"这个传家宝,通过成立党建书屋、评选优秀共产党员等方式,不断发挥党支部桥头堡垒和党员先锋模范作用,切实和"两治一拆"等中心工作结合起来,通过包片包户等方式,充分发挥党员的效能。积极探索"党支部+旅游运营公司"模式,坚持党建引领,打通绿水青山和金山银山的转化通道,以文化促进振兴,带领全体村民增收致富,走出一条致富新路径。

2021年10月,三洲村党组织班子换届,选举产生了"政治素质过硬、群众信得过、工作能力强"的党组织班子干部,通过建强一支骨干队伍,

打造一个硬核党支部,以坚强的党支部带领村民全面推进乡村振兴战略各项工作。此轮村党支部换届选举,通过微信公众号、党员村民微信群等,广发"招贤令",动员致富能手、外出务工经商返乡人员、大学毕业生、退役军人等回乡竞选,实现外引内联,共选举产生5名村党支部委员,平均年龄40.4岁,中专高中以上学历的委员有4名。其中3名为新任村党支部委员,村支部整体学历、年龄结构得到优化升级,确实做到选人导向准、班子结构优。同时,坚持把推进乡村振兴作为党员干部教育培训的重要内容。自新的村党组织班子选举产生以来,已开展乡村振兴专题外出学习5次,开展专题理论学习十余次,全面提升了党员干部实施乡村振兴工作的能力水平。

(二)治理水土流失,实现绿富共赢

三洲村深入贯彻习近平总书记对长汀水土流失治理和生态建设作出的重要指示批示精神,立足实际,始终坚持生态文明理念,紧抓乡村振兴与水土流失治理工作有效衔接的契机,全力突破流失斑块治理、土地综合整治、马尾松林优化改造等水土流失重点难点工作,采取植树种草增加植被、低效林改造、种果种茶改良植被等措施,全力防范新增水土流失区域,守护好全村的绿水青山。

一是引进浙江客商成立省级重点企业丰盈美丽生态农场。流转荒山种植水果面积3200多亩,培育种植品种达三十余个,仅用半年之余,增值油茶、美国葡萄柚、红美人等珍稀水果1400亩。拓展杨梅、河田鸡、油茶等农副产品深加工业务,提供农产品销、售、运输及生产经营有关技术和信息服务,为本村村民提供大量务工机会,为村民在治理荒山的同时,带来了可观的经济收入,被列为长汀县茶果园水土流失精准治理深层治理项目示范点。

二是创建省级示范社——森晟苗木专业合作社。种植苗木500余亩,种植品种12类36种110万株。多措并举,把昔日的"火焰山"建成了如今的"花果山",初步探索出了一条"火焰荒山—绿水青山—苗果满山—金山银山"的有效转化路径,实现了三洲全村生态效益和经济效益的有机结合。

三是引导本地人民创业致富。如本村村民"断臂铁人"兰林金在当时水土流失治理如火如荼时,靠着坚强的意志和不服输的劲头成功改造了千亩荒山。因为土地荒芜,加上肢体残疾,很多人劝他放弃,他不但没有听从,反而成立了养猪场,创新性地采取"猪—沼—果"种养模式,取得了巨大的成功。2018年以来,新华社、《人民日报》《福建日报》、福建电视台、中国残疾人联合会等媒体争相报道他的事迹,这是长汀水土流失治理取得巨大成功的又一生动典型案例,鼓励带动了更多当地人参与到这项为民富民的事业中。

（三）聚焦产业兴旺,做好特色文章

三洲产业兴旺、发展良好、经济效益高。现在的三洲村正全力做好产业发展"四篇文章"。一是做好三洲自己的"品牌"文章。2018年以来,先后投入510余万元打造杨梅基地,成为海西杨梅连片种植面积最大的地区,品种类别从单一品种向多品种转变,采摘期由原来的15天提升至40天,2021年杨梅产业产值突破3000万元,实现了治理水土流失和发展杨梅产业的双赢,"三洲杨梅"品牌得到重塑、取得生态效益和经济效益双丰收。

二是做好三洲特有的"旅游"文章。先后制定了荒山绿化、基础设施配套、亮化安防工程、产业布局、美丽乡村建设等发展规划,按照"一古二环三园"(即一个古村落;环村景观大道、环村汀江河道,国家级湿地公园、沙滩公园、丰盈采摘园)的生态旅游产业发展思路,打造古村落精品旅游路线。已完成景区停车场、旅游生态公厕、游客服务中心及展览馆、百亩花海、瓜果廊道、池塘栈道项目建设,正在实施迎景路提升、沙滩公园业态提升、环境整治及亮化等项目,旅游基础设施逐步完善。

三是做好三洲文化的"传承"文章。开展古村落内重要历史遗存重建或修缮,实施乡村振兴战略以来,全村已完成17栋古民居、历史建筑立面维修改造,整理三洲六十多栋民居、家风家训、近千年的名人民俗类历史文化故事,开发智慧旅游系统手机软件,借助移动互联网等先进技术注入景区人文灵魂,"古进贤乡"文化影响力、感染力不断提升。

四是做好三洲村企合作的"发展"文章。打造"公司+村集体经济合作社+基地+农户"的现代特色农业产业链,由村集体成立专业合作社,与"福建供销e家"公司达成战略合作,由合作社统一在村内流转村民土地,"福建供销e家"根据市场需求策划生成产业发展具体项目,同时为产品提供保底收购服务,以此实现村集体与村民的双增收。截至2021年末,三洲村已流转土地面积110亩,现代农业经营体系加快形成,油菜、火龙果、槟榔芋等种植规模不断扩大,规格品质不断提升,采摘旅游业逐渐兴起。

### (四)注重旅游规划,打造全域生态旅游新样板

三洲村充分利用汀江及南山河环镇而过的天然河滩、天然湿地以及水土流失治理成功经验等资源优势,积极争取上级资金九千余万元,新建汀江国家湿地公园一座,占地总面积590.9公顷,其中湿地面积466.8公顷,占总面积的79%。争取上级资金2000万元,打造全县第一个以生态亲水为主题的沙滩公园。沙滩公园沿汀江全长约900米,宽度20米~50米,总面积约35000平方米。三洲国家湿地公园是福建省第四个国家湿地公园和唯一一个河滩湿地类湿地公园,被定位为"客家母亲河——汀江生态修复典范""南方丘陵水土流失地区生态建设新模式""中亚热带典型河流湿地保护典范"。成为集汀江特有鱼种保护和生态

环境恢复于一体，生态环境恢复良好、物种多样性丰富、景区形象突出、景观特色鲜明、基础设施完善、风景优美的国家湿地公园和国家3A级旅游景区。并纳入"一古两环三园"，形成可看、可玩、可吃的一体化旅游线，为当地村民提质增收的同时，也促进了三洲的基础设施发展。

（五）突出治理重点，实现人与自然和谐共生

一是坚持以治"污"为重点。大力实施农村"厕所革命"。在三格化粪池普及率达100%的基础上，按照"因地制宜、便利耐用、惠民实用"原则，累计拆除旱厕20间，新建公厕3间，全面改善村居基础卫生条件。加强中小河流域水质环境治理力度，通过开展河道乱采乱挖清理整治工作、加大生活污水处理、开展畜禽养殖业污染治理等一系列整治措施，提升水质生态环境，确保流域水质优良。二是坚持以治"脏"为重点。大力实施农村垃圾治理行动，严格按照清理粪便堆，垃圾堆、柴草堆有关"三清"要求，全面清除生活垃圾、建筑垃圾、农业垃圾和非正规垃圾堆放点，由雪品集团统一处理。开展农村垃圾集中清扫整治行动，全面清理村内塘沟、农户房前屋后、村内巷道以及汀江岸道垃圾，确保村庄干净整洁。三是坚持以治"破"为重点。大力实施农房整治行动，积极开展"空心房"拆除和裸房立面整治工作。通过对照整治要求、细化整治内容、明确整治范围、严格整治标准、跟踪督查考核，截至2021年末，三洲村已整治裸房134处，累计面积20680平方米。拆除空心房52栋，共计面积3755平方米。四是坚持以治"乱"为重点。大力实施村容村貌提升行动，以"五无一美"为整治要点。保持"两违"整治高压态势，开展船头帽市场规范化整治80余次。通过"治污""治脏""治破""治乱"四治共为，优化村庄环境，推进村容村貌再上新台阶。

**三、成效反响**

第一，百姓获得感幸福感持续增强。自实施乡村振兴战略以来，三

151

洲村农村人居环境质量显著提升，人民生活水平明显提升，营造了良好的社会风气。让百姓望得见山、看得见水、记得住乡愁，实现人民对美好生活的向往。几年来在群众幸福感、满意率测评中，三洲均名列前茅。

第二，乡村旅游产业得到长足发展。通过打造"一古二环三园"的生态旅游产业带，发展特色产业（一产）15家。依托杨梅、油茶、豆腐等本地资源，发展杨梅酒、杨梅汁、杨梅干等杨梅系列产品和茶油、豆腐干等加工企业10家，实现一产连接二产。鼓励民众围绕精品旅游路线发展餐饮、民宿等旅游业态10家，丰富旅游要素，推动一、二、三产业融合发展。实现三洲镇生态文化旅游产业高质量发展，2021年新增游客十万余人次，新增旅游产业收入一百余万元。

第三，村级内生动力得到充分激发。进一步盘活了资源、资产、资金，成立全民共有的村集体企业公司；由村"两委"牵头，加大村集体林地、耕地流转力度，引进有实力的企业发展生态产业，拓展乡村财政来源、增加乡村财政收入。2021年实现村集体经营性收入10万元、村集体经营性收入较上年增长20%。增强内生动力，改变村集体"等""靠""要"思想。

第四，村民收入水平得到显著提高。持续向服务业转移劳动力，吸引外出村民返乡创业引导村民由传统农业转向现代采摘农业及旅游、餐饮、住宿等第三产业。持续提升杨梅产业，壮大"三洲杨梅"品牌。持续打造提升古村落3A级、湿地公园4A级景区，"串点连线"实施17千米汀江、南山河沿线连通工程，在原生态汀江景观资源沿线，全域布局农旅融合节点业态，畅通观光游线循环。既打造家门口的景区，又实现了家门口的增收，2021年农村居民可支配收入高于全县平均水平的15%，实现"绿水青山"与"金山银山"的有效转换。

### 四、经验启示

三洲村取得目前的成绩主要得益于以下三个方面。

第一，发挥党组织引领作用。深入贯彻"党建引领、多元开发、群众参与"的乡村振兴工作思路，选好用好管好农村基层党组织，健全和完善了乡村治理体系，提高乡村治理能力。2021年新增一名省级派驻第一书记，加强对全村乡村振兴工作的全程推进和统筹协调。创建党员"三级担使命、四岗践初心"工作机制，依照年龄结构和自身优势，将全村112名党员分成老、中、青三级，设立先锋岗、带动岗、服务岗、承诺岗四个岗位，带领群众积极参与乡村振兴。

第二，坚持科学规划编制。充分依托整体格局呈现山环水抱之势，利用好农田与建筑的过渡与衔接自然的优势，挖掘本土资源，因地制宜，做好空间规划编制，写好生态林、果林、湿地、产业经济、古村落等文章，提升总体生态价值，推动农业文化旅游融合发展。

第三，注重凝聚社会力量。建立健全村级后备干部库、村级精英库、知名企业家库，将优秀青年、致富能人、外来投资办企业人员等逐一纳入人员库，汇聚推动发展的强大合力。实施人才"回引计划"，三洲村累计回引各类人才二十余人。通过流转土地20亩吸引在外致富能人回乡创建百亩现代休闲农业示范园、湿地湾生态农庄，有效带动周边农户和村集体增收。

# 第六章　基层党组织引领乡村振兴的基本方向

　　农村基层党组织作为推进乡村振兴战略的领导核心，其引领作用发挥的程度直接影响着乡村振兴战略的推进效果。《中共中央 国务院关于实施乡村振兴战略的意见》和《乡村振兴战略规划（2018—2022 年）》指明了实施乡村振兴战略应该坚持的基本原则，即坚持党管农村工作原则，坚持农业农村优先发展原则，坚持人民主体地位原则，坚持乡村全面振兴原则，坚持城乡融合发展原则，坚持人与自然和谐共生原则，坚持改革创新、激发活力原则和坚持因地制宜、循序渐进原则，又为农村基层党组织引领乡村振兴提供了基本方向。

## 一、以坚持党的全面领导强化政治引领

　　回顾中国革命、建设和改革各阶段所取得的伟大成就，始终加强党对农村的全面领导、突出政治方向的引领是一项极其重要的宝贵经验和政治优势。在全面推进乡村振兴的背景下，要始终坚持党管农村工作，加强农村基层党组织对乡村振兴的全面领导，确保农村基层党组织在农村各领域、各环

节的领导地位不动摇,为乡村振兴始终提供坚强政治保证。

### (一)坚持党管农村工作是中国共产党的优良传统

始终从战略和全局的高度重视"三农"问题,始终毫不动摇地坚持和加强党对农村工作的领导,始终牢牢掌握党对农村工作的领导权,是中国共产党的优良传统。在中国这样一个大国中,"三农"工作始终是治国理政的基础性工作,"三农"问题也是事关治国理政的根本性问题,因此妥善解决好"三农"问题、确保农村社会的和谐稳定历来是党治国理政之要。

毛泽东始终高度重视中国的农业、农村和农民问题。早在大革命时期,毛泽东就撰写了《中国社会各阶级的分析》(1925年12月1日)和《湖南农民运动考察报告》(1927年3月),指出了农民在中国革命中的重要地位,为带领中国人民取得革命胜利提供了理论指导。中华人民共和国成立后,毛泽东对中国农业、农村如何进一步发展作出了一系列重要讲话和指示,通过各种途径和形式下发了《逐步发展农业生产互助合作组织》(1951年10月17日)、《关于试办集体农庄的意见》(1951年12月17日)、《必须切实解决农民负担过重问题》(1952年10月15日)、《解决乡区工作中的"五多"问题》(1953年3月19日)、《正确对待单干农民》(1953年3月24日)、《关于农业互助合作的两次谈话》(1953年10月15日、11月4日)、《关于农业合作化问题》(1955年7月31日)、《农业合作社要有计划地发展和整顿》(1955年11月1日)等重要文件和讲话精神,[1]这些文件和讲话为中华人民共和国成立初期中国共产党更好地解决农业、农村和农民问题提供了基本遵循。毛泽东始终强调中国共产党的领导核心作用,他强调:"中国共产党是全中国人民的领导核心。没有这样一个核心,社会主义事业就不能胜利。"[2]指出了党的领导的全面性,

---

① 《毛泽东文集》(第六卷),人民出版社,1999年。

② 《毛泽东文集》(第七卷),人民出版社,1999年,第303页。

毛泽东认为:"必须将城市工作和农村工作,将工业生产任务和农业生产任务,放在各中央局、分局、区党委、省委、地委和市委的领导工作的适当位置"①,"工、农、商、学、兵、政、党这七个方面,党是领导一切的。党要领导工业、农业、商业、文化教育、军队和政府"②。这些为党如何领导"三农"工作指明了根本方向。

邓小平始终强调要加强党在农村的工作。1954年,邓小平同志在全国农村基层组织工作会议上的讲话中指出,要"加强党在农村中的堡垒作用",强调"巩固党和发展党,加强党员的教育,提高党员和农民群众的社会主义觉悟,加强农业合作社的政治工作,改造落后乡落后支部,加强农村里的政权工作和各个组织的工作,等等,这都是加强党在农村中堡垒作用的重要工作,也是巩固和加强党的作用的一些重要方法"③;认为党要妥善安排群众的一切,"组织群众生活是国家职能的一个重要方面,也是一门很大的学问,各级党委应该给予足够的重视,对人民群众的吃穿住和娃娃的教育问题,都应该更好地加强领导。总之,要把农民生活安排得更好一些"④;认为农业是一个国家和社会的基础,"农业落后,工业就要受到拖累。农业发展,可以促进工业发展。农业每年增产百分之十就不容易,而食品、副食品、轻工业原料,都要靠农业。所以,农业是基础,始终要抓农业"⑤。他强调党要把农业发展放在第一位,"我们国家建设的次序首先是农业,其次是轻工业,然后是重工业,也就是农、轻、重。这是我们建设的一个方针。不能设想我们七亿多人口的国家靠进口粮食过活"⑥。他主张建设有中国特色的社会主义首先

---

① 《毛泽东选集》(第四卷),人民出版社,1991年,第1333页。
② 《毛泽东文集》(第八卷),人民出版社,1999年,第305页。
③ 《邓小平文集》(中卷),人民出版社,2014年,第202页。
④ 《邓小平文集》(中卷),人民出版社,2014年,第374页。
⑤ 《邓小平文集》(下卷),人民出版社,2014年,第41页。
⑥ 《邓小平文集》(下卷),人民出版社,2014年,第367页。

要解决农村问题，"从中国的实际出发，我们首先解决农村问题。中国有百分之八十的人口住在农村，中国稳定不稳定首先要看这百分之八十稳定不稳定。城市搞得再漂亮，没有农村这一稳定的基础是不行的"①。他指出："中国社会是不是安定，中国经济能不能发展，首先要看农村能不能发展，农民生活是不是好起来。翻两番，很重要的是这百分之八十的人口能不能达到。现在看，一系列新的农村政策是成功的。过去农村很困难，现在可以说绝大多数的人能够吃饱，能够穿得比较好，居住情况有了很大的改善。农村政策见效很快，增加了我们的信心，对我们确定翻两番的目标是一个鼓励。"②邓小平重视农业、农村、农民问题的思想为中国特色社会主义事业的全面发展提供了理论指导。

江泽民认为，农业、农村、农民问题是中国革命、建设、改革的根本性问题，妥善解决这些根本性问题就必须加强和改进党对农村工作的领导。1992年12月25日，江泽民在武汉主持召开的安徽、江西、河南、湖北、湖南、四川六省农业和农村座谈会上的讲话中指出："农业是国民经济的基础，农村稳定是整个社会稳定的基础，农民问题始终是我国革命、建设、改革的根本问题。这是我们党从长期实践中确立的处理农业、农村、农民问题的重要指导思想。各级党委和全党同志，主管农业和农村工作的部门以及其他部门，在任何时候任何情况下都千万不能忘记这个重要指导思想，必须坚持不懈地把它贯穿于我国社会主义现代化建设的全过程，决不能有丝毫动摇。"③他强调要"加强和改进党对农村工作的领导，推动农村全面发展"，"落实党在农村的各项政策，搞好农业和农村工作，关键是要全面加强和改进党对农

---

① 《邓小平文选》(第三卷)，人民出版社，1993年，第65页。
② 《邓小平文选》(第三卷)，人民出版社，1993年，第77~78页。
③ 《江泽民文选》(第一卷)，人民出版社，2006年，第258页。

村工作的领导。"[①]并提出了具体对策和措施:第一,各级党委必须把农业放在各项经济工作的首位;第二,各级党委必须始终把农业和农村工作摆上重要议事日程,经常讨论农业和农村工作中的重大问题,并及时作出决策;第三,各级党委检查本地区抓农业和农村工作的精力够不够、工作紧不紧、方法对不对、作风实不实,是不是把农业和农村工作确实摆到了首位;第四,切实加强农村基层党组织建设,努力发挥农村党员、干部的先锋模范作用;第五,农村基层干部是党的重要力量和重要财富,肩负的任务很繁重、工作很辛苦,上级党组织一定要热忱关心和爱护他们;第六,县以上党政领导机关,要经常分批抽调干部深入农村,调查研究,了解情况,倾听意见,提供信息,发现先进典型,帮助做好工作;第七,从中央到地方,无论是主管农业和农村工作的部门,还是其他部门,都要在党的统一领导下协同一致,大力支援农业,真心实意为人民服务,想农民之所想,急农民之所急,坚决反对一切损农、伤农、坑农的行为。第八,各级党委要始终坚持两手抓、两手都要硬。[②]他认为,"只要我们全面加强和改进党对农村工作的领导,只要把党在农村的各项政策真正落实到基层,只要及时发现和妥善解决农村发展中的问题,只要各级领导干部诚心诚意为农民谋利益,认真倾听农民呼声,充分信任和依靠农民,我们就一定能够克服前进道路上的各种困难和问题,农业和农村工作的形势就会越来越好"[③]。

1998年9月25日,江泽民在安徽考察时强调,党一定要加强对农村工作的领导,"党管农村工作,是我们的一个传统,也是一项重大原则。建设有中国特色社会主义新农村,必须加强和改善党的领导,充分发挥农村基层党组织的领导核心作用。这是做好农村工作、巩固基层政权的政治保证。在这

---

① 《江泽民文选》(第一卷),人民出版社,2006年,第273页。
② 《江泽民文选》(第一卷),人民出版社,2006年,第273~276页。
③ 《江泽民文选》(第一卷),人民出版社,2006年,第276页。

个问题上,任何时候都不能有丝毫含糊。省、地(市)、县委主要负责同志要亲自抓农村工作。各级党委和政府要牢固树立以农业为基础的思想,把农村工作摆在重要地位,按照党的十五大的战略部署,努力开创我国农业和农村工作的新局面"①。这些思想,为改革开放新时期如何进一步解决好农业、农村、农民问题提供了基本遵循。

胡锦涛从统筹城乡发展和建设小康社会的战略全局出发,强调党的领导在解决农业、农村、农民问题中的重要性。胡锦涛指出:"我们要坚持把解决好农业、农村、农民问题作为全党工作的重中之重,按照统筹城乡发展的要求,稳定和完善支持农民增收和粮食增产的各项政策措施,加强农业和农村基础设施建设,深化农村税费改革,积极开拓农民增收渠道和途径。要在国家总体实力不断增强的基础上,在深入挖掘农业和农村发展潜力的同时,不断加大对农业发展的支持力度,发挥城市对农村的辐射和带动作用,发挥工业对农业的支持和反哺作用,走城乡互动、工农互促的协调发展道路。"②2005年10月11日,胡锦涛在党的十六届五中全会第二次全体会议上的讲话中进一步强调:"农业、农村、农民问题,是决定全面建设小康社会进程的关键问题,也是关系党和国家工作全局的根本性问题。农业丰则基础强,农民富则国家盛,农村稳则社会安。历史经验表明,'三农'问题解决好了,经济社会发展就能赢得主动,反之就会出现波折。目前,制约农业和农村发展的深层次矛盾尚未消除,促进农民持续稳定增收的长效机制尚未形成,农村经济社会发展滞后的局面也还没有根本改变,解决好'三农'问题依然是一项长期的历史任务,必须始终作为全党工作的重中之重。我们要统一思想,提高认识,搞好规划,扎实推进,把建设社会主义新农村任务落到实处。"③2006

---

① 《江泽民文选》(第二卷),人民出版社,2006年,第220页。

② 《胡锦涛文选》(第二卷),人民出版社,2016年,第247页。

③ 《胡锦涛文选》(第二卷),人民出版社,2016年,第366~367页。

年2月14日,他在省部级主要领导干部建设社会主义新农村专题研讨班开班式上的讲话中指出:"重视农业、农村、农民问题是我们党的一贯战略思想。'三农'问题始终是关系党和人民事业发展的全局性和根本性问题,农业丰则基础强,农民富则国家盛,农村稳则社会安。在21世纪新阶段,我们必须始终不渝地高度重视并认真解决好'三农'问题,不断开创'三农'工作的新局面。"①这些讲话精神和思想为新形势下解决中国的农业、农村问题提供了根本指导和奋进方向。

自党的十八大以来,以习近平同志为核心的党中央始终坚持把解决好"三农"问题作为全党工作的重中之重,确保党在农村工作中始终总揽全局、协调各方,党对农村工作的领导不断强化和完善,形成了重视和支持农业农村工作的体制与机制。习近平强调:"党管农村工作是我们的传统。这个传统不能丢。各级党委要加强对'三农'工作的领导,各级领导干部都要重视'三农'工作,多到农村去走一走、多到农民家里去看一看,真正了解农民诉求和期盼,真心实意帮助农民解决生产生活中的实际问题,推动农村经济社会持续健康发展。"②每年召开中央农村工作会议专题部署农业农村工作,出台中央一号文件确定落实举措,及时研究农村重大政策和重要事项,为解决农村、农业、农民问题提供基本遵循。

2012年12月31日印发的《中共中央 国务院关于加快发展现代农业进一步增强农村发展活力的若干意见》指出:"各级党委和政府要切实加强和改善对'三农'工作的领导,确保劲头不松懈、力度不减弱、力量有加强。各级党政领导干部要把熟悉党的'三农'政策和国情农情作为必修课,把善于

---

① 《尊重农民意愿,维护农民利益,增进农民福祉,扎扎实实规划和推进社会主义新农村建设(胡锦涛在省部级主要领导干部建设社会主义新农村专题研讨班开班式上的讲话)》,《人民日报》,2006年2月15日。

② 中共中央党史和文献研究院编:《习近平关于"三农"工作论述摘编》,中央文献出版社,2019年,第187页。

做好新时期'三农'工作当作基本功,切实转变工作作风,深入基层调查研究,不断提高'三农'工作水平。"①

2013年12月23日,习近平在中央农村工作会议上的讲话中强调:"中国要强,农业必须强;中国要美,农村必须美;中国要富,农民必须富。农业基础稳固,农村和谐稳定,农民安居乐业,整个大局就有保障,各项工作都会比较主动。因此,我们必须坚持把解决好'三农'问题作为全党工作重中之重,坚持工业反哺农业、城市支持农村和多予少取放活方针,不断加大强农惠农富农政策力度,始终把'三农'工作牢牢抓住、紧紧抓好。"②

2015年12月31日,《中共中央、国务院关于落实发展新理念加快农业现代化实现全面小康目标的若干意见》指出:"农业是全面建成小康社会、实现现代化的基础。我们一定要切实增强做好'三农'工作的责任感、使命感、紧迫感,任何时候都不能忽视农业、忘记农民、淡漠农村,在认识的高度、重视的程度、投入的力度上保持好势头,始终把解决好'三农'问题作为全党工作重中之重,坚持强农惠农富农政策不减弱,推进农村全面小康建设不松劲,加快发展现代农业,加快促进农民增收,加快建设社会主义新农村,不断巩固和发展农业农村好形势。"③提出要"坚持把解决好'三农'问题作为全党工作重中之重不动摇,以更大的决心、下更大的气力加快补齐农业农村这块全面小康的短板"④。

2016年4月25日,习近平在农村改革座谈会上的讲话进一步强调:"办

---

① 中共中央文献研究室:《十八大以来重要文献选编》(上),中央文献出版社,2014年,第108页。

② 中共中央文献研究室:《十八大以来重要文献选编》(上),中央文献出版社,2014年,第658页。

③ 中共中央党史和文献研究院:《十八大以来重要文献选编》(下),中央文献出版社,2018年,第103页。

④ 中共中央党史和文献研究院:《十八大以来重要文献选编》(下),中央文献出版社,2018年,第121页。

好农村的事情,关键在党。党管农村工作是我们的传统。这个传统不能丢。"①

2019年8月19日,中共中央印发的《中国共产党农村工作条例》规定:"坚持党对农村工作的全面领导,确保党在农村工作中总揽全局、协调各方,保证农村改革发展沿着正确的方向前进。"②

2020年12月28日至29日,中央农村工作会议在北京召开,习近平出席并发表重要讲话,他指出:"要加强党对'三农'工作的全面领导。各级党委要扛起政治责任,落实农业农村优先发展的方针,以更大力度推动乡村振兴。县委书记要把主要精力放在'三农'工作上,当好乡村振兴的'一线总指挥'。要选优配强乡镇领导班子、村'两委'成员特别是村党支部书记。"③

以上历届党和国家主要领导人关于重视"三农"工作的基本思想和理论主张,为做好新时代的"三农"工作提供了根本遵循和奋进方向,不断推动着农业农村发展取得历史性成就、发生历史性变革。

**(二)坚持党对农村工作的全面领导是贯彻落实党的全面领导的根本原则的必然要求**

党的领导是党和国家的根本和命脉。党的十九大报告指出:"党政军民学,东西南北中,党是领导一切的。"④中国共产党的领导是中国特色社会主义最本质的特征,也是坚持和发展中国特色社会主义最根本的规律总结。

---

① 中共中央党史和文献研究院编:《习近平关于"三农"工作论述摘编》,中央文献出版社,2019年,第188页。

② 《中国共产党农村工作条例》,人民出版社,2019年,第2页。

③ 《习近平在中央农村工作会议上强调:坚持把解决好"三农"问题作为全党工作重中之重促进农业高质高效乡村宜居宜业农民富裕富足》,《人民日报》,2020年12月30日。

④ 习近平:《决胜全面建成小康社会 夺取新时代中国特色社会主义伟大胜利——在中国共产党第十九次全国代表大会上的报告》,人民出版社,2017年,第20页。

中国共产党是最高政治领导力量,"在当今中国,没有大于中国共产党的政治力量或其他什么力量"①。在中国特色社会主义新时代,中国共产党是政治方向的引领者、政治体系的统领者、重大决策的决断者、社会治理的领导者。②党的十九届四中全会指出:"健全总揽全局、协调各方的党的领导制度体系,把党的领导落实到国家治理各领域各方面各环节。"③在全面建设社会主义现代化国家的实践中,贯彻落实党的全面领导既是政治要求,又是各项事业顺利推进、取得成功的根本保证。

坚持党的全面领导,"三农"工作自然不能例外。"坚持和完善党对农村工作的全面领导制度,是新时代健全党的全面领导制度的重要领域与重要环节,是实现农业农村现代化的根本保障。"④农村基层党组织是贯彻落实党的路线方针政策和各项决定的依靠力量,是党在农村发挥全面领导作用的组织基础,在农村各个组织和各项工作中居于领导核心的地位。要把坚持党的领导贯穿到农村工作的方方面面,就要充分发挥农村基层党组织在农村各领域、各层次、各环节中的领导核心作用。"把农村基层党组织建设成为宣传党的主张、贯彻党的决定、领导基层治理、团结动员群众、推动改革发展的坚强战斗堡垒。"⑤但在实际工作中,党对农村工作的全面领导层面还存在不少弱项。针对这些问题,习近平强调:"面对新时代农村工作的任务和要求,当前党领导'三农'工作的体制机制、干部队伍、农村基层组织还不能很

① 中共中央文献研究室编:《习近平关于社会主义政治建设论述摘编》,中央文献出版社,2017年,第30页。

② 中共中央党校:《习近平新时代中国特色社会主义思想基本问题》,人民出版社,2020年,第87、89~91日。

③ 《中共中央关于坚持和完善中国特色社会主义制度、推进国家治理体系和治理能力现代化若干重大问题的决定》,人民出版社,2019年,第6页。

④ 董峻、王立彬:《中央农村工作会议在北京举行》,《光明日报》,2017年12月30日。

⑤ 中共中央党史和文献研究院编:《习近平关于"三农"工作论述摘编》,中央文献出版社,2019年,第189页。

好适应。在一些地方,对党管农村工作重要性的认识淡漠了,党管农村工作的原则放松了、力度削弱了。干部队伍中,愿意做农村工作的少了,会做农村工作的更少了,不少干部对农业农村情况不够了解,讲农村、讲农业内行话不多,有的听不懂农民的话,对农民的感情不深。一些新上任的领导干部,没有'三农'工作经验,缺乏领导农村工作本领。这种状况不改变,就会影响到乡村振兴战略的有效实施。"①

在具体实践中,农村基层党组织的领导核心地位是具体而实实在在的,不是抽象和虚无缥缈的。要始终确保农村基层党组织能够协调各方,保证农村发展朝着正确的方向前进。这种领导核心作用,主要体现在贯彻落实党在农村的各项路线方针政策、引领农村社会中各种组织、领导农村各项工作、凝聚广大农村群众等方面。

其一,农村基层党组织要始终成为贯彻落实党在农村的各项路线方针政策的领导核心,是执行中央和各级党组织决策部署的领导者、组织者、推动者。其二,农村基层党组织要始终成为农村各种组织的领导核心。"村党组织全面领导村民委员会及村务监督委员会、村集体经济组织、农民合作组织和其他经济社会组织。"②农村社会中的行政组织、经济组织、合作组织、群众自治组织,以及各类社会组织、服务组织等,都要在农村基层党组织的领导下,按照法律规定和各自章程有序开展工作。其三,农村基层党组织要始终成为农村各项工作的领导核心。凡是涉及农村经济社会发展的重大问题和重要事项,都必须由村党组织在广泛征求意见的基础上最后决定领导实施。其四,农村基层党组织要始终成为凝聚广大农村群众的领导核心。广大农村基层党组织要深入群众、贴近群众,充分了解农村群众的所思、所盼、

---

① 中共中央党史和文献研究院编:《习近平关于"三农"工作论述摘编》,中央文献出版社,2019年,第191页。

② 《关于加强和改进乡村治理的指导意见》,人民出版社,2019年,第3页。

所忧,成为组织群众、动员群众、引导群众的"主心骨",团结带领群众共同建设美好生活。

### (三)坚持党对农村工作的全面领导是确保乡村振兴战略沿着正确方向前进的根本保障

习近平指出:"办好农村的事情,实现乡村振兴,关键在党。必须提高党把方向、谋大局、定政策、促改革的能力和定力,确保党始终总揽全局、协调各方,提高新时代党全面领导农村工作能力和水平。"①我国农村情况复杂,不同区域的农村之间发展不平衡性问题也较为突出,振兴乡村非朝夕之功,必须始终坚持和加强党对农村工作的全面领导,发挥好农村基层党组织在乡村振兴中的领导核心作用。

实现乡村振兴,必须在党的领导下走中国特色社会主义乡村振兴道路。实施乡村振兴战略,顺应农民新期盼,符合农民新祈求。但乡村振兴的实现必须立足中国国情、农情、社情和民情,要坚持在党的领导下走中国特色的社会主义乡村振兴道路。中国人口众多,而农耕文明又在中华历史文化中占有主体地位,这就决定了中国的乡村振兴既不能全盘照抄西方乡村社会发展的模式,也不能沿袭中国历史进程中曾经促进个别区域乡村兴旺发达的老路,中国的乡村振兴必须是富含中国元素、富有中国特色的乡村振兴,在实施方式、实施目标、实施路径、实施理念、实施保障等方面都有自己的特色与优势。

第一,在城乡定位上要重塑城乡关系,走城乡融合发展之路。城市和农村是命运共同体,在传承历史文化、为人类生存与发展提供条件等方面不存在谁重要、谁次要的问题,而只有发展速度的快慢和发展程度的高低等问

---

① 中共中央党史和文献研究院编:《习近平关于"三农"工作论述摘编》,中央文献出版社,2019年,第190页。

题。但是推进城镇化水平,决不能以农业的萎缩、乡村的凋敝为代价,农村绝不能成为荒芜的农村和留守的农村。在新时代,必须树立正确的城乡观念,乡村和城市都有自身的功能与优势,都能在经济社会发展中发挥自身的价值。要走城乡融合发展道路,既要推进城镇化,发挥城镇对农村的辐射作用,又要推进新技术、新资源、新人才主动"上山下乡"投身乡村振兴,加大农村公共基础建设和公共服务的提供,缩小城乡差距。

第二,要巩固和完善农村基本经营制度,走共同富裕之路。共同富裕是社会主义的本质,也是乡村振兴的根本价值追求。在中国特色社会主义制度下,农村基本经营制度既是乡村振兴的基础,也是走向共同富裕的根本依靠。习近平强调:"农村基本经营制度是党的农村政策的基石。坚持党的农村政策,首要的就是坚持农村基本经营制度。"①因此,必须坚持农村土地集体所有、坚持家庭经营的基础地位和坚持稳定土地承包关系的政策不动摇,为乡村振兴战略的推进奠定制度基础。

第三,要不断深化和推进农业供给侧结构性改革,走质量兴农之路。新时代中国社会主要矛盾的变化要求广大农村必须加快产业结构、产业体系、经营体系的调整,不断提高农业的综合效益和竞争能力。要进一步挖掘乡村的多重价值,注重发挥乡村的生态涵养功能、休闲观光功能、文化体验功能、健康养老功能,树立一批休闲农业和乡村旅游精品品牌,培育一批美丽休闲乡村、休闲农庄(园)、康养基地、乡村民居、乡村旅游区(点)等精品和示范区,加快发展乡村特色产业、新业态、新商业模式,促进乡村产业的优化升级。

第四,坚持人与自然和谐共生的理念,走绿色发展之路。中国的乡村振兴是可持续性的振兴,是代代相继的乡村振兴,这就要从根本上改变"竭泽

---

① 中共中央党史和文献研究院编:《习近平关于"三农"工作论述摘编》,中央文献出版社,2019年,第50页。

而渔、焚林而猎”的粗放型农业生产和生活方式,要正确处理好人口、资源、环境之间的关系,处理好发展经济和保护生态之间的关系,以绿色发展引领乡村振兴。要尊重自然、顺应自然,树立“绿水青山就是金山银山”的理念,探索如何将乡村的生态优势转化为发展生产,提升生活质量的优势。

第五,营造乡村振兴的良好社会氛围,凝聚振兴乡村的强大合力。乡村振兴是党和国家的时代战略,也是全社会和各民族之大事,实现乡村全面振兴,需要凝聚全社会之力量。党的十九大提出实施乡村振兴战略,“总要求是‘产业兴旺、生态宜居、乡风文明、治理有效、生活富裕’,涵盖农村‘五位一体’总体布局和乡村‘五大振兴’,涉及领域广、目标要求高,绝不是轻轻松松、敲锣打鼓就能实现的”[①]。2020年的中央农村工作会议提出:“全党务必充分认识新发展阶段做好‘三农’工作的重要性和紧迫性,坚持把解决好‘三农’问题作为全党工作重中之重,举全党全社会之力推动乡村振兴,促进农业高质高效、乡村宜居宜业、农民富裕富足。”[②]这就需要充分发挥党的政治优势和组织优势,通过政策宣传、组织动员、典型示范,统一全社会的思想认知和行动方向,让乡村振兴成为全社会的行动,汇集和凝聚振兴乡村的强大力量。

## 二、以贯彻新发展理念强化思想引领

党中央提出的乡村振兴战略,总目标是农业农村现代化,总方针是坚持农业农村优先发展,总要求是产业兴旺、生态宜居、乡风文明、治理有效、生活富裕。从乡村振兴战略的总目标、总方针和总要求来看,乡村振兴实质上

---

① 吴宏耀:《加强党对乡村振兴的集中统一领导》,《求是》,2018年第14期。

② 习近平:《坚持把解决好“三农”问题作为全党工作重中之重 促进农业高质高效乡村宜居宜业农民富裕富足》,《人民日报》,2020年12月30日。

关涉的是乡村如何发展的问题。具体可以理解为总的发展目标是要以农业农村现代化为价值取向,总的发展方针是要坚持农业农村在其他部门行业中的优先发展地位,总的发展要求是对乡村社会的政治、经济、文化、社会和生态等各个领域提出了发展方向。

思想是行动的先导,中国共产党自成立至今就是一个十分重视思想理论武装的政党。每当贯彻中央重大决策部署和重大决定时刻,首先要用最新的思想和理论统一人们的认识和行动。一定的发展实践都是由一定的发展理念来引领的,乡村振兴作为中国的重大发展战略之一,是对乡村的未来发展作出的最新部署和路线设计,要有序、有效推进乡村各方面的发展,并最终实现乡村全面振兴,就必须有新的发展理念作为引领和指导。习近平指出:"发展理念是否对头,从根本上决定着发展成效乃至成败。实践告诉我们,发展是一个不断变化的进程,发展环境不会一成不变,发展条件不会一成不变,发展理念自然也不会一成不变。"[1]

新发展理念的具体内容包括"创新、协调、绿色、开放、共享",是党的十八届五中全会根据我国经济发展环境、发展条件、发展任务、发展要求等方面发生的新变化提出的新发展的指导思想。习近平指出:"发展理念搞对了,目标任务就好定了,政策举措跟着也就好定了。"[2]并强调:"这五大发展理念,是在深刻总结国内外发展经验教训、深入分析国内外发展大势的基础上提出来的,集中反映了我们党对我国经济发展规律的新认识,同马克思主义政治经济学的许多观点是相通的。"[3]新发展理念中,创新发展强调的是要

---

[1] 中共中央文献研究室:《习近平关于社会主义经济建设论述摘编》,中央文献出版社,2017年,第20~21页。

[2] 中共中央文献研究室:《习近平关于社会主义经济建设论述摘编》,中央文献出版社,2017年,第21页。

[3] 中共中央文献研究室:《习近平关于社会主义经济建设论述摘编》,中央文献出版社,2017年,第31页。

解决好经济社会发展的动力问题,更加注重创新驱动,要重视创新在经济社会发展全局中的核心位置,让创新贯穿党和国家的一切工作领域。协调发展强调的是要解决好发展的不平衡性,要尽可能减少或阻止"木桶效应"对经济社会整体发展效能的冲击,处理好区域、城乡、经济和社会、物质和精神、发展和安全的关系,增强发展的整体性和协调性。绿色发展强调的是要解决好人与自然的关系问题,既要发展生产、满足人民群众生活水平,也要注意保护环境、爱护环境,确保发展的可持续性和文明性。开放发展强调的要解决好发展的内外关系问题,既要挖掘国内市场、用好国内资源,又要开拓国外市场、用好国外资源,提升对外开放的质量和内外联动的程度。共享发展强调的是要解决好发展中社会公平正义问题,既要大力发展生产力,做大"蛋糕",又要兼顾社会公平正义,分好"蛋糕",实现"发展成果由人民共享"的发展目标。

新发展理念相互贯通、相互促进,是关系我国发展全局的一场深刻变革,全党必须坚决贯彻执行。对此,习近平号召:"全党同志要把思想和行动统一到新的发展理念上来,尊崇创新、注重协调、倡导绿色、厚植开放、推进共享,努力提高统筹贯彻新发展理念的能力和水平,确保如期全面建成小康社会、开启社会主义现代化建设新征程。"[1]在全面建设社会主义现代化的进程中,各级党组织一定要提高对新发展理念的认识,提升贯彻新发展理念的能力和水平,不断推进新发展理念在社会各个领域全面实践。

新时代,农村基层党组织引领乡村振兴必须以新发展理念为指引,加强对乡村经济社会发展的思想引领。习近平强调:"面对十分复杂的国内外环境,肩负繁重的执政使命,如果缺乏理论思维,是难以战胜各种风险和困难

---

① 《习近平在重庆调研时强调 落实创新协调绿色开放共享发展理念 确保如期实现全面建成小康社会目标》,《人民日报》,2016年1月7日。

的,也是难以不断前进的。"①这就要求党的理论创新每前进一步,社会各领域的理论武装就要跟进一步。推进乡村振兴战略,思想和认识必须跟上时代步伐,不能身子进了新时代,思想认识还停留在过去,推进乡村发展还是老观念、老套路、老办法。广大农村基层党组织要自觉以新发展理念统领乡村振兴工作的全局,要深刻认识到"创新发展有利于解决乡村发展的动力问题、协调发展有利于解决乡村发展的不平衡问题、绿色发展有利于解决乡村发展的人与自然和谐问题、开放发展有利于解决乡村发展的内外联动问题、共享发展有利于解决乡村发展的公平正义问题"②。农村基层党组织要将贯彻落实新发展理念视为有效破解"三农"发展难题、推动乡村经济社会高质量发展的关键一环。

在实践中,一是要带领广大人民群众坚持走创新发展之路。习近平强调:"新的发展理念就是指挥棒,要坚决贯彻。对不适应、不适合甚至违背新的发展理念的认识要立即调整,对不适应、不适合甚至违背新的发展理念的行为要坚决纠正,对不适应、不适合甚至违背新的发展理念的做法要彻底摒弃。"③广大农村基层党组织把创新摆在乡村振兴的核心位置,使创新的理念深入人心,不断推进乡村规划创新,推广应用新型农业生产科技。

二是要带领广大人民群众坚持走协调发展之路。要重点做好产业的协调发展,分区的协调发展和人才的协调发展。"产业协调发展,在发展生态农业的基础上,探索以农业为基础,以乡村休闲旅游为核心,探索建立一、二、三产业融合的现代化生态生产体系;分区协调发展,依据不同自然禀赋、区位交通、经济基础等因素,按照生产、生活、生态不同的功能,统筹兼顾、分类

---

① 习近平:《在全国党校工作会议上的讲话》,《求是》,2016年第9期。

② 常庆欣:《坚持新发展理念,引领乡村振兴》,《经济日报》,2020年5月7日。

③ 《习近平在重庆调研时强调 落实创新协调绿色开放共享发展理念 确保如期实现全面建成小康社会目标》,《人民日报》,2016年1月7日。

施策、分类指导；人才协调发展，要高度重视村党支部书记后备人选的培养工作。培育新型职业农民、全面建立职业农民制度。"[1]

三是要带领广大人民群众坚持走绿色发展之路。要把绿色、环保、生态等乡村的自然禀赋转化为乡村经济社会发展的优势，让绿色发展理念深入人心、化为实践。

四是要带领广大人民群众坚持走开放发展之路。要引导广大农村群众认清新型工业化、信息化、城镇化、农业现代化在我国同步发展的大势，动员各类社会主体积极参与乡村振兴，构建和完善多元参与、互利共赢的乡村发展机制。

五是要带领广大人民群众坚持走共享发展之路。一方面，要引导广大农村群众发扬"守望相助、和衷共济"的精神，促进先富带动后富；另一方面，要探索和设计更有效的制度，使人民在乡村振兴的共建共享中有更多获得感、幸福感、安全感，实现发展成果由人民共享的目标。

## 三、以推进乡村全面振兴强化方向引领

改革开放四十多年来，中国经济社会发展整体上取得了翻天覆地的变化，经济总量已牢牢位居世界第二位。但中国经济社会发展并不平衡，尤其是城市发展远快于乡村，城乡之间的差距在不断拉大，"一条腿长、一条腿短"的问题还比较突出。造成城乡发展的不平衡性问题，既有乡村自身特性和国家战略安排的因素，也有乡村发展路径选择的因素。从过去的社会主义新农村建设到城乡一体化，党和国家在不同时期对农业农村的发展都有相应的重点部署和策略安排，但这些调整在促进农村经济发展、提升广大农

---

① 张俊、李章军、胡雄光等：《围绕新发展理念，践行乡村振兴战略》，《学习时报》，2019年1月30日。

村群众生活水平的同时,一些问题仍然需要得到重视和根治,比如农业污染问题、生态环境问题、乡村凋敝和农业萎缩问题、乡村治理基础薄弱问题、乡村文化不够繁荣等问题。这些问题的解决,需要新的乡村发展策略。

党的十九大报告中所提出的乡村振兴是对乡村发展作出的全新安排,是要推动乡村社会全方位、全领域、全系统的振兴,振兴的方向是全面振兴,具体包括产业振兴、人才振兴、文化振兴、生态振兴和组织振兴五大振兴,并最终实现农业的全面升级、农村的全面进步、农民的全面发展。习近平在湖北省考察时进一步对五个振兴提出具体要求和目标:"要聚焦产业兴旺、生态宜居、乡风文明、治理有效、生活富裕,着力推进乡村产业振兴、人才振兴、文化振兴、生态振兴、组织振兴,加快构建现代农业产业体系、生产体系、经营体系,把政府主导和农民主体有机统一起来,充分尊重农民意愿,激发农民内在活力,教育引导广大农民用自己的辛勤劳动实现乡村振兴。"[①]这为进一步坚持乡村全面振兴,以及如何实现乡村全面振兴提供了方向指导。

广大农村基层党组织要准确把握乡村五大振兴的科学内涵。乡村振兴离不开乡村产业的发展、乡村社会的有序、乡村文化的繁荣、乡村人居环境的美丽、乡村人才的集聚,以及基层党组织建设质量的提升,只有这些方面都得到发展和进步,乡村才会成为有强大吸引力的家园,乡村才能真正振兴。五大振兴本质上是社会主义事业"五位一体"总体布局和"四个全面"战略布局在"三农"工作中的具体体现,也是新时代做好"三农"工作的具体目标。广大农村基层党组织要深刻认识实施五个振兴的重要性和必要性,要深刻把握五大振兴本身的具体内涵、关注重点和基本要求,在具体实践中以五个振兴为奋进方向和工作目标,扎扎实实把乡村振兴战略实施好。

其一,产业振兴的核心在于如何发展壮大乡村产业,促进农民增产增

---

① 习近平:《进一步坚持新发展理念打好"三大攻坚战",奋力谱写新时代湖北发展新篇章》,《人民日报》,2018年4月29日。

收。2018年3月8日，习近平参加山东代表团审议时强调："要推动乡村产业振兴，紧紧围绕发展现代农业，围绕农村一、二、三产业融合发展，构建乡村产业体系，实现产业兴旺，把产业发展落到促进农民增收上来，全力以赴消除农村贫困，推动乡村生活富裕。"①但有研究指出，"乡村底子薄、发展滞后，城乡居民收入差距较大。2019年，农村居民人均可支配收入仅为城镇居民的38%。近年来，城乡收入比缩小幅度逐渐收窄，农民持续增收面临比较大的挑战。现代化农业产业体系尚不健全，生产体系、经营体系和组织体系还不完善，农业的产业链条短、附加值低、竞争力弱，农业农村经济增长仍然相对滞后"②。因此，实现乡村的产业振兴必须加快构建现代农业产业体系，根据乡村区域特点优化生产布局，调整农业产业结构，推进农业供给侧结构性改革，推进乡村一、二、三产业的融合发展水平，培育乡村的新产业、新业态，壮大乡村特色产业优势；必须加快构建现代农业生产体系，推进现代农业生产技术应用到农业生产中，将农业现代化与小农生产方式有机结合，提升农业生产的效率；必须加快构建现代经营体系，完善利益联结机制，积极培育新型农业经营主体，提升农民参与程度，促进农民增收。

其二，人才振兴的核心在于培养新型职业农民和构建高质量的"三农"工作队伍。乡村振兴，关键在人，核心在于如何构建在人才数量、人才结构和人才质量上能够满足乡村振兴需要的人才队伍。农民是乡村振兴的主力军，乡村振兴的根本依靠力量是农民本身。习近平强调："要推动乡村人才振兴，把人力资本开发放在首要位置，强化乡村振兴人才支撑，加快培育新型农业经营主体，让愿意留在乡村、建设家乡的人留得安心，让愿意上山下乡、回报乡村的人更有信心，激励各类人才在农村广阔天地大施所能、大展

---

① 《习近平2018年3月8日在参加十三届全国人大一次会议山东代表团审议时的讲话要点》，《人民日报》，2018年3月9日。

② 丛书编写组：《推进以人为核心的新型城镇化》，中国市场出版社，2020年，第194页。

才华、大显身手,打造一支强大的乡村振兴人才队伍,在乡村形成人才、土地、资金、产业汇聚的良性循环。"①农村基层党组织既要积极争取政府、高校、企业等各种资源举办各类农民专业技术培训班,又要动员广大农民积极参与培训,提升广大农村群众的农业生产技能和市场经营意识,更多地培养爱农业、懂技术、善经营的新型职业农民,提升农业农村人力资本的质量。同时,也要积极创造条件,鼓励企业人士、高校毕业生和各类人才到乡村创新创业和参与基层服务与治理,大力支持"回乡""城归"群体和外出务工农民回乡创业就业和参与乡村服务与治理。要构建一批高质量的"三农"工作队伍,选拔和培养一支"懂农业、爱农村、爱农民"的"三农"工作队伍,并发挥好他们在乡村振兴中的参谋和带动作用,为乡村振兴输送新鲜血液,提供队伍保障。

其三,文化振兴的核心在于构建以社会主义核心价值观为引领的乡村文化体系。文化是一个国家和民族的灵魂。文化兴,则国运兴;文化强,则民族强。农村基层党组织推动乡村全面振兴,必须发挥好文化对乡村发展的引领促进作用。中国乡村之所以能在中国历史长河中始终永葆生机活力,其根本在于农耕文化和乡土文化的滋润与涵养,在于乡村文化中蕴藏着中华优秀传统文化的基因。乡村振兴,既要大力发展经济,夯实物质基础,又要繁荣兴盛乡村文化、提振精神,筑牢乡村振兴的思想文化基础,始终为乡村振兴提供不竭动力。在中国特色社会主义新时代,没有乡村文化的繁荣发展,乡村振兴的时代目标就难以根本实现。推进乡村文化振兴既是繁荣社会主义文化的必然要求,又是实现乡村全面振兴的实践需要。针对如何实现乡村文化振兴,习近平强调:"要推动乡村文化振兴,加强农村思想道德建设和公共文化建设,以社会主义核心价值观为引领,深入挖掘优秀传统

---

① 《习近平2018年3月8日在参加十三届全国人大一次会议山东代表团审议时的讲话要点》,《人民日报》,2018年3月9日。

农耕文化蕴含的思想观念、人文精神、道德规范,培育挖掘乡土文化人才,弘扬主旋律和社会正气,培育文明乡风、良好家风、淳朴民风,改善农民精神风貌,提高乡村社会文明程度,焕发乡村文明新气象。"[1]因此,广大农村基层党组织要把乡村文化振兴贯穿乡村经济社会发展的各领域、全过程,抓住乡村文化振兴的关键环节,积极推进乡村文化建设,发挥好乡村文化对乡村经济社会发展的促进作用。一要大力加强农村思想道德文化建设。发挥社会主义核心价值观的引领作用,加强村风民俗和农村公民道德建设,深入推进爱国主义、集体主义、社会主义教育,深化民族团结进步教育;增强阵地意识,用马克思主义主流意识形态巩固农村思想文化阵地,消除不良社会思潮对乡村思想文化的影响;加强乡村诚信教育,强化农民的社会责任意识、规则意识和集体意识,构建和完善乡村守信激励和失信惩戒的规范和机制。二要保护和弘扬乡村优秀传统文化。农村基层党组织要根据统一规划和国家相关要求,明确所辖村庄的类型(是否属于文物古迹、传统村落、民族村寨、传统建筑、农业遗迹、灌溉工程遗产等),并根据村庄类型采取必要的保护措施;重塑乡村文化生态,深入挖掘村庄的特色文化内涵,凝练村庄的地方性和民族性文化元素,保护乡村原生建筑和村落格局,保持和弘扬乡村的人文之美、农业之美和绿色之美。三要丰富乡村的文化生活。农村基层党组织要发挥村级党员群众服务中心的综合功能,加大村级公共文化服务基础设施建设,建好村级文化书屋、新时代文明实践站,充分发挥好乡村大喇叭、文化墙等老载体的新作用和新功能;培育挖掘本村的乡土文化人才,广泛开展形式多样的群众性文化体育活动,加大对乡村文化演出市场的监督,营造积极、健康、向上的乡村文化市场氛围,促进广大乡村形成文明村风、淳朴民风。

---

① 《习近平在参加十三届全国人大一次会议山东代表团审议时的讲话要点(2018年3月8日)》,《人民日报》,2018年3月9日。

　　其四,生态振兴的核心在于推进农业的绿色发展和乡村人居环境的改善。生态兴,则文明兴;生态衰,则文明衰。习近平指出:"纵观世界发展史,保护生态环境就是保护生产力,改善生态环境就是发展生产力"①;"建设生态文明,关系人民福祉,关乎民族未来"②。农村基层党组织在推进乡村振兴的实践中要自觉遵循人类文明发展的基本规律,自觉保护生态环境,走出一条符合中国国情的生态振兴之路。让农业成为有奔头的产业是党和国家推进乡村振兴的必然目标,让乡村成为安居乐业的美丽家园是广大农村群众对美好生活的期盼。这就要求在推进乡村生态振兴的过程中,要始终以推进农业的绿色发展和改善乡村人居环境为基本遵循。对此,习近平强调:"要推动乡村生态振兴,坚持绿色发展,加强农村突出环境问题综合治理,扎实实施农村人居环境整治三年行动计划推进农村'厕所革命',完善农村生活设施,打造农民安居乐业的美丽家园,让良好生态成为乡村振兴支撑点。"③在推进农业绿色发展的过程中,农村基层党组织要引导广大农村群众强化农业资源的保护和节约利用,要像保护眼睛一样保护农业生态环境,实施农业节水行动,提升节水意识,建设节水型乡村;降低对农业生产耕地的开发利用强度,根据国家统一安排,实施耕地轮作休耕计划;要自觉推进农业绿色生产,减少农药和化肥的使用量,集中处置废旧地膜,加强对畜禽粪污和秸秆等农业废弃物的综合利用。在推进乡村人居环境改善的工作中,农村基层党组织要以建设美丽宜居村庄为导向,开展农村人居环境整治提升行动,大力推进农村垃圾革命、污水革命、厕所革命,着力打造天更蓝、水

---

① 中共中央文献研究室编:《习近平关于社会主义生态文明建设论述摘编》,中央文献出版社,2017年,第4页。

② 中共中央文献研究室编:《习近平关于社会主义生态文明建设论述摘编》,中央文献出版社,2017年,第5页。

③ 《习近平在参加十三届全国人大一次会议山东代表团审议时的讲话要点(2018年3月8日)》,《人民日报》,2018年3月9日。

更清、地更绿的美丽乡村家园,有效提升村容村貌。

其五,组织振兴的核心在于建强农村基层党组织,提升农村基层党组织的建设质量。农村工作千头万绪,抓好农村基层党组织是关键环节和一贯经验。党的力量来自组织,实现乡村的组织振兴不仅直接关系到国家治理体系和治理能力现代化目标的实现,也是关乎乡村振兴战略的全面推进和乡村全面振兴目标的实现。结合我国国情,组织振兴是乡村振兴的重要保障,组织兴则村兴;组织振兴也是乡村振兴的动力引擎,组织强则村强。习近平高度重视组织振兴在乡村振兴中的地位与作用,他指出:"要推动乡村组织振兴,打造千千万万个坚强的农村基层党组织,培养千千万万名优秀的农村基层党组织书记,深化村民自治实践,发展农民合作经济组织,建立健全党委领导、政府负责、社会协同、公众参与、法治保障的现代乡村社会治理体制,确保乡村社会充满活力、安定有序。"①因此,农村基层党组织要大力推动抓党建促乡村振兴,进一步加强自身建设,提升自身组织力,发挥自身在乡村振兴中的功能。农村基层党组织建设的重点是突出自身的政治功能建设,把自身建成"宣传党的主张、贯彻党的决定、领导基层治理、推动改革发展的坚强战斗堡垒"②。

一要健全以党组织为核心的组织体系。针对如何构建以党组织为核心的组织体系,习近平强调:"要建立和完善以党的基层组织为核心、村民自治和村务监督组织为基础、集体经济组织和农民合作组织为纽带、各种经济社会服务组织为补充的农村组织体系,使各类组织各有其位、各司其职。"③农村基层党组织要不断创新组织设置方式,扩大党组织的覆盖面,使党组织有

---

① 《习近平在参加十三届全国人大一次会议山东代表团审议时的讲话要点(2018年3月8日)》,《人民日报》,2018年3月9日。

② 《中国共产党农村基层工作条例》,党建读物出版社,2019年,第2页。

③ 《十八大以来重要文献选编》(上),中央文献出版社,2014年,第685页。

效嵌入社会的各个层面和各个领域；加强农村新型经济组织和社会组织的党建工作，引导各类组织始终坚持为民服务的正确方向。

二要加强农村基层党组织带头人队伍的建设力度。按严格标准选人，坚持把那些政治素质好、道德品行好、带富能力强、协调能力强的优秀党员作为农村基层党组织负责人的重要人选；加大培养力度，探索农村基层党组织后备队伍建设的机制，确保党组织负责人后继有人。

三要加强农村基层党员队伍的教育与管理。党员是组织的肌体，党员的质量直接关系组织的力量彰显和作用的发挥。深入开展党员日常教育活动，用习近平新时代中国特色社会主义思想武装广大农村党员；科学设定农村党员教育内容，根据农村党员思想实际和农村社会生产生活需要开展党员教育；创新农村党员教育方式，综合采用报纸、广播、电视、互联网和各种新媒体等多种教育方式，线上线下相结合，增强农村党员教育的针对性和实效性；加强农村党员的日常管理，规范党员言行，建立不合格党员退出机制，充分发挥农村党员在乡村振兴中的模范带动作用。

"五大振兴"之间是相互依存、相互影响、互促共进的，在整体推进乡村全面振兴的目标上具有协同性和关联性。产业振兴是重点，只有产业发展、产业兴旺，生态振兴、文化振兴、组织振兴才有物质基础，人才振兴才有支撑。人才振兴是基石，只有人才得到振兴，乡村的产业发展、生态建设、文化繁荣、组织建设才会有动力和新鲜血液。文化振兴是基础，只有乡村的文化得到振兴，乡村的产业发展才会更有底色和潜力，乡村的人居环境才会蕴含更多的历史底蕴，村内、村外的人才才会主动奔向乡村。生态振兴是关键，只有生态得到振兴，乡村的产业发展才能持续，乡村的文化建设才有活力，乡村才能吸引和留住更多优秀人才，乡村的组织才会更有朝气。组织振兴是保障，只有乡村的组织得到振兴，尤其是农村党组织的组织力得到全面提升，乡村的产业振兴、生态振兴、文化振兴和人才振兴才会有"主心骨"和"顶梁柱",才能确保乡村的经济社会发展沿着正确方向前进。

## 四、以坚持人民主体地位　强化价值引领

坚持人民主体地位、增进人民福祉是农村一切工作的出发点和落脚点,蕴含着党和国家领导"三农"工作的价值取向,回答了"三农"工作"为了谁、依靠谁、发展成果由谁享有"的根本问题。习近平指出:"乡村振兴不是坐享其成,等不来、也送不来,要靠广大农民奋斗。"[①]因此,农村基层党组织在引领乡村振兴的实践中,要始终坚持人民主体地位,将乡村振兴战略与党和国家"三农"工作的价值指向相结合,使广大农村群众深刻体会到乡村振兴的过程就是最大限度保障和增进人民福祉的过程,从而充分调动广大农村群众参与乡村振兴的积极性、主动性和创造性,激发农村社会活力。

### (一)坚持人民主体地位是马克思主义的基本观点

人的主体性是马克思主义基本理论的重要内容,体现了马克思对人的本质性认识,是我们正确认识和分析人在社会生产、生活中地位与作用的方法论。坚持人民主体地位是马克思主义实践观的本质要求。马克思指出,人是根本,思想转换为现实,必须通过人的作用,"思想本身根本不能实现什么东西。思想要得到实现,就要有使用实践力量的人"[②]。这就需要充分重视人才在实施相关战略部署中的根本作用。坚持人民主体地位是马克思主义唯物史观的基石。马克思强调,人是能动的实践主体,是社会的主体,是

---

① 中共中央党史和文献研究院编:《习近平关于"三农"工作论述摘编》,中央文献出版社,2019年,第193页。

② 《马克思恩格斯文集》(第一卷),人民出版社,2009年,第320页。

历史的主体,是自由的主体。① 人民群众是历史的主人,"无论历史的结局如何,人们总是通过每一个人追求他自己的、自觉预期的目的来创造他们的历史,而这许多按不同方向活动的愿望及其对外部世界的各种各样作用的合力,就是历史"②。人民群众是历史的真正创造者,是社会变革的决定性力量,马克思指出:"历史什么事情也没有做,它'不拥有任何惊人的丰富性',它'没有进行任何战斗'!其实,正是人,现实的、活生生的人在创造这一切,拥有这一切并且进行战斗。并不是'历史'把人当做手段来达到自己——仿佛历史是一个独具魅力的人——的目的。历史不过是追求着自己目的的人的活动而已"③;"全部人类历史的第一个前提无疑是有生命的个人的存在"④。尤其是强调农民在革命中的作用,认为,"从爱尔兰到西西里,从安达卢西亚到俄罗斯和保加利亚,农民到处都是人口、生产和政治力量的非常重要的因素"⑤。人是一切认识和实践的出发点和落脚点,分析问题必须从人这个关键性因素出发,要重视现实中的人的作用和价值。马克思认为:"我们的出发点是从事实际活动的人……后一种符合现实生活的考察方法则从现实的、有生命的个人本身出发,把意识仅仅看做是他们的意识。这种考察方法不是没有前提的。它从现实的前提出发,它一刻也不离开这种前提。它的前提是人,但不是处在某种虚幻的离群索居和固定不变状态中的人,而是处在现实的、可以通过经验观察到的、在一定条件下进行的发展过程中的人。"⑥这就意味着,一切理论和认识必须建立在现实中人的需要的基础上。马克思关于坚持人民主体地位的基本理论,为马克思主义政党的建设提供

---

① 谭德宇:《新农村建设汇总农民主体性研究》,人民出版社,2017年,第14页。
② 《马克思恩格斯文集》(第四卷),人民出版社,2009年,第302页。
③ 《马克思恩格斯文集》(第一卷),人民出版社,2009年,第295页。
④ 倪志安等:《马克思主义哲学原理新探》,人民出版社,2010年,第294页。
⑤ 《马克思恩格斯选集》(第四卷),人民出版社,1972年,第295页。
⑥ 《马克思恩格斯文集》(第一卷),人民出版社,2009年,第525页。

了基本指导。中国共产党作为长期执政的党，要始终坚持社会历史活动是人民群众的事业这一基本理论和思想，所作出的任何决策和决定都要体现人民群众的根本利益和对美好生活的向往，推进任何重大战略都要依靠广大人民群众，充分发挥好广大人民群众在经济社会发展中的主体作用。

### （二）中国革命、建设、改革的历史就是一部坚持和尊重党员主体地位的历史

坚持人民主体地位，激发广大人民群众的积极性、主动性和创造性，是中国共产党领导中国革命、建设和改革不断取得胜利的基本经验。有学者认为，"坚持人民主体地位是中国共产党的立党之本，执政之基、力量之源，这也是我党在各个历史时期克服各种艰难险阻不断取得革命建设改革发展新胜利的根本保证"①。综观中国共产党一百多年的奋斗历史，无论党所处的时代环境、所担负的历史使命、所面对的困难挑战发生什么样的变化，党的初心与使命始终没有变，党坚持人民主体地位这一条基本原则没有变。深入群众、动员群众、组织群众，使广大人民群众始终与党走在一起，充分发挥广大人民群众的能动性，体现人民群众的主体性，使广大人民群众与党同呼吸、共命运，是党取得一切事业成功的法宝。

在革命时期，中国共产党从建党初期的五十余名共产党员，经过28年的浴血奋战，赢得了中国革命的胜利，建立了中华人民共和国。这一丰功伟业的背后则是中国共产党在革命时期能够不断深入广大人民群众中去发动群众、动员群众、依靠群众，把人民群众视为中国革命的主体和动力来源。第一次国内革命战争时期，毛泽东始终认为农民问题是中国革命要解决的关键性问题，农民是中国革命的主力军，要高度重视农民问题，要把农民"组织

---

① 倪生唐：《坚持人民主体地位的第一基本要求》，http://theory.people.com.cn/n/2013/0604/c40531-21731624.html。

起来",将农民组织在农会里,壮大中国革命的力量。第二次国内革命战争
时期,中国共产党根据国内革命形势的变化,广泛在农村建立革命根据地和
红色政权,充分依靠农民群众深入开展土地革命,扩大了中国共产党在广大
农村的影响力,发展和壮大了中国革命的力量。抗日战争时期,为取得抗日
战争的胜利,毛泽东号召要动员一切力量争取抗战胜利而斗争,"全中国人
民动员起来,武装起来,参加抗战,实行有力出力,有钱出钱,有枪出枪,有知
识出知识"①。解放战争时期,面对国民党兵力占绝对优势的情况下,中国共
产党认为,"一切反动派都是纸老虎",坚信人民群众的力量,始终坚持依靠
人民的思想,大力发动群众和动员群众支援前线,最终取得三大战役的胜
利。邓小平指出,"我们党所领导的人民革命为什么能够得到胜利呢? 首
先,当然由于我们党的主张是正确的,它代表着人民的利益。但是,仅仅有
正确的主张还不能战胜强大的敌人而取得胜利。我们党同人民群众建立了
密切的联系,并且把人民群众的力量团结了起来"②。这些充分说明坚持人
民群众主体性在中国革命事业过程中的重大价值。

中华人民共和国成立以后,中国共产党面临着如何恢复国民经济和建
设社会主义事业的重大历史任务。在社会主义改造时期,党始终紧紧依靠
广大人民群众,坚持走群众路线,集中人民群众的智慧与力量。"在这一时
期,毛泽东积极倡导农业生产互助合作,突出了农民的主体地位,实现了农
民生产方式初步意义上的社会化。"③1953年2月下发的《中共中央关于农业
生产互助合作的决议》指出:"农民在土地改革基础上所发扬起来的生产积
极性,表现在两个方面:一方面是个体经济的积极性,另方面是互助合作的

---

① 《毛泽东选集》(第二卷),人民出版社,1991年,第355页。

② 中共中央文献研究室:《建国以来重要文献选编》(第九册),中央文献出版社,1994年,第
144页。

③ 王玉鹏、孟保芹:《乡村振兴战略视域下毛泽东农民观的当代价值》,《毛泽东思想研究》,
2018年第5期。

积极性。农民的这些生产积极性,是迅速恢复和发展国民经济和促进国家工业化的基本因素之一。因此,党对于农村生产的正确领导,具有极重大的意义。"①这份决议主张要把农民"组织起来",按照自愿和互利的原则,发展农民互助合作的积极性;并认为农民在农业生产上的合作形式要根据不同农村的历史和复杂状况来决定,灵活采用简单的劳动互助或者是常年的互助组,或者是土地合作社。这种分类调动农民参与农业互助合作的做法坚持了农民主体性的原则和理念,也极大地调动了广大农民群众参与农业互助合作的积极性。在社会主义建设的探索时期,"党带领人民群众进行了艰辛的探索,虽然在探索中我们走了弯路,但党总是能够依靠人民群众克服困难,打开新的局面,为国家发展奠定了各方面的基础,也积累了进一步前进的经验教训"②。在社会主义建设的探索阶段,毛泽东同样强调,农业在经济发展中的重要地位决定着农民在社会主义建设中的重要地位。"占人口绝大多数的中国农民是社会主义建设的主体力量。他们认为农民是反对资产阶级革命的重要组成部分,是否得到农民的支持,关乎无产阶级革命是否能取得最终的胜利。"③在制定和落实国民经济年度计划的过程中,必须依靠群众,"必须在全党坚持发扬整风运动的成果,坚持群众路线的工作方法,时刻关心人民生活,及时地纠正任何脱离群众和压制群众的官僚主义、命令主义倾向"④。在建设人民公社期间,党始终强调,"人民公社是人民的生产和生活的组织者,而发展生产的根本目的是最大限度地满足全体社会成员经常

---

①　中央档案馆、中共中央文献研究室:《中共中央文件选集(1949年10月—1966年5月)》(第11册),人民出版社,2013年,第146~147页。

②　王婷:《始终坚持人民主体地位,方能不忘初心》,http://theory.people.com.cn/n1/2016/1008/c40531-28759132.html。

③　王玉鹏、孟保芹:《乡村振兴战略视域下毛泽东农民观的当代价值》,《毛泽东思想研究》,2018年第5期。

④　中央档案馆、中共中央文献研究室:《中共中央文件选集(1949年10月—1966年5月)》(第29册),人民出版社,2013年,第295页。

增长的物质和文化生活的需要"[1]。因此,党强调必须关心人民,重视群众在人民公社中的作用发挥。党在领导公社工作的时候,必须注意全面地抓思想、抓生产、抓生活。必须关心人,纠正那种见物不见人的倾向。群众的干劲越大,党越要关心群众生活。党越是关心群众生活,群众的干劲也会越大。"把生产和生活对立起来,认为重视群众生活就会妨害生产的观点是错误的。当然,离开提高觉悟和发展生产,片面地或者过分地强调改善生活,而不提倡为长远利益而艰苦奋斗,也是错误的。"[2]这些重视广大人民群众在社会主义建设中的作用的思想和方针,有效地调动了广大人民群众参与社会主义建设的热情。

改革开放新时期,激发广大人民群众的活力始终是党和国家制定政策的基本遵循。以人民为中心,坚持人民主体地位,紧紧依靠人民推动改革开放,让改革发展成果更多、更公平地惠及人民,这些也正是改革开放的逻辑起点和价值取向。同时,也正是由于广大人民群众的积极参与和勇于探索,才不断推动中国改革向前发展。清华大学国情研究院院长胡鞍钢认为:"改革最初就坚持以人为本,尊重人民主体地位,使农民这一最大群体成为改革开放最早的受益者,进而撬动中国发展走向实现历史性转折。"[3]为充分调动广大农村群众的生产积极性,党率先在农村拉开了改革的大幕,"包产到户""包干到户"最大限度地解放了生产力,体现了对人民主体地位的坚持和发展。邓小平强调要在改革中始终尊重群众、紧密党同人民群众的关系,要坚决批评和纠正各种脱离群众、对群众疾苦不闻不问的错误。群众是我们力

---

[1] 中央档案馆、中共中央文献研究室:《中共中央文件选集(1949年10月—1966年5月)》(第29册),人民出版社,2013年,第311页。

[2] 中央档案馆、中共中央文献研究室:《中共中央文件选集(1949年10月—1966年5月)》(第29册),人民出版社,2013年,第311页。

[3] 赵超、刘华、韩洁:《奏响新时代的奋进强音从"三个为"看中国改革开放的历史逻辑》,《新湘评论》,2018年第21期。

量的源泉,群众路线和群众观点是我们的传家宝。"党的组织、党员和党的干部,必须同群众打成一片,绝对不能同群众相对立。"[①]中国式现代化的主体是中国各族人民或广大的人民群众,现代化的推进必须突出人民群众的主体性。江泽民提出的"三个代表"重要思想进一步坚持和发展了人民主体的思想,"是对中国特色社会主义现代化的主体建设问题的深刻反思,它为中国现代化调整了目标,提供了动力,加速了中国现代化的建设步伐"[②]。为进一步将中国特色社会主义事业推向21世纪,胡锦涛提出了"科学发展观"的指导思想。科学发展观坚持了唯物史观以人为本的思想,深刻地反映了人在当代社会历史发展中的主体作用。[③]科学发展观结合所面对的时代问题,将马克思主义的人民主体思想与21世纪中国改革开放和现代化建设的具体实际相结合,阐明了以人为本、全面协调可持续发展的重大战略内涵与意义,赋予人民主体思想以新的时代内容,为中国特色社会主义事业的发展提供了新思路和新遵循。

党的十八大以来,习近平更加重视人民群众在治国理政中的地位与作用,注重发挥人民群众的首创精神,坚持人民始终是推动改革的力量源泉的基本原则,发表了一系列关于"坚持人民主体地位"的重要讲话和论述,逐步形成和确立了人民主体地位的思想体系。习近平指出:"人民是历史的创造者,群众是真正的英雄。人民群众是我们力量的源泉。"[④]并进一步强调:"中国共产党的一切执政活动,中华人民共和国的一切治理活动,都要尊重人民主体地位,尊重人民首创精神,拜人民为师,把政治智慧的增长、治国理政本

---

①　《邓小平文选》(第二卷),人民出版社,1983年,第368页。

②　赵士发、李亮华:《"三个代表"重要思想与中国现代化的主体与动力》,《马克思主义哲学研究》,2013年。

③　瞿林东:《科学发展观与人民的历史主体地位》,《求是》,2010年第7期。

④　《习近平在十八届中央政治局常委同中外记者见面时的讲话(2012年11月15日)》,《人民日报》,2012年12月16日。

领的增强深深扎根于人民的创造性实践之中,使各方面提出的真知灼见都能运用于治国理政。"①习近平关于人民主体的有关论述,主张要始终把人民放在心中最高位置,牢记为人民服务的宗旨;全党要根植于人民,坚持群众路线,树立群众观念;要坚持以人为本,树立科学的政绩观和发展观;要努力实现共享人生精彩的中国梦。②时刻提醒广大党员干部要"铭记群众观点,时时事事依靠群众,着力彰显群众力量,把群众组织起来"③。习近平关于人民主体的重要论述进一步深化了马克思主义人民思想的理论与实践内涵,为汇聚全面建设社会主义现代化国家和实现中华民族伟大复兴的强大力量指明了路径。

### (三)全面推进乡村振兴战略需要充分发挥广大农民群众主体作用

全面推进乡村振兴战略的根本目标是推动农村经济社会的全面发展,实现全体人民共同富裕。马克思主义认为,推动事物发展需要内外因的综合作用,但更重要的是内因作用的发挥。乡村振兴战略是一项系统工程,全面推进乡村振兴,既要靠党和国家的政策支持,坚持农业农村优先发展的方针,要加大对乡村建设的全面投入,从人力、物力、财力给予全面保障,又需要充分发挥广大农村群众在乡村振兴中的主体作用,调动亿万农民的积极性、主动性和创造性。《中共中央 国务院关于实施乡村振兴战略的意见》和中共中央、国务院制定的《乡村振兴战略规划(2018—2022年)》提出要"充分尊重农民意愿,切实发挥农民在乡村振兴中的主体作用,调动亿万农民的积极性、主动性、创造性,把维护农民群众根本利益、促进农民共同富裕作为出

---

① 《十八大以来重要文献选编》(中),中央文献出版社,2016年,第76页。

② 安宇:《"人民群众是我们的力量源泉"学习习近平的人民主体地位思想》http://dan-gjian.people.com.cn/n/2015/0624/c117092-27200927.html。

③ 朱海豹:《人民群众是我们力量的源泉》,《学习时报》,2018年6月15日。

发点和落脚点,促进农民持续增收,不断提升农民的获得感、幸福感、安全感"①。

习近平始终高度重视如何激发和调动亿万农民群众在乡村战略中的积极性和创造力,并作出了一系列指示和重要性讲话。2017年12月28日,习近平在中央农村工作会议上的讲话时指出:"我们要牢记亿万农民对革命、建设、改革作出的巨大贡献,把乡村建设好,让亿万农民有更多获得感,充分调动亿万农民的积极性、主动性、创造性。"②2018年7月,习近平在对实施乡村振兴战略作出的指示中强调:"要尊重广大农民意愿,激发广大农民积极性、主动性、创造性,激活乡村振兴内生动力,让广大农民在乡村振兴中有更多获得感、幸福感、安全感。"③2018年9月21日,习近平在十九届中央政治局第八次集体学习时的讲话中提出,要"营造全社会关注农业、关心农村、关爱农民的浓厚氛围,调动亿万农民重农务农的积极性、主动性、创造性,全面实施乡村振兴战略、打赢脱贫攻坚战、加快推进农业农村现代化"④。这些文件和重要讲话精神为激发和调动广大人民群众参与乡村振兴的积极性和主动性提供了基本遵循。

乡村振兴,广大农民群众是主体。有学者指出,"由农村的改革走向城市的改革以至全面改革,都有赖于人民主体性的发挥。在中国,农民始终是革命和建设的主体或主体力量,这种主体作用在未来50年至100年内都将延续下去"⑤。因此,"十四五"时期,如何使广大农村群众深刻认识到乡村振

① 《中共中央　国务院关于实施乡村振兴战略的意见》,《乡村振兴战略规划(2018—2022年)》,人民出版社,2018年,第7页。

② 中共中央党史和文献研究院编:《习近平关于"三农"工作论述摘编》,中央文献出版社,2019年,第13页。

③ 《习近平总书记在对实施乡村振兴战略作出的指示》,《人民日报》,2018年7月6日。

④ 中共中央党史和文献研究院编:《习近平关于"三农"工作论述摘编》,中央文献出版社,2019年,第20页。

⑤ 谭德宇:《新农村建设汇总农民主体性研究》,人民出版社,2017年,第28页。

兴是全体农民的共同责任,并大力提升农民作为乡村振兴建设主体的能力,凸显广大农民群众在乡村振兴中的主体地位,对于实现乡村全面振兴至关重要。广大农村基层党组织在坚持人民主体地位的过程中,必须最大限度地发挥农村群众推进乡村振兴的积极性、主动性、创造性,必须相信农民、依靠农民,尊重农民群众的主体地位和首创精神,并及时地、主动地了解农村群众需求、关心农村群众疾苦。

一要提升广大农民群众振兴乡村的责任意识,激发内生动力。有学者认为,只有当全体农民意识到自己在乡村振兴中的责任并且勇敢地、自觉地来承担自己的责任,乡村振兴战略才能真正激发出全体农民的主动性、积极性和创造性。①在具体的实践中,要加强对广大农民群众的思想引导,摒弃等、靠、要不良思想倾向,变要我振兴乡村为我要振兴乡村,增强在农村经济社会发展的主人翁意识,主动为乡村振兴出谋划策。

二要不断提升广大农民群众的参与意识。如果没有广大人民群众的参与,乡村振兴就没有动力来源。要完善相关动员机制,动员广大农民广泛参与乡村振兴,"要让农民从'看不见'到'看得见',从'看得见'到'给意见',从'给意见'到'有主见',从'有主见'到积极投入乡村振兴的事业"②。要让广大农民群众深入参与,不仅参与乡村经济社会中具体事项的落实和推进,还要引导广大农民群众参与到乡村振兴规划的制定、重要事项的决策、重大问题的解决等层面。要让广大农民群众有效参与,要能在参与的过程中确实能够发挥各自所长,并能促进乡村某项事业的推进和发展,而不是停留在口号上和宣传上,避免形式主义的弊端。

---

① 吴国宝:《切实发挥农民在乡村振兴中的主体作用》,http://dangjian.people.com.cn/n/2015/0624/cl17092-27200927.html。

② 李成贵、陈萌山、刘东生:《如何做好乡村振兴的大文章:发挥农民主体作用》,《经济日报》,2018年3月21日。

三要培训新型农民,提升建设乡村的能力。乡村振兴,"人"是关键,核心在于培养一大批"爱农业、懂技术、善经营"的新型职业农民。要更好地推进乡村振兴战略,迫切需要培育新农民。"但从传统农民到新农民的转变不可能一蹴而就,可能需要几代人的努力。"①面对当前乡村人才普遍存在的数量偏少、素质偏低、供给缺乏、培养与乡村社会发展需求脱节等问题,要逐步建立以政府投入为主体、多渠道并存的乡村人才教育培训投入体系,加大乡村经营人才、文化人才、治理人才等人才类型的培养,为乡村振兴奠定人才基础,提供持续动能。

四要加强制度供给,保障农民的合法权益。充分尊重和保障农民的各项合法权益,是坚持和落实农民主体地位的基础。广大农村的改革与发展,主线仍然是要处理好土地与农民的关系问题。在推进乡村振兴的过程中,要强化乡村振兴制度性供给,要以保障农民的合法权益为原则,坚决贯彻执行党和国家的农村土地制度,巩固和完善农村基本经营制度,严格保护农民的土地承包权和流转土地经营权,确保农民在土地上的合法权益不被侵害。同时也要加强和改进村民会议、村民代表会议、村民议事会、村民理事会、村民监事会的规范化建设,加强制度设计,使广大农民能够有效参与与自身利益相关事项的决策和讨论,充分发挥这些组织在保护农民自身合法权益中的积极作用。

## 五、以坚持从实际出发强化方法引领

乡村振兴已经成为社会关注的热点和焦点,从中央到地方都出台和制定了具体推进乡村振兴的方案、规划、办法和措施。然而乡村振兴终究要靠

---

①　李成贵、陈萌山、刘东生:《如何做好乡村振兴的大文章:发挥农民主体作用》,《经济日报》,2018年3月21日。

基层来落实和推进,农村基层党组织作为基层社会一切事项的具体落实者和组织者,也直接决定着乡村振兴"最后一公里"的落实和推进。党和国家制定的乡村振兴战略规划为全社会推进乡村振兴提供了基本蓝图和方向指引,但基层党组织在具体落实和推进相关工作时,必须坚持一切从实际出发的工作方法,从中国的国情、农村的农情、村庄的村情出发,将一切从实际出发的方法论作为推进乡村振兴的一项重要策略。

## (一)一切从实际出发是马克思主义的一项根本原则

马克思辩证唯物主义认为,世界是物质的,物质是运动的,物质第一性,意识第二性。恩格斯指出:"我们自己所属的物质的、可以感知的世界,是唯一现实的;而我们的意识和思维,不论它看起来是多么超感觉的,总是物质的、肉体的器官即人脑的产物。物质不是精神的产物,而精神本身只是物质的最高产物。这自然是纯粹的唯物主义。"[1]并进一步深刻指出,"科学的产生与发展一开始就是由生产决定的"[2],"我们的理论是发展着的理论,而不是必须背得烂熟并机械地加以重复的教条"[3]。这些基本原理要求人类在改变世界的过程中必须将认识与实践相结合,使认识符合客观存在的社会实践和物质。马克思认为,"理论在一个国家实现的程度,总是取决于理论满足这个国家的需要的程度。……理论需要是否会直接成为实践需要呢?光是思想力求成为现实是不够的,现实本身应当力求趋向思想"[4]。标志着马克思主义诞生的《共产党宣言》这一纲领性文献,贯穿始终就是强调和坚持一切从实际出发的理论原则和方法论。正如马克思、恩格斯在《共产党宣

---

① 《马克思恩格斯选集》(第四卷),人民出版社,1995年,第227页。
② 《马克思恩格斯文集》(第九卷),人民出版社,2009年,第427页。
③ 《马克思恩格斯文集》(第十卷),人民出版社,2009年,第562页。
④ 《马克思恩格斯文集》(第一卷),人民出版社,2009年,第12~13页。

言》1872年德文版序言里所说的那样,马克思主义基本原理的实际运用,"随时随地都要以当时的历史条件为转移"。这就要求人类的一切活动必须坚持从客观存在的实际出发,使主观性的理论和认识始终符合变化着的客观实践,根据客观存在的事实来决定我们的思想和行动。

## (二)一切从实际出发是遵循实事求是思想路线的根本途径与方法

回顾中国共产党领导中国革命、建设和改革的基本历程,始终强调党的思想理论建设,并使党的理论更好地反映中国国情,使党的思想路线更好地契合中国实际是一切事业取得胜利的基本保证。毛泽东早在《反对本本主义》一文中就提出要坚持一切从实际出发研究和解决问题,并强调"没有调查,就没有发言权",为中国革命如何将马克思主义理论与中国国情相结合提出了一系列正确的理论指导。中华人民共和国成立初期,过渡时期总路线的提出和确定、党的八大制定的关于社会主义建设的正确的路线、方针、政策,基本上都是坚持一切从中国实际出发,为恢复国民经济和推进社会主义事业指明了正确方向。但随着国内经济社会发展形势的变化,党和国家在思想路线上曾经走了一段弯路,所作出的部分政策决策没有充分体现一切从实际出发的基本要求,"由于实事求是的思想路线没有坚持下来,在社会主义建设的实践中走了一条超越阶段、脱离实际的发展道路,对社会主义建设的探索一度遭遇曲折、出现失误"①。党的十一届三中全会以后,中国共产党开始全面拨乱反正,并着重从思想路线上进行反思和总结,"实践是检验真理的唯一标准"在全党达成共识。有学者认为,"党的十一届三中全会以来,正因为我们党恢复和重新确立了实事求是的思想路线,坚持一切从当代中国实际出发,运用马克思主义的立场、观点和方法分析当代中国国情,

---

① 邱霞:《坚持党的思想路线是坚持党的基本路线的根本》,《红旗文稿》,2017年第14期。

才认识到我们正处于并将长期处于社会主义初级阶段,认识到社会主义初级阶段是当代中国的最大国情、最大实际"[1]。实事求是的思想路线在全党重新确立,一切从实际出发重新成为制定一切政策的基本遵循。党的十八大以来,习近平始终强调要一切从实际出发,并将人民满意不满意、高兴不高兴作为制定一切政策和推进一切工作的基本依据。习近平在中共中央政治局第十一次集体学习时强调:"要坚持一切从实际出发,按照客观规律办事,把一张蓝图抓到底,抓好打基础利长远的工作。同时,要鼓励地方、基层、群众大胆探索、先行先试,勇于推进理论和实践创新,不断深化对改革规律的认识。"[2]党的十八届六中全会提出必须把坚持党的思想路线贯穿于执行党的基本路线全过程,对坚持一切从实际出发提出了更高的政治要求。《中国共产党章程》虽然屡次修订,但思想路线的核心内容没有变。党的十九大修订的《中国共产党章程》规定:"党的思想路线是一切从实际出发,理论联系实际,实事求是,在实践中检验真理和发展真理。全党必须坚持这条思想路线,积极探索,大胆试验,开拓创新,创造性地开展工作,不断研究新情况,总结新经验,解决新问题,在实践中丰富和发展马克思主义,推进马克思主义中国化。"[3]这些充分说明,一切从实际出发是实事求是思想路线的根本途径与方法,也是中国共产党治国理政必须坚持和遵循的原则。

### (三)全面推进乡村振兴必须坚持一切从实际出发

改革开放以来,中国农村已经发生了翻天覆地的变化,农村群众的生活水平有了显著提高。但是由于历史原因以及各地区的发展条件不同,不同

---

① 丁俊萍:《把坚持党的思想路线贯穿于执行党的基本路线全过程》,《唯实》,2017年第1期。

② 郝立新、臧峰宇:《历史唯物主义党员干部读本》,人民出版社,2014年,第92页。

③ 详见《中国共产党章程》,中国共产党第十九次全国代表大会部分修改,2017年10月24日通过。

区域乡村之间的差异性仍然较为显著,这就决定了各地区推进乡村振兴必须从自身的实际出发,根据各地乡村的特点制定相应举措和措施。

一要坚持因地制宜。十里不同风,百里不同俗。现阶段我国乡村格局正在快速演变分化,处于大调整、大变动时期,在城乡发展不平衡、农村发展不充分的同时,不同区域农业农村发展不平衡、同一区域部分乡村发展不充分的矛盾也十分突出。"有的村庄会逐步向城镇形态靠近,有的会长久存在,少数会逐渐消亡。"[1]我国有着广阔的疆域,农情村情千差万别,东部中部西部,自然环境各有不同;南方中原北疆,人文景观风姿独特;山区平原海岛,民风习俗差异明显。在实施乡村振兴战略、推进城乡融合发展过程中,"必须从各地实际出发,精准认识和把握当地的历史、文化、民俗等,在坚持乡村建设一般规律的同时,充分尊重不同地方、不同民族和不同发展水平的特殊性,因地制宜,因村制宜,把乡村振兴这篇大文章书写好"[2]。党和国家制定的有关乡村振兴战略规划是对全国整体推进乡村振兴的基本指导意见,但不是具体操作和实施方案,各基层党组织要将党和国家推进乡村振兴战略的基本理念、基本要求贯彻到具体实施方案中,不能照搬照抄上级文件和其他地区的做法。当前一些产业下乡、文化下乡、医疗下乡等做法脱离地方实践和当地群众的实际需求,并不能对当地的产业、教育和卫生医疗起到改善和提升的作用。广大农村基层党组织在推进乡村振兴的实践中,要准确把握我国乡村的多样性、差异性、区域性特征,要根据村庄特点和区域优势,做好顶层设计和乡村振兴规划,科学设定各类村庄的发展方向;因地制宜、区别对待,依据村庄特点、发展条件和发展目标设计不同的乡村振兴路径和模式。

二要坚持循序推进。要久久为功,秉承"功成不必在我,功成必定有我"

---

① 韩俊:《实施乡村振兴战略五十题》,人民出版社,2018年,第311页。

② 孙景森:《乡村振兴战略》,浙江人民出版社,2018年,第44~45页。

的思想境界和责任担当。乡村振兴是一项国家战略,其目标的实现将是一个较为长期的过程,既要坚信全面振兴乡村的目标必将实现,又不可急于求成、盲目追求推进速度。2017年,习近平在中央农村工作会议上的讲话中指出:"实施乡村振兴战略,是一项长期的历史性任务。要科学规划、注重质量、从容建设,不追求速度,更不能刮风搞运动。"①《乡村振兴战略规划(2018—2022年)》也提出要梯次推进乡村振兴,"科学把握我国乡村区域差异,尊重并发挥基层首创精神,发掘和总结典型经验,推动不同地区、不同发展阶段的乡村有序实现农业农村现代化"②。广大农村基层党组织要将乡村振兴的近期目标与长远目标、村庄规划与区域特色相结合,对村庄的经济发展、人居环境、文化建设、治理体系等要分类施策、循序推进。要依据国家经济社会发展水平和自身的发展实际,明确村庄的阶段性目标任务,规划不同时期乡村振兴的目标任务,合理确定村庄内的基础设施建设和公共服务的供给水平,引领村庄建设朝着既定的目标有序推进。

三要坚持力戒形式主义。形式主义往往是干事创业的绊脚石,也是党的作风建设过程中要大力戒除的陋习之一。对此,习近平指出:"形式主义、官僚主义是目前党内存在的突出矛盾和问题,是阻碍党的路线方针政策和党中央重大决策部署贯彻落实的大敌。"③乡村振兴是一项民生工程,最终目标是促进农村经济社会的全面发展进步,提升广大农村群众的生活品质,有效推动共同富裕。为实现这一民生目标,党和国家将会不断增加对农村基本条件建设和公共服务的投入,各类建设工程也会不断增加。有学者指出,乡村振兴领域工程项目多,容易打造看得见、摸得着的政绩,让众多干部趋

---

① 中共中央党史和文献研究院编:《习近平关于"三农"工作论述摘编》,中央文献出版社,2019年,第18页。

② 《乡村振兴战略规划(2018—2022年)》,人民出版社,2018年,第103页。

③ 《习近平谈治国理政》(第三卷),外文出版社,2020年,第502页。

之若鹜。从实施的"厕所革命""垃圾革命""风貌革命"生活污水治理、废旧农膜回收、畜禽粪污处理、秸秆禁烧利用等行动看,形象工程偶有出现,弄虚作假时有发生,乡村振兴领域的形式主义、官僚主义问题不容小觑。比如,"个别产业项目盲目冒进,一味追求短平快效应,忽略了地理条件和市场供求,终以失败告终;个别工程未经科学研究仓促上马,习惯按领导意思办,造成实用性不强、耗资颇巨浪费财政"①。为防止形式主义在乡村振兴领域中出现与蔓延,《中共中央 国务院关于实施乡村振兴战略的意见》要求,在全面推进乡村振兴的实践中,"既尽力而为,又量力而行,不搞层层加码,不搞一刀切,不搞形式主义,久久为功,扎实推进"②。全面推进乡村振兴要规避各种形式主义,广大农村基层党组织要清醒地认识到乡村振兴是一项长期的历史任务,增强防范各种形式主义的政治自觉。乡村振兴各方面目标的实现不是靠喊口号,也不是仅仅靠建产业园、建乡村大舞台、修几条乡村道路等就能实现农业农村的现代化,而是要深入农户进行调查,解决好农民最关心的实际问题,破解制约农民增产增收、发展致富的各种难题,切实增强广大农民群众在乡村振兴中的获得感、幸福感、安全感。

## 乡村振兴优秀案例:山东安丘

**基本介绍:**

安丘市位于山东省潍坊市中部,占地面积1712平方千米,耕地面积144.3万亩,是一个拥有84万人口的县级市。安丘市人文荟萃,历史悠久,交通便捷,经济基础十分雄厚,以全省不足1%的人口和仅占全省1.2%的耕地面积,发展成为全国重要的出口农产品生产加工基地、出口

---

① 萧仲文:《乡村振兴要力戒形式主义之弊》https://baijiahao.baidu.com/s?id=16732486703186 67523&wfr=spider&for=pc。

② 《中共中央 国务院关于实施乡村振兴战略的意见》,人民出版社,2018年,第8页。

食品农产品质量安全典型示范区。

安丘市作为一个农业大市,近年来实践形成了农产品质量安全"标准化生产、规范化管控、社会化服务、品牌化运营、融合化发展"五化模式,蔬菜年出口80万吨,出口额近60亿元,占潍坊市的70%,全省的五分之一,被誉为"世界的菜盘子",创造了以外向型农业基础,"双循环"经济蓬勃发展的"安丘经验"。

安丘市多年来一直坚持"双招双引"政策,随时欢迎有识之士到安丘投资经营,干事创业,共创辉煌。相信忠诚谨信,奋发有为的美丽大安丘一定会成为一方投资兴业的热土,与您共同创造富裕发达的美好未来。

## 以农业开放发展引领乡村产业振兴

山东省安丘市农业农村局

山东省安丘市立足农产品质量安全和农业开放发展优势,率先在全国推行农产品质量安全区域化管理,创新推行以"二维码追溯＋食用农产品合格证"为主要内容的产地准出监管机制,按照"一个标准、两个市场、以外促内、统筹发展"的要求,引导企业深耕国内市场、拓展国际市场,主动融入国内国际双循环的新发展格局,全市蔬菜年出口80万吨、出口额60亿元,占潍坊市的70%、全省的20％以上,形成了以农业开发发展引领乡村产业振兴的新格局。

### 一、背景起因

近年来,山东省安丘市率先在全国探索实施农产品质量安全区域化管理,探索建立了"一套机制""八个体系""四道防线",并实行最严厉的食用农产品"合格证＋二维码"追溯制度,严把"源头控制、过程监管、产地准出、市场准入"四道关口,加上"同质同标同线"等典型做法、用出口标准统筹国内外两个市场,擦亮了安丘安全优质农产品的"金字招牌"。

随着社会经济的发展和生活质量的提高,国内外消费者对农产品的质量安全提出了更高的要求。特别是我国加入WTO之后,许多主要农产品进口国家和地区不断设置各种壁垒,企图掌握贸易主动权。仅从日本市场来看,2006年5月"肯定列表"制度实施之后,对所有农业化学品残留制定了限量标准,涉及302种食品,799种农业化学品,54782个限量标准。与此同时,《中华人民共和国农产品质量安全法》于2006年11月1日起施行,国家把农产品质量安全摆到了更加突出的位置。国内外对食品农产品的质量安全要求与土地分户经营、粗放式种养及农药、化肥等农业化学投入品销售渠道杂乱、使用不规范的矛盾越来越突出。

安丘市是农业大市,是全国蜜桃之乡、姜蒜之乡、草莓之乡、樱桃之乡和桑蚕之乡,年产优质农产品460多万吨,食品农产品加工出口特色明显。早在20世纪80年代中期,黄烟、花生等优质农副产品就远销日本、美国等市场。从20世纪90年代初开始,安丘市积极实施农业产业化发展战略,大力发展特色经济,催生了一大批外向型农业龙头企业。面对频频亮起的绿色壁垒红灯,让安丘农民日益感受到了国际市场的变幻莫测。农产品质量不稳定也导致出口市场起伏不定,让农民吃尽了苦头。

为有效应对农产品国际贸易"技术壁垒",从根本上保证农产品质量安全,2007年6月,安丘市由政府助力,企业引领,在全国率先推行农产品质量安全区域化管理,严把"源头控制、过程监管、产地准出、市场准入"四道关口,被国家原质检总局概括为农产品质量安全"安丘模式",并在全国推广。2016年,按照"一个标准,两个市场、以外促内、统筹发展"的要求,创新推行以"二维码追溯＋食用农产品合格证"为主要

197

内容的产地准出监管机制,加快培育出口农产品国际竞争新优势,先后创建为省级出口农产品质量安全示范区,国家级出口农产品质量安全示范区、中韩共建国际食品安全示范区、国家级农业综合标准化优秀示范市,"安丘大姜""安丘大葱"入选中国首批受欧盟保护地理标志产品,安丘农业已步入高速发展的快车道。

**二、主要做法**

（一）坚持绿色导向、标准引领,擦亮优质安全"金招牌"

一是管源头。对农业投入品实行告知备案、连锁直营、联合执法"闭环管理",保持严打违法违规行为的高压态势,实现投入无违禁。二是提标准。研究制定六大类四十多个农业标准综合体,推广实施33个良好农业操作规范和二百多项技术标准,逐步形成以国家行业标准为主体,与国际标准接轨的农业标准体系。积极申请国家食品质量安全认证,以及HACCP、日本JAS、英国BRC、德国IFS等国际认证,将"安丘大姜""安丘大葱"纳入欧盟地理标志产品认证范围。三是抓准出。全面推行以"二维码追溯＋食用农产品合格证"为主要内容的农产品产地准出管理机制,提升市级食品农产品检验检测中心,对重点主体、重点品类全覆盖,实现产地准出与市场准入有效衔接。加强"双随机、一公开"检查,每年完成县级以上农产品抽检8000批次以上、合格率99.9%,全力保障群众舌尖上的安全。四是树品牌。积极引导农业经营主体争创名牌商标、名优产品,"三品一标"农产品发展484个,其中国家地理标志产品8个。聘请元一智库农研中心,提炼打造"安品味来"区域公用品牌,提升产业素质和品牌溢价能力。

（二）坚持放大优势、拓展市场,融入国内国际"双循环"

一方面,聚力精准服务,推动农产品"走出去"。2020年、2021年连续两年成功举办出口农产品博览会,打造出口农产品信息交流、市场对接、品牌推广的服务平台。做实政策服务,刚性落实各类减税降费政策,印发支持企业发展政策实施细则,及时兑现省"稳外贸稳外资32条",为企业减免税费1.3亿元,切实降低企业运行成本。强化保障服务,制定财税支持、稳岗返还、就业社保补贴等9条硬核措施,派出"驻企联络员",解读惠企政策、收集解决问题,解决用工1.03万人,办理续贷31.6亿元,增强企业发展内生动力。持续创新推行"乡村赋能"工程,累计开设村级店铺1229家,实现销售额1.4亿元,带动村集体增收470万元,村均增收5500元。

(三)坚持融合发展、丰富业态,提升乡村产业"竞争力"

一是强化园区支撑。加快推进总投资120亿元的安丘农谷产业园建设,引进农谷科技园、农谷物流园、农业技术研究院等配套服务机构,联结带动安丘大姜、大葱等一批特色产业基地,创建首批国家农村产业融合发展示范园。围绕强链延链补链,加快推进正大360万只蛋鸡、华尔兹禽全产业链等一批过10亿元大项目建设,提高产业融合发展水平。二是壮大经营主体。制定出台扶持培育新型农业经营主体发展的意见,突出村级组织牵头、专业大户带头、龙头企业带动、服务组织领办、特色产业衔接的"五种模式"。三是优化社会服务。积极培育发展社会化服务组织,带动发展规模经营。沃华农业科技公司建设现代化大葱育苗工厂,研发大葱全程机械化核心技术,育苗周期从六十余天缩短至45天,通过自动化采收,降低50%的采收成本,实现了大葱种、管、收全程保姆式服务。

(四)坚持人才支撑、科技推动,加速现代农业"高端化"

一是加快科技创新增活力。强化农业科技理论研究,与山东省农科院联合成立乡村振兴研究院,联合政府、高校、企业共同搭建乡村振兴领域智库型平台。二是引进科技人才强智力。举办"战疫情促振兴——科学家与企业家牵手行动",邀请六十余名国家"万人计划"、泰山学者等专家人才来安丘与企业对接,签订合作协议22项,引进农业领域高端技术人才32人。实施在外优秀人才"雁归兴安"工程,回引在外优秀人才返乡创业37人、回村任职26人。三是强化科技培训挖潜力。深入实施农民培育工程,设立潍坊职业农民学院安丘分院,遴选农民培训基地3处,培育科技示范户八百余户。通过"潍坊职业培训网络平台""青桔创课"等线上培训平台,培训农村转移劳动者1810人次,为自主创业农民发放创业担保贷款3576万元,加快提升群众增收能力。

### 三、成效反响

#### (一)网格化监管建立健全

将全市划分为14个监管片区、103个网格、860个关键控制网点,聘任村级食品农产品质量安全协管员1229名,构建起市、镇、村三级联动的监管网络,筑牢了源头监管防线。全市上下打造放心农产品的意识和主动性空前增强,政府引领、部门协作、企业参与、社会协同的监管大格局正式形成并日常运作,对农产品质量安全的把控力度大大加强。

#### (二)外贸服务做优做强

设立安丘农谷国际贸易综合服务中心,提供原产地证书申签发放、电子口岸、海运订舱、进出口通关等"一站式"服务,免费为160家企业办理出口产品信用保险,年蔬菜出口80万吨,出口额近60亿元,占潍坊市的70%、全省的20%以上。此举使得安丘多家农产品出口企业提能增效,产生了很好的帮扶和带动效果。

#### (三)合作组织发展壮大

打造国家、省、市、县级龙头企业梯队,发展潍坊市级以上农业龙头企业137家,建立农业专业合作社3114家、家庭农场1285家,年加工农产品270余万吨。鼓励和支持承包土地向新型经营主体流转,实现了分散种植养殖向公司化、规模化、集约化转变。截至2021年末,全市共流转土地74.41万亩,土地流转率68.97%。这项举措对整合和带动安丘众多"小而散"的农产品生产户意义重大,农产品质量更有保障,生产户利润更有保障,取得了多赢的社会效益。

### (四)农业科技水平提升加强

加强与山东产业技术研究院战略合作,共建2000亩中国大姜产业现代化示范园区,打造国家"大姜产业技术创新中心";建设智慧农业三产融合大数据中心,纳入系统检测、地块、价格、栽植、农户等数据三十余万条,全面提升了农业智慧化水平。经过努力,安丘全市农业现代化水平持续提升,地方农业正向着"智慧、高效、安全"的方向阔步迈进。

## 四、典型意义

### (一)建立健全了一套行之有效的质量标准

努力掌控住我们的农产品在国际上的话语权,建立起我们自己的农业安全标准和质量标准,在接轨国际的同时,适度引领相关领域标准在国内外的建立和运营,提高品牌知名度和溢价率。完善好农产品质量安全监管机制,强化农业生产过程管理、标准提升,放大比较优势、夯实产业基础,始终以过硬的质量打响国内外市场,服务国内外消费者。

### (二)切实找准了一个格局全面的发展定位

聚焦发展外向农业,持续强化"同质同标同线"服务供给,引导企业统筹用好国内国际两个市场、两种资源,主动融入新发展格局,全面提高农业对外合作水平。

### (三)培育壮大了一批融合发展的项目体系

注重突出抓好龙头项目、特色园区建设,加快构建现代农业产业体系、生产体系和经营体系,为农业农村现代化奠定坚实基础。通过每年不断地招商引资、招才引智,持续提升安丘农业发展的档次和水平,以标准化促进规模化，以规模化带动标准化，引领农业产业向品牌化发展。

### （四）塑造形成了一支支撑产业的人才队伍

安丘市围绕提升农业综合效益，把农业科技人才摆在更加突出位置，坚持外引内培、党建发力，引导更多的高素质人才走向农业产业领域的广阔天地，助力新产业、新业态、新模式发展，为全市现代农业发展提供了强有力的科技人才支撑。

# 第七章　基层党组织引领乡村振兴的推进路径

在大变革大调整时期,我国面临经济下行压力加大、外部环境发生深刻变化的复杂形势,做好乡村振兴工作具有特殊重要性。加强社会主义新农村建设,实现乡村振兴,关键在于坚持党的领导。加强和完善党对乡村振兴工作的领导,具有统揽全局的意义,有利于发挥集中力量办大事的制度优势。

## 一、强化党组织管理农村的主体责任

建立健全科学的工作机制和领导体制是加强和改善党对乡村振兴工作领导的重要内容,也是坚持和落实民主集中制的必要条件,乡村振兴工作千头万绪,并不单纯是乡村之事,更是牵涉城镇发展等外部性因素,需要明确建设者的主体责任和责任边界,也需要从顶层设计入手,继续探索更加科学民主的议事机制,以确保乡村振兴等国家战略的有序推进。建立和完善党对乡村振兴工作科学领导体制机制,首要任务就是强化各级党委和政府的主体责任。面对农村基层多重组织力量、多方群众的参与,乡村振兴战略的有效推进需要以主体责任的落实为着力点。一旦缺失了关于主体责任的明确，乡村振兴中的"头雁"效应就难以充分发挥，责任"发动"的带动链条就容易拉断，组织力量的衔接和要素流动就易于遭受梗阻，只有落实了党管农村主体责任，才能确保农村基层领导体制机制发挥出最大效能，党对"三农"工作的领导才能在广大基层落地生根。

## （一）优化"关键少数"的责任分工

湖南省明确要求落实实施乡村振兴战略领导责任制，确定党政主要负责人是第一责任人，五级书记抓乡村振兴。加强各级党委农村工作部门建设，做好党的农村工作机构设置和人员配置工作，充分发挥决策参谋、统筹协调、政策指导、推动落实、督导检查等职能，明确县委书记当好乡村振兴"一线总指挥"。这些举措充分说明了党对乡村振兴过程中发挥各级领导干部作用的高度重视，习近平鲜明指出，领导干部是党和国家事业发展的"关键少数"，对全党全社会都具有风向标作用。[1]越是任务艰巨繁重越需要领导机关和领导干部奋勇当先、实干担当，加强党对乡村振兴工作的领导，很重要的一个方面就是在"关键少数"能否敢于担当、勇挑重担，团结和带领广大群众在乡村振兴的道路上奋发有为。要做好这一点就必须优化落实各级领导班子之间，以及领导班子内部的分工协作问题。乡村振兴工作的规律决定了领导班子要做好工作，必须有分工有合作；乡村振兴项目往往涉及多个分管领导的职能范围，不能以分工为由将工作"泾渭分明"，要明确分工与合作是相对的，分工是为了更好地合作，而片面强调合作没有分工，就会责任不明，工作缺乏效率。提高领导班子的绩效，必须坚持分工与合作的统一。

---

① 《习近平谈治国理政》(第三卷)，外文出版社，2020年，第544页。

### （二）重视乡村振兴工作骨干力量建设

要强化各级党委、政府在经济发展及党员组织管理方面的主体责任,进一步凸显党在乡村振兴工作中的领导地位。乡村振兴工作的建设主体是人民群众,而发挥先锋模范作用和骨干力量的却是广大农村基层党员。广大农村基层党员是密切各级党委、政府与基层一线群众关系的关键,他们既是党管农村政策的遵守者、执行者,更是将重大党政方针路线与个人价值联系在一起的天然载体。离开了这一骨干力量,各级党委、政府主体责任的履行将无从入手。为此,湖南省十分重视乡村党组织带头人整体优化提升行动,在全省范围内全面实现村党组织书记县级党委组织部门备案管理制度,把懂农业、爱农村、爱农民作为基本要求,坚持村干部"凡进必审",不断净化乡村振兴工作骨干队伍。健全从优秀村党组织书记中选拔乡镇领导干部、考录乡镇公务员、招聘乡镇事业编制人员制度,以拓宽"三农部门"干部来源。

各级党委、政府在乡村振兴工作中既注重经济指标数据,更注重自身在党组织内外的动员、凝聚作用,要充分发挥广大农村基层党员参与建设的主动性和积极性,切实尊重和体现党员的主体地位。关心基层干部,从健全党员民主权利保障制度入手,确保权责统一,让基层干部工作有动力、待遇有保障、事业有奔头。

### （三）抓好党内外监督机构和制度建设

应增强党领导乡村振兴工作的信息透明化和可见度,既要开展党内有效的自我监督,也要虚心接受外界群众的客观评价,以强化各级党委和政府的主体责任。为此,必须加强乡村振兴工作数据的统计监测工作,湖南各级党委坚持规划先行、注重质量、因地制宜、分步实施,把抓党建促乡村振兴作为市、县、乡党委书记抓基层党建述职评议考核的重要内容,不断提升党和政府信息公开的广度和深度,优化市县党政领导班子和领导干部推进乡村振兴战略的实绩考核意见,并将考核结果作为考核评价领导班子和选拔任用领导干部的重要依据,增加客观性监督指标的权重,并加强考核结果应用。

## 二、统筹党领导下的城乡发展空间

加强党对乡村振兴工作的领导,离不开党在国民经济各项建设中的全面统筹和协调作用。习近平指出,坚持党的领导,发挥党总揽全局、协调各方的领导核心作用,是我国社会主义市场经济体制的一个重要特征。[①]习近平生动地以"众星捧月""中军之帅"阐述党总揽全局、协调各方的领导核心地位和作用。总揽全局是党在政治力量格局中核心地位的体现,是"最高政治力量"的必然要求。"协调各方"则体现了党总揽全局、实施领导的工作着力点。长期以来,大量村庄建设缺乏发展动力与活力,"空心村"频频出现,其重要原因在于城乡之间政策的不平衡与脱节,造成了城乡之间发展的对立。加强党对乡村振兴工作的领导,必须统筹党领导下的城乡关系,完善城乡政策衔接和全局统筹,消除城乡二元化体制机制下带来的各种不利因素。

### (一)强化城乡政策衔接的意识

对照《国家新型城镇化规划(2014—2020年)》所列举的问题,在乡村建设中,要避免出现其中所指出的"部分城市贪大求洋,照搬照抄,脱离实际建设国际大都市,建设性破坏不断蔓延,城市的自然和文化个性被破坏"等情

---

① 习近平:《在十八届中央政治局第十五次集体学习时的讲话》,《人民日报》,2014年5月28日。

况,最大化减少因城市资本盲目下乡投资所产生的新型城镇化与乡村振兴建设两方面的问题。新型城镇化建设与乡村振兴是我国现代化经济建设的重要战略抓手,要防止出现"战略断层"和相互抵触,应消除城乡各级政府、党委在政策执行层面对二者存在的误区,实现政策衔接。同时,要严格限制农村地区大拆大建,照搬城市小区模式建设新农村,简单用城市元素与风格取代传统民居和田园风光。为此,党委、政府要有市场意识,提升对经济发展规律的理解和把握,要将坚持党的集中统一领导与遵循市场经济规律有机结合起来。

### (二)消除城乡竞争的内卷化发展倾向

黄宗智在《长江三角洲小农家庭与乡村发展》中,把内卷化这一概念用于中国经济发展与社会变迁的研究,他把通过在有限的土地上投入大量的劳动力来获得总产量增长的方式,即边际效益递减的方式,称为没有发展的增长即"内卷化"[①]。发展在内部循环并日益精细化和复杂化,但因发展无法与外系统形成良性循环互动,便造成了有增长但缺乏发展的现象。城乡竞争同样带来了这样一种发展局面,即城乡之间对于有限要素的无序争夺,决定了党统筹城乡发展空间必须突破定式的内卷化发展思维。

一方面,健全城乡竞争的一体化市场机制。完善城乡政策衔接和全局统筹,并不是说城乡之间不能有竞争,关键是要避免城乡之间的无序竞争,湖南省委、省政府《关于建立健全城乡融合发展体制机制和政策体系的实施方案》提出"城乡要素自由平等流动体系"和"建立城市人才入乡激励机制"等,致力于塑造新型工农城乡关系,要打造城乡一体化的发展平台,实现产业链从城市到农村的自然延伸。通过统一的市场内公平竞争,进而提升整

---

① 黄宗智:《长江三角洲小农家庭与乡村发展》,中华书局,2000年。

个区域的生产效率。

另一方面,改革政府工作绩效评估规则。政府工作绩效评估承载着强化政府责任、提高政府工作效率的目标。要协调城乡关系,并处理乡村振兴相关的各部门关系问题,就必须在党的集中统一领导下梳理政府部门职能交叉、减少直接指标攀比现象,应进一步科学设计指标项目及权重,增加间接指标的设计,如引入部门间的协同指标作为业绩标准,并使用科学合理的评估技术和方法等,以此消除政府行政碎片化管理,减少政府间不合理竞争,杜绝由此引发的浮夸和虚报业绩的严重作风问题。

### (三)创新社区复合共治议事体制机制

党的力量来自组织。马克思主义政党力量的凝聚和运用,在于科学地组织。发挥党组织的作用在于完善农村基层党组织的议事机制。农村治理的现实情况十分复杂,存在社区党建、社区自治与行政治理等多重复合关系,"社区复合共治"①的趋势不仅存在于城市,同样也存在于农村。要解决这些问题,就必须创新农村"社区复合共治"背景下基层党组织议事体制机制。

一要创新党建服务平台。要打造区域化党建平台,为农村基层党组织议事机制提供可能。区域化党建是社区各类治理机构横向协调合作的重要平台,是有效整合区域内党建资源、发挥社区民主的重要抓手。

二要完善议事规则。要制造农村基层党组织议事的"共同利益",在"社区复合共治"背景下,要发挥农村基层党组织民主议事的作用,凝聚人心,统一思想,就必须通过更广泛的议事范围,将各类组织与人群充分考虑到议事要解决的问题和要实现的利益中去。

---

① 于燕燕:《复合共治:社区治理最佳路径》,《人民论坛》,2016年第32期。

三要执行群众路线。要抓住农村基层党组织民主议事"互动活动"这个根本。随着农村城镇化的发展,村改社区的现象越来越普遍,如果在集体经济朝着社区经济转型的过程中,也使得农村基层党组织民主议事的程序、规则与实际内容更能贴近群众利益与客观发展需求,就需要农村基层党组织带头人加强与普通群众的联系,在收集群众意见方面真心实意地倾听各种声音,借助各种接地气的互联网平台、渠道,让社区群众敢于、愿于吐露心声,行使社区共治的民主权利。

## 三、强化党领导乡村振兴工作的政治规矩

要以严格的党内法规确定党领导乡村振兴工作的政治规矩。政治规矩的实质是调节和处理党内外的利益关系、权利和义务关系的行为规范和惯例。[①]综观世界各国,大部分国家都是实行政党政治,政党政治是现代政治的核心,任何政党必然存在严格的政治规矩,其成员也必须毫无保留地拥护该党的政治纲领和政治主张。中国共产党历来从严治党,采取严明的政治规矩,这是我党在历史上多个时期面临政治生态危机,都能从容地将其化解的根本原因。习近平指出,我们党的党内规矩是各级组织和全体党员必须遵守的行为规范和规则。[②]因此,要以严格的政治规矩作为党领导乡村振兴工作的重要抓手。

---

① 李斌雄、张银霞:《中国共产党严明政治纪律政治规矩的利益基础和生态分析》,《马克思主义研究》,2016年第1期。

② 习近平:《深化改革巩固成果积极拓展不断把反腐败斗争引向深入》,《中国纪检监察报》,2015年1月14日。

### （一）梳理完善党内法规上下层级关系与逻辑体系

中国共产党的内部规矩具体表现为党内法规和国家法律法规，而党内法规主要有四种形式：其一，总规矩，也就是党章，是党内法规中的"宪法"，具有最高的效力。此外，也包括一些对党章进行具体补充的"宪法性"文件，如1980年《关于党内政治生活的若干准则》，往往在党的全会上通过并颁布。其二，党的纪律。1927年6月，中央召开政治局会议，对党章进行了修改，其中第六十五条明确规定"严格党的纪律是全体党员及全体党部最初的最重要的义务"。目前党的纪律主要包括政治纪律、组织纪律、廉洁纪律、群众纪律、工作纪律、生活纪律这六个方面，如中共中央印发的《中国共产党纪律处分条例》《中国共产党农村基层组织工作条例》就属于这一类型。其三，国家法律法规尽管并不是直接表现为党内法规的形式，但从内容来看，仍然可视为党内法规的理论渊源和党员必须严格遵守的规定，在处理党内事务时应贯彻"纪在法前"的原则。其四，党在长期实践中形成的优良传统与习惯，同时也包含着部分中华优秀传统文化的因子，部分甚至以"非成文法"的形式出现并调整着党内政治生活。尤其在乡村振兴领域，一些工作习惯也逐渐成为基层党组织和党员的行为规范，这就要求我们认识到党内法规丰富而具有特色的渊源，以及各类党内法规之间的相互层级关系。

总的来说，中国共产党的党内法规体现着党的意志和政治规矩，其外延大于中国共产党的党内纪律。中国共产党的党内法规是调整内外利益、权力和权利关系的一整套行为规范，体现了全国人民的共同意志。梳理规范党内法规体系的内部逻辑和层级关系，有利于全面从严治党，采取严明政治规矩，净化执政环境等策略，从而达到净化政治生态、建设廉洁政治和文明政治的目标。

### (二)确保各类组织朝着正确的政治方向发展

各类与乡村振兴工作相关的组织大体可以分为四大类：第一类是政治组织，包括基层党组织、村民委员会、村民大会，以及乡镇行政机关等，此外还有一些家族宗族组织，其成员不乏政商界成员，能够通过多种方式对农村的政治生活产生实际影响。第二类是经济组织，主要是指农村经济合作社、乡镇的各类企业、商业和金融组织等。第三类是社会福利组织，包括民间自发成立或政府主导成立的以增进农村社会福利为目的的系列组织。第四类是科研组织，包括由高校、科研机构、学术团体与个人成立的长期或临时研究机构。

农村组织多，从某种意义上考察也是有益的，至少说明乡村振兴工作受到了社会各界的广泛关注，而问题在于要努力使组织之间的协同关系发挥出来。20世纪30年代的日本也经历了乡村振兴，主要由民间团体自发组织领导，然而由于缺乏统一的发展目标和规划，到了后期产生"异化"现象。美国学者克里·史密斯通过研究日本这一段历史发现："作为繁荣的先决条件的社会团结却轻易地被用来压制不同意见。存在有多种方式将经济振兴的现代思想和做法天衣无缝地与发动全面战争的全国总动员糅合在一起。"组织振兴犹如一把双刃剑，如果不将其引导到正确的道路上来，也存在较大的隐患。

农村各类组织在工作目的上不可能天然地达成一致，一旦乡村振兴脱离了党组织的领导，怀着各种私利目的的经济组织将打着集体经济的旗号损害群众的利益。近年来，一些资本下乡项目、"能人经济"模式已经对集体经济造成了损害，党组织及其带头人在发展经济的过程中随意性仍然较大，党内法规在保护农村集体经济方面缺乏可操作性，集体经济红线标准不明确，党组织被其他社会组织和个人侵蚀的情况常有发生，直接损害了区域内群体的集体利益。《中国共产党农村基层组织工作条例》第十九条指出,党的农村基层组织应当加强对各类组织的统一领导,打造充满活力、和谐有序的善治乡村,形成共建共治共享的乡村治理格局。因此,党领导乡村振兴工作正是要确立和巩固党在农村工作中的核心领导地位,要对农村各类组织实行统一的行为和思想管理,因地制宜推动发展壮大集体经济,确保乡村振兴朝着正确的方向发展。

### (三)推动乡村治理与政治要求相适应

为了推动乡村治理体系和治理能力现代化,中共中央办公厅、国务院办公厅印发了《关于加强和改进乡村治理的指导意见》,明确了总体要求和17个主要任务,从制度健全、组织建设到村民自治实践、农村基本公共服务等内容都有详细要求。该意见既属于党内法规,也属于行政法规,但从2020年和2035年两个阶段性目标的时间节点来看,承担主要建设责任的都是农村基层党组织,这就说明推动乡村治理体系和治理能力现代化的关键还是在党,要实现这一目标,还需要继续建设党内法规体系,以适应农村全面治理的要求。应尽快做好以下两个方面的工作。

一是党建统领优化基层治理新格局。新时代农村自治要求基层群众性自治组织政治上和上级党组织保持一致,但在具体的行政事务工作中基层党组织应有更大的工作自由度。可结合乡村振兴工作的新特点,优化党内法规体系的贯彻执行方式,提高执行效率。各级党委、政府应认真分析解决意见中所指出的"村级组织承担的行政事务多、各种检查评比事项多问题",将农村基层党组织从繁重的迎检和接待工作中解放出来,上级党组织不能以通过基层党组织的行政命令来间接剥夺村民委员会的自治权,湖南省鼓励村级党组织发挥议事会等自治组织作用,引导广大村民树立"自己家园自己规划、自己建设、自己管理"的理念。当前,乡镇(街道)统计电子台账建设已经具备一定成效,全部实现联网直保,正在积极推广村级基础台账电子化,建立统一的"智慧村庄"综合管理服务平台,探索区块链技术在农村基层党组织履职能力方面的评估运用。

二是以党内价值宣讲助推乡风文明。乡风文明面貌反映了农村广大群众的内心世界建设,是道德观、法治观和世界观的集合,培育乡风文明是党组织领导开展自治、法治、德治相结合的乡村治理的前提和基础。从根本上说,党内法规的价值内容与广大人民群众的根本利益是完全一致的,应以党内法规普及和价值宣讲为抓手,推动乡风文明工程建设。以《湖南省推动乡村文化振兴工作方案》为例,其目标也在于深入开展社会主义核心价值观宣传教育,巩固党在农村的思想阵地,乡风文明则是以党的价值文化为评判标准。因此,要以良好的党风、政风带动农村家风建设,传承传播优良家训;广泛开展社会主义核心价值观教育,创办农民夜校,坚持农民技能培训和道德培训相结合,弘扬崇德向善、扶危济困、扶弱助残等传统美德,用中国特色社会主义文化、社会主义思想道德牢牢占领农村思想文化阵地;指导各地开展乡规民约建设,由基层党组织在内容和程序上严格把关,争取最大范围的群众认同和自觉遵守。

## 四、加强党对乡村振兴人才队伍的领导

办好中国的事情,关键在党,关键在人,关键在人才。人才关乎党领导乡村振兴工作的成败,没有人才的支撑,各项工作将难以开展,乡村振兴本质上也是人才的振兴。习近平在多个场合作出重要指示,强调人才强国的重要性,2018年6月,习近平在山东考察时指出:"乡村振兴,人才是关键。"

### (一)优化乡村振兴人才的生成与培养

当前,农村生产生活环境发生了巨大变化,党管乡村振兴工作面临的长期执政、改革开放、市场经济和外部环境考验愈发严峻,推进农业农村现代化、确保国家粮食安全、提高亿万农民的生活水平和思想道德素质、促进山水林田湖草系统治理、打赢脱贫攻坚战、推进乡村全面振兴,就要在党的领导下,抓紧时间培养造就一批高素质的爱农、知农新型农业人才和其他各方面人才。乡村振兴工作的特征决定了乡村振兴人才必然是长期扎根基层,有理论、有技能并具有农民情怀的务实工作者,这类人才必然是稀缺的,依靠外部市场输送往往难以满足基层需求。

基层党组织应利用自身的基层土壤环境,培养和帮扶本组织党员干部尽快成长为农村集体经济组织需要的各类人才,以优秀的党内人才充实基层乡村振兴干部队伍。此外,党组织要实现人才培养能力必须实现从管理型党组织向学习型、服务型党组织的转型,提升组织科研学习氛围,面向群众做好科学帮扶。在这个方面,湖南省通过引导教育乡村振兴干部大兴调查研究之风,密切联系群众,加深对农民感情以不断回应顺应时代发展、推进事业发展、加强党的建设的"三个迫切需要"。通过多方举措,使农村一线基层党组织成为乡村振兴人才产生的重要源泉。

### (二)创新党管乡村振兴人才的方式方法

人才不仅要来,还要能留得住。习近平指出:"要推动乡村人才振兴,把人力资本开发放在首要位置,强化乡村振兴人才支撑,加快培育新型农业经营主体,让愿意留在乡村、建设家乡的人留得安心,让愿意上山下乡、回报乡村的人更有信心,激励各类人才在农村的广阔天地中大施所能、大展才华、大显身手,打造一支强大的乡村振兴人才队伍,在乡村形成人才、土地、资金、产业汇聚的良性循环。"面对人才总量不断壮大、结构组织日趋复杂、思想构成多元的客观现实,需要进一步加强党组织的政治功能,增强组织吸引力,密切党和人才的紧密联系,把各方面优秀人才团结集聚到党领导的乡村振兴工作中来,汇聚成社会主义现代化建设的磅礴力量。为此应该要创新党管乡村振兴人才的方式方法。

### 1.继续发挥党的人才组织优势

扎实推进抓党建促乡村振兴,建立选派第一书记工作长效机制,全面向贫困村、软弱涣散村和集体经济薄弱村党组织派出第一书记。把到农村一线工作锻炼作为培养干部的重要途径,注重提拔使用实绩优秀的干部,形成人才向农村基层一线流动的用人导向。同时,也需要正确处理村支"两委"与农村集体经济组织的关系、基层党组织带头人与农村经济组织职业经理人的关系、党内规章制度与现代企业章程之间的关系,为乡村振兴组织的各类人才充分履职,以及获得合理权益提供程序和制度保障。

### 2.为各类人才扎根基层提供平台

大学生"村官"下乡工作是党中央作出的一项重大战略决策,是向农村"输血"的重要途径。要改变大学生"村官""干三年就走"的现状,必须用感情、用事业留人,鼓励大学生"村官"将梦想筑在乡村,用激情点燃乡村,真心扎根基层。但是"留得住"不代表"流不动",要建立大学生"村官"成才和流动的长效机制,同时要借血缘、亲缘、地缘纽带,通过搭建感情联络平台,引导扶持在外乡贤、原籍大学生,以及优秀外出务工人员回乡创业兴业。习近平强调,"加快培育新型农业经营主体,让愿意留在乡村、建设家乡的人留得安心,让愿意上山下乡、回报乡村的人更有信心"。

3.增强人才的识别和管理分类工作

在乡村振兴建设总资源有限的情况下,要发挥党组织人事考察和教育培养优势,借助组织部门、党校、行政学院等平台资源,做好人才建档甄别遴选以及梯次分类工作。针对不同农村、不同产业发展所产生的不同类别、不同层次的人才缺口,通过调拨或政策吸引相应的人才进行补充。要使乡村振兴人才的国家计划和地方计划相协调,开展人才总量储备控制和人才的跨地区宏观调配等工作。

## (三)实现党管乡村振兴人才与市场机制相结合

人才市场是我国社会主义市场经济中重要的要素市场。近年来,我国人才资源开发和配置服务能力显著增强,在经济社会发展中凸显出越来越显著的作用,尊重人才市场经济规律,有利于最大限度地发挥人才对经济的推动作用。当前,农村人才市场机制的健全还面临许多问题,比如即使乡村振兴人才在农村相对稀缺,却仍然无法获得较高的工资报酬,这违背了人才市场经济规律,实际上反映了农村人才管理的体制机制不健全,无法如城市一般将人才的价值信息在供需双方进行有效传递。需要从以下三个方面加以完善:

1.消除城乡事权和财权的不对称性必须化解

目前,农村社会发展面临的人财物相对匮乏的局面,基层社会管理和经济发展的任务重,但是财政权不能独立于城市,农村与城市在人才争夺战中无法获得市场公平竞争地位,缺乏人才优惠政策的农村建立人才市场机制难度较大。从乡村振兴的角度来看,要实现党管乡村振兴人才,建立与乡村振兴发展相适应的人才市场机制。尊重乡村振兴人才市场的价值规律和市场规律。①人才的价格往往能够反映出人才的价值,价值规律和市场规律不断调整着人才市场的供求关系,但是市场也因追求效率而存在盲目性,随着城市对人才定价的普遍高涨,城乡对立的过程中,人才总是从农村流向城市,造成乡村振兴人才的缺口持续放大。因此,要打破原有的不公平,必须从中央层面加大对乡村振兴人才补贴的转移支付力度。

### 2.完善乡村振兴人才综合补贴

丰富人才价格的构成内容、要素,要认识到工资只是最基本的方面,人才的流动不仅受工资高低的影响,同时由当地基本公共服务水平、政府贷款补贴、住房补贴等多种因素所决定。即使城乡处于同一工资水平的情况下,决定人才流向的还包括许多非工资因素,比如在广大的西部和艰苦边远地区农村,如果不能保证国民享受到一些基本公共服务如子女就学等,那么农村吸引乡村振兴人才将会十分困难,这是要引起高度重视的。

### 3.健全乡村振兴人才待遇监督制度

充分认识健全农村人才市场机制的重要性,努力提升人才市场的公开性和公平性,推动建立以劳动合同为基础的新型人才供需关系,为用人单位发现、培养,以及用好人才提供及时的信息。②通过农村人才市场机制实现全面、准确、及时的行业人才报价,这样乡村振兴人才为了获得更高的劳动报酬必然努力提升自身价值,提升素质以适应用人单位的需求。价值规律就是这样不断地调整人才在不同行业、不同地区之间的分布,使之不断地适应经济社会发展的要求,而这一切都归功于人才市场机制的建立。同时,由于农村的劳动监督部门不如城市专业且密集,农村用人企业往往缺乏外部

---

① 马昌定:《人才价格机制与人才结构调整》,《中国人才》,2011年第1期。
② 刘东:《人才市场:为人才成长提供良好机遇与环境》,《中国人才》,2007年第19期。

监督,而内部自律难以得到保证,那么必须依靠党对乡村振兴人才工作的领导来实现监督机制。一方面,党领导乡村振兴人才工作,既要发展生产,更要能够保障劳动者基本权益,那么就要求以党内自律保证经济单位内部自律;另一方面,农村基层党组织要加强对外部监督机构的监督和指导,处理好农村基层党组织与外部无隶属关系的监督机构之间的关系,如当外部机构为某县劳动仲裁委员会,农村基层党组织唯有通过其双方共同上级党组织来实现这一监督,党内协调制度的建立,也是确保乡村振兴人才市场公平公正的重要环节。

## 五、加强党对乡村社会组织的领导

综观世界各发达国家,大都经历过一段乡村振兴运动的历史,如韩国的"新村运动"、日本的"造村运动"、德国的"村庄更新"计划等,不同国家的国情不同,治理手段也有较大差异,不同发展阶段乡村衰落的内在逻辑不同,促进乡村振兴的策略也必须相应调整,但共同点在于,促进乡村振兴有必要营造社会氛围、集聚人气,只有凝聚强大的合力,组织全社会各方面分工有序合作,才能实现乡村的良性可持续发展。

### (一)构建社会协同推进机制

乡村振兴是一项极其复杂的社会系统工程,从乡村社会管理的发展趋势来看呈现主体多元化发展的特征,就乡村而言,其经济成分、组织形式、就业方式、利益关系和分配方式日益多样化,单位覆盖的范围越来越小,越来越多的"单位人"变成"社会人",这为乡村振兴背景下如何凝心聚力提供了思考空间。

20世纪70年代以来,新公共管理运动兴起,伴随全球化、信息化时代的来临,传统行政管理机构无法应付自身机构的不断膨胀、无力应付巨额的财政赤字,提供公共服务的能力有限,而公众的需求持续扩张,面对这些情况,英国撒切尔内阁、美国里根政府等率先开始对公共部门进行改革,实行了不同于政府有限论和以市场解救"政府失灵"的一种公共管理模式。

创新乡村社会管理体制,需要结合中国国情制定相应的对策,不能简单地将目标定为"小政府、大社会",一旦这样就有可能陷入西方管理理论的陷阱之中。创新乡村社会管理体制,需要重视两个方面的工作:一是政策和资源要向基层倾斜,要建立健全农村基层社会管理服务体系以及机制体制,由于历史上形成的城乡差异在短时期内无法消除,必须将人力、财力、物力更多投到基层,壮大基层管理组织,整合基层力量,优化基础工作,培养基层的自治及可持续发展能力,要做到这一点,仅靠党委、政府、市场、社会某一方面发力很难取得实质性效果,需要广泛凝聚各方面力量,比如不少企业经营者有乡村情怀,但不懂政策、不懂技术,这就需要党委、政府创设好的机制、提供好的平台,而这都是市场失灵所不能解决的,西方的新公共管理理论显然不符合我国乡村振兴的实际情况。

二是寓管理于服务之中。进一步加强和完善乡村流动组织和人口的监测,建立乡村振兴组织和人口的基础信息库,实行动态跟踪管理,只有掌握了农村的基本面,才能进行资源有效整合和服务。

习近平指出:"我们最大的优势是我国社会主义制度能够集中力量办大事。这是我们成就事业的重要法宝。"我国之所以能创造一个个世界经济和工程奇迹,根本原因在于我们坚持社会主义制度,坚持党的领导,能够在短时期内集中力量办大事,这种制度优势是任何国家制度都无法比拟的。这就为我们提供了一种新的社会治理模式,即党委领导是根本,政府负责是前提,社会协同是依托,公众参与是基础。在乡村振兴战略中,要继续巩固党在基层的执政基础,加强党对乡村振兴工作的全面领导,强化政府乡村治理的职能,要求各类事业单位认真履行好本职服务功能,引导各类社会机构拓展业务范围、增强服务能力,支持人民团体和公民个人参与乡村治理和公共服务,组建志愿者队伍,充分发挥群众参与社会管理的基础作用,构建党委、政府、市场、社会协同的大发展格局。

## (二)发挥党的群团组织动员优势

2020年,湖南省将"着力发挥好群团组织作用"写入省委一号文件之中,并归于"抓实建强农村基层党组织"部分,可见群团组织建设对于乡村组织振兴的重要意义。群团组织又称党的群团组织,新中国成立以后,将党组织以外的其他具有社会影响力的社会组织力量进行重新调整和统一规范,命名为群团组织。党的群团组织具有以下根本特征。

首先,党的群团组织具有强烈的政治属性。2015年,习近平在中央党的群团工作会议上强调:"政治性是群团组织的灵魂,是第一位的。群团组织要始终把自己置于党的领导之下,始终在思想上政治上行动上同党中央保持高度一致,自觉维护党中央权威,坚决贯彻党的意志和主张,严守政治纪律和政治规矩,经得住各种风浪考验,承担起引导群众听党话、跟党走的政治任务,把自己联系的群众最广泛最紧密地团结在党的周围。"群团组织在政治上拥护党的领导,在具体工作中具有一定的自主性和灵活性。其次,群团组织是党联系特定阶层和人民团体的制度渠道,群团组织往往具有自己的组织网络,特定阶层和人民团体通过认可该群团组织的章程加入其中。最后,群团组织是中国特色社会主义民主政治的有机组成部分,通过代表特定阶层和人民团体,以政治协商的方式把群众参政议政的民主权利体现到国家治理的方方面面。

改革开放以来,党和国家加强了经济和社会体制改革,进一步承认了群团组织工作的自主性和灵活性,政治模式变得更为开明包容,空前地激发了群团组织参与经济建设的热情。1989年《中共中央关于加强和改善党对工会、共青团、妇联工作领导的通知》明确提出"工会、共青团、妇联是党领导的工人阶级、先进青年、各族各界妇女的群众组织，是党联系群众的桥梁和纽带，是国家政权的重要社会支柱"。2018年《中共中央　国务院关于实施乡村振兴战略的意见》进一步提出发挥工会、共青团、妇联、科协、残联等群团组织的优势和力量，支持农村产业发展、生态环境保护、乡风文明建设、农村弱势群体关爱等。

　　由于党的群团组织属于我国政党体系中的组成部分，这使其天然地具备协同开展国家治理的责任和使命，并参与乡村振兴工作。党的群团组织与党组织的联系，与国家行政机关的联系及与特定社会基层和人民团体的联系，党的群团组织围绕着自身的任务和使命与党组织、国家机构、特定社会阶层建立起了各种密切的组织网络和制度性通道。[1]这种组织形态使党的群团组织成为乡村振兴中一支不可忽视的组织力量，能够应对复杂的乡土社会环境，同时群团组织作为各人群的代表性组织，在长期专门的工作中积累了大量针对特定人群的工作方法和工作经验，能够用专门知识和力量弥补农村基层党组织在基层治理方面的不足。广大群团组织针对职工、青年、妇女、少儿、老年举办学习活动的综合阵地和平台，为党在基层的执政基础添砖加瓦，赢得了人民群众的广泛好评。从浙江经验来看，诸如科协等还能组织更多专家型人才加强与群众的联系，通过他们，把科协组织打造成为"下接上攀中联"的枢纽，带动医疗、教育、农业等资源向基层倾斜，使党的好政策真正扎根在基层。[2]

---

　　① 李笑宇：《国家治理现代化视域下党的群团组织发展的理论战略探析》，《上海党史与党建》，2019年第10期。

　　② 陶建群等：《科协建设助力新时代经济高质量发展——群团改革的浙江探索》，《人民论坛》，2019年第28期。

### (三)加强乡村振兴国际经验交流

我国的乡村振兴相对于自身而言是史无前例的乡村振兴整体改革,而发达国家前期走过的道路更能为我国提供经验借鉴,特别是在组织振兴领域能为党和政府重构乡村组织格局提供参考。如何建立一个强有力同时又灵活高效的执行组织的问题、农村社会内部协作与培育内生动力问题、农协自主与政府引导问题都可以从国外发展历史中找到部分答案。而收集世界乡村振兴的经验教训汇成专门智库将是最强大的发展合力,最终将帮助我国缩短乡村振兴的周期,在开放经济条件下,这也是马克思主义社会相对论所能达成的现实。乡村振兴国际经验交流的方式是多样化的,除了出国访问和调研,最有效的方式就是期刊交流,诺贝尔经济学奖获得者舒尔茨认为发达国家期刊订阅数量远远高于发展中国家,①期刊特别是国际期刊领域的繁荣在很大程度上反映了一国对于通过国际交流获取外部经验的热情,这也是确立国家在某一建设领域全球话语权的重要方面。此外,随着世界农业发展越来越呈现共性趋势,国际农业合作日益深化,农业早已经不是与一国利益相关,而是通过国际分工传递给合作方国家,加强乡村振兴国际经验交流有利于实现国际利益最大化。新时代加强党对乡村振兴工作的领导,应该用开放包容的态度进一步拓展全球视角,以"一带一路"互学互鉴为契机,借鉴吸收其他国家的优秀文化成果。

---

① [美]西奥多·舒尔茨:《经济增长与农业》,郭熙保译,中国人民大学出版社,2015年。

## 乡村振兴优秀案例：广大三水

**基本介绍：**

佛山市三水区，别称"森城"地理中心，位于佛山市西北部，地处广佛肇地理中心，总面积827.71平方千米，户籍人口47.91万人，常住人口80.32万。是全国文明城市、国家森林城市。

产业发展良好。全区形成了近1500亿元制造装备、近1000亿元泛家居、超500亿元食品饮料、超500亿元电子信息四大主导产业集群。佛北战新产业园纳入全省七个大型产业集聚区，依托佛高区云东海生物港、大塘工业园化工专区，加快布局生物医药、新材料两大新兴产业集群。位列全国高质量发展百强区第25位。

区位优势突出。三水是珠三角冲积平原最早形成的地方，是地理意义上的湾区之源。毗邻广州白云机场、广州南站、佛山西站等交通枢纽，以贵广（南广）高铁、广佛肇城轨连接全国高铁网，湾区轨道网，三水港"湾区通"直航华南四大枢纽港，正在建设的佛山轨道4号线计划在辖区内设5个站点，广佛肇等7条高速公路密织成网。

城市功能完善。文化中心、新城医院等城市配套不完善，三水广场、万达广场、新动力广场、钧明汇等商圈商贸繁荣。全省乡村振兴综合改革试点成效巩固拓展，9条经验获省委改革办总结推广，现代都市农业全产业链条加速成型，城乡融合发展空间持续拓宽。城乡居民收入比为1.35∶1，城乡均衡发展走在全国前列。

文化底蕴深厚。三水是传统的岭南水乡。水域面积占全区总面积的三分之一，昆都山·思贤滘、云东海国家湿地公园等"三水新八景"展现新魅力。全区拥有银洲贝丘遗址、芦苞胥江祖庙等各级文物保护单位66处，拥有"红头巾""粤曲星腔""独树岗千叟宴"等各级非物质文化遗产32项。

2021年实现地区生产总值1405.19亿元、增长8.6%,地方一般公共预算收入7152亿元,增长5.6%。

## 突出产业发展促进全区全域振兴

*广东省佛山市三水区农业农村局*

佛山市三水区以全省乡村振兴综合改革试点为契机,突出产业振兴的"牛鼻子"牵引作用,建设全域美丽乡村精品路线,一盘棋系统推进"五大振兴",初步探索出具有自身特色的全面振兴之路。三年来,全区产业振兴招商引资项目超100亿元;首创"美丽指数",70%村居达到美丽宜居;农村居民增收32%,2021年城乡收入差距比缩小到1.35:1,城乡均衡发展水平走在全国前列。2020年,获评中国全面小康百佳示范县。

**一、主要做法**

紧扣上级要求和改革试点任务,出台政策39个,实行区、片区、镇街、村居和村小组"五级书记抓乡村振兴",选派55名乡村振兴工作指导员到村居,形成"5+1"推进力量体系,以"推动产业振兴和建设全域美丽乡村精品路线"为两大抓手,统领"五大振兴"深入推进。

**(一)规划引领和招商引资双轮驱动,集约化推进乡村产业振兴**

集聚各类政策、资金、人才等资源,持续优化农业农村招商引资环境,聚焦农产品加工流通环节缺失等短板,以"规划＋招商"双轮驱动,精准施策,靶向发力,全力推动乡村产业振兴,引领全域振兴。

1.规划先行,融合发展

在攻坚人居环境整治第一场硬仗的同时,同步谋划乡村产业发展,在实现农村美的道路上,以产业作为内核驱动力,同频实现农业强,农民富。一是以农业园区化促进农业集约高效发展。按照"统一规划、统一建设、统一管理、统一推介、统一品牌"的发展思路,规划建设现代农业产业园,优化全区重点产业布局。重点规划建设三水渔业工贸产业园、三水(青岐)渔业产业园(省级现代产业园)、北部果蔬科技产业园、西江(白坭)农业园、乐平农业园(海峡两岸创意农业园)等园区,园区布局遍布全区7个镇街,南部、中部以水产园区为主,北部以果蔬园区为主,实现区域产业均衡协同发展。通过园区集聚各类政策、资源、项目和主体等,强化联动带农,加快构建现代农业产业、生产和经营体系。三水黑皮冬瓜、乐平雪梨瓜、三水芦苞鱼干成功注册国家地理标志证明商标。中山大学、珠江水产研究所等一批高端科研单位相继落户三水。芦江水产专业合作社被评为"国家农民合作社示范社"。成功创建省级水产健康养殖示范县,青岐村获评全国"一村一品"示范村。康喜莱蔬菜专业合作社建成广东首个蔬菜类"科技小院"、乐平建成国家级乐平雪梨瓜栽培标准化示范区。

二是以"三片联动百村共建"促进农旅文融合发展。立足全区资源禀赋,整体规划、分片实施、连片成画,推进"三片联动、百村共建",着力打造岭南水乡、千年村落、生态屏障三大乡村振兴示范片区,对示范片区内田园风光、传统文化、乡村景点等具有开发基础和潜力的资源进行梳理、打造和整合,深入挖掘农村生态涵养功能、休闲观光功能、文化体验功能等。依托全域美丽乡村精品路线建设串联片区内外,整合运营,示范推介,形成特色乡村旅游路线。全区已引进建设蓝城本味、"四个百年"、"足球+"等一批重点农旅文化项目,乡村美丽经济受市场追捧。乐平镇入选广东省休闲农业与乡村旅游示范镇,大旗头村、长岐村和富景社区获评省级文化和旅游特色村,独树岗获评"广东特色产业名村"。近3年全区乡村旅游人数倍增。

2.聚焦补链强链,精准招商

依托规划建设的园区,系统谋划,主动出击,集中资源,精准靶向,强化招商引资。重点引入农产品加工流通型企业和项目,补齐产业链短板,构建农业生产、加工、流通、销售等全产业链,引领农业高质量发展。已招商落户以"四大标杆"为代表的一批项目,计划总投资超100亿元。"四大标杆"项目中,南山万亩智慧农业园项目已获评广东省数字农业园称号,力争成为粤港澳大湾区现代都市农业综合示范基地,何氏水产智慧渔业项目建成后将成为全区渔业发展的核心动力,并逐步打造成全省乃至全国"南鱼"加工流通集散中心,成为全省"现代渔业标杆";扬翔现代化生猪产业项目(佛山市生猪保供基地)将打造成全省"现代畜牧业标杆",乐平花卉农业园项目建成后将成为全省乃至全国花卉生产经营、流通交易重要基地,成为全省"花卉产业标杆"。上述项目的计划投资强度、亩产值和税收、联农带农等方面将实现重大突破。

3.发挥财政资金杠杆效应,促进多元投入

在推动农业发展中,不断探索优化财政资金使用方式,注重资金使用绩效,从传统"输血型"投入逐步迈向"造血型"投入,大大提高了财政资金的杠杆效应。一方面,加强对农业园区等基础设施建设,以此吸引农业项目投资,增强资金杠杆效应。按初步计算,截至2021年末,各级财政资金对农业产业园区基础等投入撬动社会投入的比例约10倍。随着农业招商引资深入推进,更多项目投资落户,三水有望成为全省财政资金牵动社会资本投入的标杆地区。另一方面。在全国首创"政银保"农业合作贷款机制,已累计向农户、合作社、农业龙头企业等生产经营主体贷款超20亿元,财政资金撬动金融资本的比例为100倍。

4.产业驱动,全面振兴

紧扣"发展促增收"这条主线,发挥产业振兴的牵引力,推动组织、生态、人才、文化等振兴,实现"五大振兴"同频共振兴,促进乡村全面振兴。组织振兴方面:村党组织发挥核心引领作用,组织发动村民议事行事,汇聚民意民力推动产业发展。如乐平源潭村党组织带领村民仅用21天就完成4000亩土地集约,为乡村产业高质量发展提供重要保障。生态振兴方面:全面推进"三清三拆三整治",村庄环境焕然一新,助力招商引资,催生乡村产业新发展。如西南江根村全力推进环境整治和风貌提升,改善环境同时挖掘生态、文化等资源,引进"三江缘"咖啡馆等经营项目,推动村产业发展。人才振兴方面:想方设法吸引外出人员回村投身建设。如白坭镇中社村书记、村主任何文胜,响应乡村振兴号召,回村组织发动村干部和村民建立"四姓同一祠堂"的和谐治理模式,集约清拆后的空地通过引导村民入股等方式发展优质种植业,吸纳本村劳动力,村集体和村民收入大幅度提高。文化振兴方面:利用好文化资源,将其转化为文化创意,成为产业发展优势。如白坭镇结合祠堂文化等,"无中生有"引入漆艺文化,发展漆艺文化产业,拓宽乡村发展和农民增收渠道。

(二)全域建设美丽乡村精品路线,打造"一轴三区"全域乡村振兴格局

立足经济社会和城镇化发展阶段,牢牢把握城乡融合发展趋势,以建设贯通全区的全域美丽乡村精品路线为总抓手,引领集聚发展、创新发展、融合发展,促进全区全域振兴。

1.实施"三片联动、百村共建",以三大示范片区建设打造全域精品路线"串珠成链"

一是三大示范片区划分突出主题功能统一。以贯通南北的三水大道为主轴,将全区七个镇街划分为"南部岭南水乡、中部千年村落、北部生态屏障"三大片区,按同一个主题和功能建设,有利于片区内镇街共融共进,形成连片建设、整体打造、集合发展。二是三大示范片区坚持联合党委统领建设。创新性地在每个片区成立联合党委,由区领导兼

任联合党委书记,片区所在镇街主要领导,分管领导以及村居书记为联合党委成员,建立日常运行机制,统筹片区内各镇街乡村振兴工作。三是以项目竞争性推动三大示范片区建设。建立"额度预控、竞争分配、动态调整"的项目资金分配机制。截至2021年末,三大示范片区累计完成超过300个重点项目,涵盖人居环境整治、产业发展基础、特色文化节点等方面。四是三大示范片区实现内外联通。确立贯通每个片区内部、联通每个片区之间的连接线。连接线串联"五大振兴"项目、点线结合,突显有颜值、有内涵、有特色、有底蕴的区域,推动形成精品路线。如南部片区的连接线西江十里画廊被评为省级美丽乡村精品路线。

2.党建引领创新基层治理,为精品路线"铸魂"

构建全域美丽乡村精品路线,既要从外在颜值上"塑形",更需要在内在气质上"铸魂"。一是实施村组两级重要事权清单管理,从机制上保障村(居)党组织"话语权"。由村党组织审核把关的资金使用累计超20亿元,三水"重要事权清单管理制度"入选第二批全国乡村治理典型案例。二是实施村务监督委员会、村民议事会、家乡建设委员会和乡贤慈善会"四会联动",为村内外人员投身乡村振兴提供重要平台。以白坭镇为例,近3年乡贤们共筹集超3000万元支持家乡建设,组织举办了龙舟赛等多场乡村特色活动。三是实施无职党员设岗定责,示范带动村民推进"三清三拆三整治"、农村环境"网格化"管理等。全区3757名无职党员领岗尽责,约占农村党员的一半。四是实施三级党建网格建设。全部镇街和村(居)党群服务中心全部实现实体化运作,614个村民小组党群服务站建成落地,覆盖率91%。五是实施"民生微实事"工程,竞争性扶持村建设。截至2021年末共举办项目评审会26期,投入资金3.12亿元,实施项目1667个,覆盖全部72个村(社区)和大部分村民小组。

3.创新人居环境整治机制,促进精品路线"蝶变"

以建设全域美丽三水系统推进农村人居环境整治,实现"面上干净、线上美丽、点上精彩"。一是系统布局纵深铺开整治。沿着全域美丽乡村精品路线,由近到远渐进建设、梯次提升农村人居环境,结合"三沿一口"环境整治,整体改善、全域提升。二是标准引领美丽乡村建设。建立农村人居环境整治"十步工作法",在省的基础上创新实行农村人居环境"四级同创",相应地明确创建、验收、长效管理标准。率先出台"三拆除"工作指引,明确"三拆除"对象和流程。三是突出重点协调推进"五个美丽"建设。从百姓感受最深的"美丽家园"做起,以重点突破带动面上工作。全域推进"三清三拆三整治",770条自然村道路总体上达到干净整洁,70%的行政村达到美丽宜居。江根村获评"广东农房风貌提升名村"。全面完成881个农村公园、1193个垃圾收集点改造提升,农村分散式污水处理设施覆盖人口密集自然村。整治648个各类棚舍,新建近200个与田园风光相适应的农业工具房。全面完成纳入城乡黑臭水体整治的44条河涌整治,开展"三沿一口"环境整治,完成79千米"四好农村路",获评国家"四好农村公路"示范县。四是建管同步落实长效管理机制。坚持边建边管、系统治理,建立区、镇街、村居、自然村四级标准化,"内生+外生"长效管理机制。区级创新开发运用手机软件,各镇街通过红黑榜,诚信贷等共抓长效管理机制落地。通过长效管理考核的自然村,区镇两级每年投入长效管理奖补超5000万元。五是建立美丽指数评价机制。在全省首创"美丽指数"定期发布机制,以指数化将美丽乡村建设工作成果规范化、可视化反映,形成美丽指数为导向的"创建验收—长效管理—指数发布"美丽乡村创建全流程工作体系。

4.积蓄人才,为精品路线增添活力

加强人才队伍建设,撬动社会力量聚集人才为精品路线提供智力支持。一是全面实施"头雁"工程。按1:2比例储备党组织书记人选144名,实绩考察71名无职党员列入村(居)储备人选,105名领岗党员当选党支部书记或村民小组长,党员村民小组长占比43%。这些经过锤炼的村书记,在环境整治、经济发展中率先垂范,带头先拆自己的猪舍和废旧屋,迅速打开工作局面。二是加强适用技能型人才培养。开展"粤菜师傅、广东技工、南粤家政"三项工程培训约1.5万人次,成功申报1家省(市)级粤菜师傅培训基地。开展新型职业农民培训1.5万人次,推动农民发展优质高值水产业。三是以榜样示范汇聚社会合力。发挥全国改革先锋胡小燕等优秀党员代表典型示范作用,已吸引147名外出优秀人才返乡支持乡村振兴。

5.文化赋能,丰富精品路线内在美

注重挖掘沿线乡村文化资源,将乡土文化融入美丽乡村建设。一是活化阵地拓展功能。在全省创新推出"祠堂+文化"模式,建设30个示范点,拓展乡村文化阵地新的社会经济功能和文化内涵,成为融合新文化元素的发展基地。如白坭镇西江院子的邓氏宗祠修缮改造后,转变成为制作和展示漆艺品的"窗口",成为漆艺产业发展的"桥头堡"。二是打造节点融合盘活。在美丽乡村精品路线建设中,通过对农村的历史建筑和历史文化的挖掘、保护、修复与提炼,打造形成百年河口火车站、江根"三江汇流"、粮食博物馆、西江院子、漆艺文创村、伏户小明星纪念馆、福田文化村、大旗头古村落、尹边粤剧名人馆、独树岗古村、六一梅花古村、南山归侨文化馆等一批特色文化节点和阵地,为美丽乡村精品路线增添特色和亮点,推动文创开发,文旅融合等。在第二届省美丽乡村系列评选现场会上,省、市领导对三水在美丽乡村建设中融入的文化印象深刻,认为很有特色,很有成效。

**二、经验启示**

**(一)坚持党建引领,以"一把手"工程推动,是实施乡村振兴战略的前提条件**

改革试点工作始终以习近平新时代中国特色社会主义思想为指引,坚决贯彻落实上级工作要求,立足三水在全省经济社会发展阶段和水平,在总结改革开放以来历次改革发展经验的基础上,对标对表乡村振兴二十字方针要求加以深化、完善、提升和创新。落实"五级书记抓乡村振兴"要求,发挥各级党组织核心领导作用。区委主要领导主要精力放在乡村振兴,当好一线总指挥。创新成立三大片区联合党委,打破镇街工作藩篱。通过"党建引领、三治结合、四会联动",汇聚各方力量,确保改革试点工作沿着正确方向合力推进。

**(二)坚持产业为先项目为王,围绕产业链缺失精准招商、补足产业链短板,是推动乡村振兴战略实施的关键所在**

三水坚持高位谋划,规划先行,充分对接湾区大市场,发挥农业多重功能、农村多重价值、农民多重身份的优势,激发产业兴旺新活力。三水围绕花卉、水产、畜牧、果蔬四大标杆产业链环节需求,重点引入农业科技研发、智慧生产、深加工、流通、销售领域龙头企业,构建现代农业产业链供应链体系,以园区化集聚资源推动农业与二、三产业融合,加速传统农业向都市农业转型升级;充分发挥财政资金撬动社会资本杠杆效应,探索社会资本支持乡村振兴模式和路径,构建全链条体系促进农业高质量发展。

（三）坚持全域联动，通盘考虑全区城乡资源禀赋，由点到面连片集中建设，打造全域美丽乡村精品路线，是促进乡村振兴持续发展的根本路径

三水紧紧围绕乡村振兴规划布局，以"发展促增收"为主线统筹考虑"五大振兴"，沿着全区美丽乡村精品路线整合"五大振兴"，形成"五大振兴"的发展合力。规划形成"一轴三区三片七带"的全域振兴布局，集中力量实施"三片联动，百村共建"，不断推动美丽乡村联建、生态环保联动、交通互联互通、优势产业对接、优势资源共生。选取有代表性的镇、村先行先试，动态总结，及时推广，以点带面，纵深推进，从点上出彩到串珠成链，连线成片，吸引人气，增添财气。整合各类优势资源，推进镇村、城乡平台整合、产业聚合、工农融合，更好地推进镇村功能优势互补，特色资源共享，推动形成城乡有机整体，发挥乡村强大正向推动力。

（四）坚持惠民富民，改善乡村人居环境促进农民增收，是检验乡村振兴成效的重要标尺

实施乡村振兴战略，目标是实现农业农村现代化，归根到底是农民富足。三水将工作重心、各方资源落到村组一线，从农民群众最直接、最关心的问题入手，下大力气以更高的标准开展农村人居环境整治，在较短时间内显著改善农村环境。与此同时深入谋划乡村产业振兴等，想方设法为提高农村集体经济收入和农民收入创造条件和机会，满足城乡群众日益增长的对美好生活的向往，推动城乡融合发展水平不断提升，乡村建设行动取得明显成效，乡村面貌发生显著变化，乡村发展活力不断激发，乡村文明程度得到新提升，农村发展安全保障更加有力，农民的获得感、幸福感、安全感明显提高。